海　商　法

主　编　袁　雪
副主编　邓志宏　赵　融　关　健　戚桂芳
参　编　（以姓氏拼音为序）
何　淼　李玉琳　王　南　王　蓉
王蕴波

HEUP 哈尔滨工程大学出版社
Harbin Engineering University Press

内容简介

与国内同类教材比较，本书编写特色在于打破了我国传统《海商法》教材的编写体系，按照海商法调整的法律关系分为海商法基本理论、海商合同、海事侵权、特殊海上风险与制度和海事争议解决五部分，体系和内容完整，理论与实践结合。

本书可作为高等院校相关专业本科生和研究生的海商法教材，也可作为法学理论研究者、航运从业人员和海事司法工作者的参考用书。

图书在版编目(CIP)数据

海商法/袁雪主编. —哈尔滨:哈尔滨工程大学出版社，2012.1

ISBN 978-7-5661-0297-3

Ⅰ.①海… Ⅱ.①袁… Ⅲ.①海商法 Ⅳ.①D996.19

中国版本图书馆 CIP 数据核字(2011)第 266818 号

出版发行 哈尔滨工程大学出版社
社　　址 哈尔滨市南岗区东大直街 124 号
邮政编码 150001
发行电话 0451-82519328
传　　真 0451-82519699
经　　销 新华书店
印　　刷 哈尔滨市石桥印务有限公司
开　　本 787mm×1 092mm 1/16
印　　张 13.5
字　　数 323 千字
版　　次 2012 年 1 月第 1 版
印　　次 2012 年 1 月第 1 次印刷
定　　价 27.00 元
http://press.hrbeu.edu.cn
E-mail:heupress@hrbeu.edu.cn

前　言

我国是一个贸易大国,也是航运大国。随着国际贸易和海上运输的迅猛发展,海商法在我国及世界法律体系中的地位越来越重要,学术界和实务界研究海商法的热情也空前高涨。随着哈尔滨工程大学“三海一核”特色办学理念的提出,研究船舶与海洋法律问题逐渐成为我校法学专业发展的特色,而《海商法》无疑成为船舶与海洋法律制度研究的核心内容。

与国内同类教材比较,本书编写特色在于打破了我国传统《海商法》教材的编写体系,结合编者十余年来的海商法教学和研究经验,将本书按照海商法调整的法律关系分为五部分,即海商法基本理论、海商合同、海事侵权、特殊海上风险与制度及海事争议解决五编,体系和内容完整。本书内容理论与实践结合,既研究海商法中的重要理论问题,又研究海事立法、司法和航运实践中的问题;本书立足于我国海商法理论和实践研究,同时注意吸收国际海商法理论最新研究成果,关注和反映国际国内海事立法的最新趋势和进展。

本书具体的编写分工如下:

王蕴波:第一章(哈尔滨商业大学法学院讲师,法学硕士)

王南:第四章第一、二、三节(黑龙江省建筑职业技术学院讲师,法学硕士)

李玉琳:第四章第四、五节(黑龙江省建筑职业技术学院讲师,法学硕士)

关健:第二章和第七章(哈尔滨工程大学人文学院法律系讲师,法学硕士)

邓志宏:第三章、第五章、第八章第三、四节(哈尔滨工程大学人文学院法律系讲师,法学硕士)

赵融:第九章(哈尔滨工程大学人文学院法律系讲师,法学博士)

戚桂芳:第十四章(徐州师范大学法政学院讲师,法学硕士)

王蓉:第十二章(哈尔滨工程大学人文学院法律系,法学硕士)

何淼:第十三章(哈尔滨工程大学人文学院法律系,法学硕士)

袁雪:第六章、第八章第一、二节、第十章、第十一章、第十五章(哈尔滨工程大学人文学院法律系副教授,法学博士)

本书在编写过程中参考或借鉴了国内外一些专家学者的论著,在此表示感谢。

全书由袁雪统稿,定稿。由于编者水平有限,本书错误之处在所难免,敬请读者批评指正。

编　者

2011 年 8 月

目　录

第一编　海商法基本理论

第二编　海商合同

第五编　海事争议解决

第一编　海商法基本理论

第一章

绪　论

第一节　海商法的概念与调整对象

一、海商法的概念

海商法(Maritime law 或 Admiralty)是随着航海贸易的兴起而产生和发展起来的,从其诞生之初就决定了其与国际经贸尤其是海上贸易将有着密不可分的联系。在中世纪商航一体时代,船舶所有人和货主是同一个人,航海只是其海外贸易的一种手段,也称“航海贸易”或“海商”,调整此种关系的法律规范称为“海商法”。自 18 世纪末至 19 世纪初,各国创立了独立的海上运输企业,海上运输已成为独立的生产部门,商航一体的时代开始解体。围绕海上运输,必然发生与船舶所有人有关的一系列的民事关系,调整这部分关系的法律规范就构成了海商法的主要内容。与此同时,各沿海国家或港口当局,出于对港口、沿海水域以及船舶安全的管制,纷纷制定了以规范船舶安全为中心的各种行政法规,从而又发生了与船舶有关的船舶所有人与行政当局的行政法律关系。由此,“海商法”已不能确切地反映这个法律部门所调整的全部内容。其名称应正名为“海事法”。这里的“海事”是广义的海事,即包括海上运输中发生的和与船舶有关的各种特定关系。① 由此可见我国调整海上运输和经贸关系的“海商法”实则应属于“海事法”名称定位。

作为一国乃至世界范围内重要的调整海上贸易的法律规范,所谓海商法,目前在国际上并没有统一的定义,各国学者的观点也不尽相同。美国学者认为,海商法是指有关海上立法、法院裁定和习惯,特别是有关公海和可航水域的客货运输、船长船员的权利义务、船舶所有和船舶管理的规定。英国学者认为,海商法是调整船舶和航运的法规。我国海商法学者魏文达教授认为:“海商法是调整航海贸易中所发生的各种关系的法律规范的总称。”②《中国大百科全书·法学卷》中将海商法定义为调整海上运输中船舶及其所有人与其他有关当事人之间权利、义务关系的法律规范的总和。上述观点从不同角度阐述了海商法的定义,从

---

① 司玉琢主编,《海商法详论》,法律出版社 2003 年版,第 3 页。

② 魏文达主编,《海商法》,法律出版社 1983 年版,第 1 页。

这些定义分析,他们的共同观点认为,海商法是调整海上运输当事人及其与船舶有关的社会关系的法律规范。

《中华人民共和国海商法》(以下简称《海商法》)第1条规定:“为了调整海上运输关系、船舶关系,维护当事人各方的合法权益,促进海上运输和经济贸易的发展,制定本法。”与我国立法相一致,我们认为海商法是调整特定的海上运输关系和船舶关系的法律规范的总称。所谓“特定”即限制了海商法两方面的适用范畴:其一为适用水域。对于海商法适用的水域范围,各国海商法有不同规定。前苏联海商法规定适用于一切水域,包括海洋、河流、湖泊、水库和其他水域,但这些水域必须是可供海船航行的。日本海商法规定适用于沿海、近海和远洋运输,但不适用于内河和港湾区域。我国《海商法》第2条第1款规定的适用范围是海和与海相通的水域,包括江海之间、海江之间供直达运输使用的水域。可见,江河、湖泊的港口之间的客、货运输不属于我国《海商法》调整的范围,但位于江河内的一港经海道至另一海港的直达运输,视为海上运输,可纳入《海商法》的适用范围。依照这个规定,可将前述“海上运输”界定为包括海江之间、江海之间的直达货物运输和旅客运输。其二为船舶界定。关于船舶的范围,多数国家将用于军事的和政府公务的船舶排除在海商法的适用范围之外。如我国《海商法》第3条规定,《海商法》适用于海船和其他海上移动式装置,如石油钻探平台,但不包括20总吨以下的小型船艇和用于军事的、政府公务的船舶。但该适用范围在《海商法》第八章“船舶碰撞”和第九章“海难救助”两章中有所扩大,包括了内河船、20总吨以下的小型船艇。

二、海商法的调整对象

调整对象是指某一法律部门所调整的特定的社会关系。不同的法律部门有不同的调整对象。海商法究竟应以哪些社会关系为其调整对象,尚存在争议。从其调整对象的范围来看,海商法有广义与狭义之分。广义的海商法既调整平等主体之间的横向民事关系,又调整非平等主体之间纵向的行政关系。狭义的海商法则主要是调整平等主体之间的横向民事关系,不调整纵向行政关系。①

根据前述我国《海商法》第1条之规定,海商法调整两大法律关系,即海上运输关系和与船舶有关的关系。

“海上运输关系”主要指承运人、实际承运人和托运、收货人或旅客之间,船舶出租人和承租人之间等有关船舶运输的法律关系。这类关系属于横向的民事或商事关系,具体的体现为:(1)各种合同关系。例如,海上货物运输合同、旅客运输合同、航次租船合同、定期租船合同、海上拖航合同、海上保险合同等。(2)海上侵权关系。主要指因船舶碰撞、船舶污染海洋环境等行为所引起的肇事方与受害方之间的法律关系。(3)海上特殊风险产生的社会关系。如共同海损中有关各方分摊与补偿的关系,海事赔偿责任限制中的船舶所有人与各债权人之间的关系等。上述特定关系主要表现为民事权利义务关系,特别是债权债务关系,属横向民事法律关系法范畴,这是海商法所调整的主要内容。

“与船舶有关的关系”指船舶所有人、船舶经营人、出租人与承租人及管理人之间所涉及的以船舶作为财产形式的物权和行政管理法律关系。具体的体现为:(1)船舶的法律地位。主要围绕船舶国籍、船舶航行权、沿海运输权等方面发生的船舶所有人与船旗国或沿海

① 司玉琢著,《海商法论文集》,法律出版社1995年版,第20页。

国有关当局之间的关系。(2)船舶物权。主要指涉及船舶所有权、船舶抵押权、船舶优先权等问题时所产生的船舶所有人与各债权人或者与法院或仲裁机构之间的关系。(3)船舶安全。主要是围绕船舶适航条件、船员配备等所发生的船舶所有人与港口有关当局的关系。(4)船舶管理。主要指国家就航运管理、航运政策以及船舶登记等方面与海上运输组织、船舶所有人和经营人等之间的关系。上述特定关系除船舶物权外,主要表现为国家行政机关与海上运输组织及船舶所有人之间纵向的行政法律关系。我国现行《海商法》仅在船旗悬挂等个别条款中对此类问题有所涉及,至于船舶登记、引航、船员配备、海运管理、沉船沉物的清除与打捞、港口管理、海上安全管理、防止船舶污染等行政法规范,在本法中均未体现。这种特定的行政管理关系虽然不是我国现行海商法的主要调整对象,但是从海商法的学科体系以及国际海运立法的发展趋势而言,其理应由海事法律规范加以调整。

三、海商法的性质

海商法在国际上成为独立的法律门类,至少有近百年的历史。但是随着我国海运事业的迅速发展和海运立法的不断完善,特别是我国与海商法配套实施的海事法规相继颁布实施,我国海商法作为一个独立的法律门类条件是否已经成熟,但学者们观点不一。

学者对海商法性质的认识,主要存在以下观点:(1)海商法是民法的特别法。[①] 在国际立法实践中,实行民商合一的国家一般将海商法纳入民法典。理由是海商法所调整的海上运输关系和与船舶有关的关系都是平等民事主体之间的横向财产关系与经济关系,当事人的合法权益主要通过依法订立与履行合同和依法承担违约责任、侵权责任得到维护。由其调整的法律关系的特性所决定,海商法属于民事法律范畴,具有民事法律的一般特征。但是,由于海商法的调整范围和内容有其自身特点,它的某些规定与民法不可能完全一致,例如,海商法采用的责任制度和赔偿制度不同于民法。民法采用过错责任和无过错责任,而海商法采用不完全过失责任。民法采用按实际损失赔偿的原则,而海商法采用法定的责任限制。此外,海商法的许多问题民法中没有涉及,如共同海损、海难救助、船舶优先权、特殊的时效制度等。因此,海商法应属于民法特别法。(2)海商法隶属于商法。国际上实行民商分立的国家,一般把海商法归入商法典,将其理解为海运领域里的特别商法。1807 年的《法国商法典》、1861 年的《德国商法典》都包含了海商法。荷兰、日本等国的商法典亦然。这样做的理论基础是,把航海贸易行为视为一种商业行为,自然应由商法来调整,海商法便隶属于商法了。(3)海商法应纳入国际私法。应该肯定,海洋运输中发生的法律关系多是涉外的法律关系,由于各国海商法规定不同,往往发生法律冲突。为了解决各国之间的法律冲突,各国在其海商法中规定了一些冲突规范。从这个意义上讲,海商法存在大量国际私法问题。但海商法毕竟与国际私法不同,海商法主要属实体规范,是直接调整;而国际私法基本上是冲突规范,属间接调整。[②] (4)海商法是一个独立的法律部门。这一观点认为,海商法所调整的对象,既包含海上运输当事人之间平等的权利义务关系,也包含了国家政府机构组织和管理海上运输企业的纵向关系,它不能为单一的民法或经济法所调整,理应形成不同于其他部门法律规范体系的法律部门进行特殊调整。

上述关于海商法的法律属性的诸多争论,其焦点主要集中于对海商法调整对象的不同

---

① 张丽英主编,《海商法》,中国政法大学出版社 1998 年版,第 3 页。

② 司玉琢著,《试论海商法独立学科体系》,载《航海教育研究》1997 年第 1 期,第 68 页。

认识。持狭义海商法观点的学者往往认为海商法是民法或商法的特别法,而持广义海商法观点的学者则认为海商法已经形成自己的法律体系,应该将其作为一个独立的法律部门,比简单地将其划归为某个法律部门的分支或隶属于某个法律部门的特别法更为适宜。

如前所述,就我国现行《海商法》而言,其所调整的海上运输关系和与船舶有关的关系,主要体现为平等民事主体之间的横向的财产与经济关系,国家对海运进行行业管理所形成的海上行政管理关系不是我国现行《海商法》的主要调整对象。同时,由其所调整的法律关系的特性决定,海商法属于民事法律范畴,具有民事法律的一般特征。但是,由于海上运输风险大,海船和所运货物的价值高,海商法的调整范围和内容毕竟有其自身不同于民法的特点,海商法应构成民法的特别法。但综观海商法学科的自身体系以及国际海运立法的发展而言,海商法所调整的对象既应包含海上运输当事人之间平等的权利义务关系,也应包含国家政府机构组织和管理海上运输企业的纵向关系。同时,海商法所涉及的船舶优先权、海难救助、共同海损、海事赔偿责任限制等特殊制度,都是其他法律部门所不能取代的。因此,继续把海商法视为民法的特别法或者商法的特别法,恐怕与现代海商法的发展不符。根据其调整对象的特殊性,海商法理应设立一系列融行政管理法律规范和民事法律规范于一体的独有法律制度,理应被视为一个独立的法律部门。

四、海商法的特点

海商法是一门涉及面广,专业性强的法律,具有以下特征。

(一)海商法是以船舶为载体调整海上运输关系和船舶关系的专业性法律规范体系

海商法以海上运输关系和船舶关系为其调整对象,海上运输关系和船舶关系都离不开船舶,围绕船舶的使用产生了各种各样的权利义务关系,形成了有关船舶、航海及货运等一系列特有的技术性规范内容,如关于船舶、船员、航海、货物运输和管理、拖带、船舶碰撞、共同海损及理算以及海上保险中有关保险费用、保险金额、保险标的等规则。这些规则具有较强的技术性和专业性,这使得海商法律制度具有了区别于其他法律部门的独特特征。

(二)海商法具有涉外性

由于船舶的航行及海上运输往往超越一国范围,同一法律事实可能涉及不同国家或地区的当事人。各国制定海商法时,不同程度地吸取了国际公约和国际惯例的规定。因此,在法典的意义上各国的海商法都是具有涉外性的国内法,其所调整的社会关系大部分具有涉外因素。海商法的效力范围也具有涉外性。20世纪以来,随着国际贸易和国际海运的不断发展,特别是在旨在推动商事统一化的国际组织的努力下,有关海上航行、海上运输的国际公约大量出现,海商法的涉外性亦愈加增强。

(三)海商法具有责任限制的特殊性

责任限制是海上运输中发生损害赔偿时的一种特别的法律规范。由于海上运输风险大,一旦船舶遭受海难引起的损失会很大,一般自然人和法人难以赔偿全部损失。为了促进国际航运业的繁荣,各国国内法和国际公约中都设立船舶所有人的责任限制制度。一旦发生事故,无论损失数额大小,船舶所有人都有权依法将自己的赔偿责任限制在一定的范围之内,如赔偿限额以该航次的船舶价值和应该收入的运费为限,超出此限额的,船舶所有人免予赔偿。该制度是其他法律所不具有的。

第二节 海商法的历史发展

海商法是随着航海贸易的兴起而产生和发展起来的。就其历史发展而言,它起源于古代,形成于中世纪,系统的海商法典则诞生于近代,而现代海商法则趋于国际统一化。

一、古代海商法——海商法萌芽期

海商法是随着航海贸易的兴起、发展而产生和发展的。海商法的起源可追溯到人类海洋运输活动之初。早在公元前18世纪,人类最早的成文法典《汉谟拉比法典》中就载有船舶碰撞规则、货物运输规则等水上航运规则。随着地中海地区航海贸易的发展,处于海上要道的古希腊罗德岛成为该地区的航贸中心,并形成了一些调整航海贸易中发生的共同海损和海上保险的习惯规则,海商法已极为发达。公元前3世纪,古希腊人制定《罗得法》(*Lex Rhodia or Rhodia Law*),①被人们认为是古代海商法的最初形式。该法中有许多是关于海商方面的规定,为以后的海损和海上保险及海商信用制度奠定了基础。这些制度为后来的海商法所吸收。《罗得法》在地中海地区有极大权威性,不仅在相当长一段时期内调整该地区的海上贸易,而且为以后所有海事立法奠定了基础,因此被称作海商法的萌芽。

二、中世纪海商法——地区性民间立法期

中世纪的海商法处于一个由私人立法向国家立法,由地区性法律向国内法发展的过渡阶段,这一时期产生了各种海事习惯法,并相继由私人编纂成册,形成独具特色的私人编纂海事惯例时期。当时流行在地中海、大西洋和北海的几个中心港口的著名的海法有:《奥列隆惯例集》《海事裁判集》和《维斯比海法》。

(一)《奥列隆海法》(*Lex Oleron*)

《奥列隆海法》是欧洲大西洋海岸一带商人海事法庭的判例和所适用的习惯法的汇集,其主要内容涉及船舶、船长、船员、海难救助以及船长出卖运送品之权等。它作为一般法律规则适用于海上活动发生的纠纷,这个惯例集对大西洋沿岸一带有着重大影响。该规则对推动现代海商法的发展起到了举足轻重的作用。

(二)《海事裁判集》(*Lex Consolato*)

《海事裁判集》又称《康索拉多海法》,这是14世纪在西班牙的巴塞罗那汇编的海事判例集。它收集了流行于地中海沿岸的海事判例、习惯和学说,内容丰富,体系完整。这部海法为海事裁判官提供了法律依据,被称为当时最完备的海事法,对以后的欧洲航运界影响深远。

(三)《维斯比海法》(*Law of Visby*)

《维斯比海法》是15世纪在瑞典哥斯兰岛上维斯比市编纂的海法。它主要继承了《奥列隆海法》《阿姆斯特丹法》《波罗的海汉萨城镇卑克法》的传统,盛行于波罗的海沿岸及北海南岸,德国、瑞典等波罗的海沿岸国家海商法受其影响较大。

上述三大海法是由航海通商的习惯和判例编纂而成的,是规范一定区域的不成文法规。这些中世纪的海法被视为海商法的初期发展阶段表现形式。与前一历史时期相比,三大海

---

① [美]孟罗·斯密著,《欧陆法律发达史》,姚梅镇译,中国政法大学出版社1999年版,第200页。

法所体现出来的海商法的调整对象扩展到与货运有关的领域，使得海商法的调整对象与其他领域的法律相结合，从而平整了法律构架，丰富了海商法律内涵。因此，这三大海法被视为中世纪海商法的三大基石。

三、近代海商法——国家立法期

到了近代，欧洲的海商法有了重大发展。为了适应航海贸易的需要，各国根据通行的习惯法，相继制定了本国的海商法。海商法从以商事习惯和判例为主要渊源的跨国性的共同商法转化为具有国家意志的国内商法，处于民族国家的管辖之下。其中最典型的对后世具有影响的是 1681 年法国路易十四颁布的《海事条例》(*Ordonnance de La Marine*)。该条例不但内容广泛，而且形成了自己的体系，成为欧洲第一部综合性海事法典。1807 年拿破仑制定了《法国商法典》，同时把《海事条例》中私法部分纳入商法之中，成为商法典第二编"海商"。德国于 1861 年制定商法典，其中同样包括海商法内容。该法典也影响了大陆法系国家的海商立法。美国于 1893 年制定了《哈特法》(*Harter Act*)，1894 年英国制定了《商船法》(*Merchant Shipping Act*)，挪威、丹麦和比利时等国也相继颁布了海商法。国家的统一和法律的统一取代了中世纪岛屿之间和城市之间的局限性的法律规范。

四、现代海商法——国际统一立法期

随着资本主义经济的发展，航海贸易也得到迅速发展。到 19 世纪，海上运输业越来越国际化，然而随着各国航运制度的建立，在法制上却越来越国内化，加之各国国内立法不统一，给海运事业的发展带来许多不便。因此，各国要求制定统一国际海上运输的法律。

从 19 世纪末开始，国际社会就开始致力于推动海商法的国际统一化，国际组织在这场海事立法的统一化运动中作出了巨大的贡献。1987 年 6 月 6 日国际海事委员会(CMI)在比利时安特卫普成立，标志着现代海商法时代的开始。1951 年联合国在伦敦成立的国际海事组织(IMO，其前身为政府间海事协商组织)及 1964 年成立于日内瓦的联合国贸易与发展会议(UNCTAD)也积极参与海商法统一工作。在这三个主要国际组织的促动下，大批的国际公约和国际商业惯例得以制定。海商法的调整对象从原来的以海上运输为核心扩展到了包括船舶本身的法律地位与相关制度、海上货运和旅客运输、海损事故和责任限制、防止油污和环境保护等内容，其调整范围也极大地突破了国家的界限，形成了较完整的国际海运法律体系。同时，各国在制定本国海商法时，大都吸收国际公约和国际海事惯例的规定，从而使各国的海商法逐步趋同。显而易见，国际组织对海运立法和建立各海运国家之间的协调法律机制作了巨大贡献。

第三节　海商法的表现形式

海商法的表现形式主要是指不同国家机关依法制定的各种具有不同效力的有关海事的规范性文件。这些规范性文件因制定的国家机关的不同而有不同的效力。海商法的表现形式也称海商法的渊源，包括国内法律渊源和国际法律渊源两大部分。国内法律渊源包括国内的相关立法，有些国家还包括法院的判例。国际法律渊源包括国际条约和国际惯例。

一、国内立法

国内立法是海商法的主要渊源。各国制定的关于调整海事方面的法律、法规、条例等规范性文件都是海商法的国内法渊源。各国根据其政治、经济利益的需要,在发展本国国际经济贸易和海上运输事业的同时,都十分重视海商法的制定。无论在大陆法系国家还是英美普通法系国家,海商法都是其法律体系中的重要组成部分。各国以海商法典的形式或单行法规的形式对海上运输及船舶方面的问题加以规定,并运用本国海商法的规范调整海上运输关系以及各类海事纠纷。

国内立法同样是我国海商法的重要法律渊源。1993 年 7 月 1 日起施行的《海商法》是我国海商法的基本法典,我国关于海商与海事的国内立法还有《民法通则》《海洋环境保护法》等。此外,国家行政部门制定的一系列海商与海事的法规等均构成我国海商法的组成部分。

二、国际公约

国际条约是国家之间为确定彼此间权利义务而达成的书面协议。国家签订并加入的有关海商法方面的国际条约可以成为海商法的重要渊源。

国际上关于海商法方面的国际条约很多,对于一国而言,只有经过其政府签字批准、接受或加入某一国际条约,该条约才对该国生效,对其产生法律约束力。但是,国际条约在国内的适用还需要解决国内立法与国家所参加的国际条约的关系。

我国《海商法》第 268 条第 1 款规定:"我国缔结或者参加的国际条约与该法有不同规定的,适用国际条约的规定;但是,我国声明保留的条款除外。"据此,我国采取国际公约有条件优先于国内法律的适用办法来解决两者的矛盾。

三、国际惯例

作为海商法渊源之一的国际惯例,一般是在行业范围内众所周知,且为人们广泛接受,具有约束力的行为规则。国际航运惯例具有以下特点:第一,经过反复实践逐渐形成;第二,多数不成文而具有法律拘束力;第三,不得违背适用国家的法律和公共秩序;第四,具有国际性或区域性,即为国际或区际航运界所公认。国际惯例可分为任意性惯例和强制性惯例两种。强制性惯例无须当事人意思表示,即产生法律上的拘束力。任意性惯例是指只有在当事人表示援用时,才对他们有拘束力。在国际航运中此种惯例居多,《约克 - 安特卫普规则》就是典型的一例,只有在当事人明确表明使用时才对其产生法律效力。各国对国际惯例的效力通常在立法中给予认可。例如,我国《海商法》第 268 条第 2 款规定:"中华人民共和国法律和中华人民共和国缔结或者参加的国际条约没有规定的,可以适用国际惯例。"这就表明了我国承认国际惯例是海商法的表现形式之一,但其作用仍是补充法律和公约的不足,当然,所适用的国际惯例不得违背我国的社会公共利益。

国际惯例作为海商法的一种形式,虽可以补充国内立法、条约规范之不足,但存在着明显的缺陷。首先,惯例的含义往往不十分明确,特别是在不同的地区或港口可能有不同的解释;其次,有些地方性惯例是否已经成为国际惯例,也往往不易确定;这些惯例还要通过当地法律解释部门加以认定,因此很容易引起纠纷。当前国际海运立法的一种趋势是试图把一些国际航运惯例加以编纂,使之成为国际上公认的规范化的行为规则,以明确国际惯例适用的确定性。

四、其他表现形式(判例、学说)

除了上述三个海商法的主要表现形式外,法院判例和权威学者的学说也构成一些国家海商法的渊源。然而,判例能否成为海商法的渊源,争论颇多。在普通法系国家中,法院判例与成文法具有同等的法律效力。根据"遵循先例"原则,某一判决中的法律规则不仅适用于本案,还适用于以后该法院或下级法院所判决的相同的或者相似的案件,即下级法院必须服从上级法院的判决;上诉法院原则上也要受自己的判例约束。在这些国家中,对海运中发生的海商、海事的判例就成了海商法的主要渊源。近年来一些大陆法系国家以及一些发展中国家,判例特别是权威性判例也正在发挥着日益重要的作用。中国是成文法国家,法院判决作为一个司法文书只对本案有效,不承认判例是法院判案的法律依据。但是,中国在海商法方面不能忽视普通法国家的法律判例,因为海上运输涉及的案件中,涉外案件占比例很高,研究和了解外国判例对发展与这些国家的航海贸易关系有着重要作用。

至于权威学者的学说及法理主张能否成为海商法的表现形式,我们认为,任何一种学说及法理主张,无论它具有多么大的权威性,也仅仅是一种学说和理论,当它还没有依照立法程序上升为法律之前不应具有法律的拘束力,因此,权威学者的学说观点及法理主张不应看作是海商法的形式。当然,我们不应忽视其对立法的影响和对审判的指导作用。

第四节 海商法的基本内容

本书按照海商法调整的法律关系分为五部分,即海商法基本理论、海商合同、海事侵权、特殊海上风险与制度和海事争议解决。

(一)海商法基本理论

这部分的内容主要是对船舶、船员、船舶物权的规定。

(二)海商合同

海商合同是海商法中最基本也是最主要的内容。包括海上货物运输合同、海上旅客运输合同、海上拖航合同、船舶租用合同、海难救助合同、海上保险合同等。

(三)海事侵权

该部分主要是对船舶碰撞、船舶污染损害赔偿方面的法律规定作出集中性阐述。

(四)特殊海上风险与制度

由于海事贸易活动的海上特殊性,海商法建立了不同于一般民事制度的特殊海上风险制度,即共同海损及海事赔偿责任限制制度。

(五)海事争议解决

海商法调整对象的特殊性决定了海事争议的涉外性因素较为集中,该部分主要就海事争议法律适用冲突以及海事争议解决途径进行一般性介绍。对海事纠纷的解决主要通过和解、调解、海事诉讼及海事仲裁四种途径进行。

第二章

船舶及船舶物权法律制度

第一节 船舶概述

一、船舶的概念

船舶关系是海商法调整的重要内容。海商法上的船舶有其特定含义。我国海商法上对“船舶”的界定主要体现为:《海商法》第3条规定,“本法所称船舶,是指海船和其他海上移动式装置,但是用于军事的、政府公务的船舶和20总吨以下的小型船艇除外”;“前款所称船舶,包括船舶属具”;《海商法》第165条规定,“船舶碰撞,是指船舶在海上或者与海相通的可航水域发生接触造成损害的事故”;“前款所称船舶,包括与本法第三条所指船舶碰撞的任何其他非用于军事的或者政府公务的船艇”;《船舶登记条例》第56条第1款规定,“‘船舶’系指各类机动、非机动船舶以及其他水上移动装置,但是船舶上装备的救生艇筏和长度小于5米的艇筏除外”。通过比较,可以看出,《海商法》各章及《船舶登记条例》所适用的船舶,外延不尽相同。我们认为,在上述目前颁行有效的法律规定框架下,《海商法》第3条规定的“船舶”与其余条文中的“船舶”应属“一般”与“特殊”的关系,因此对海商法上“船舶”的把握,就应视不同的船舶法律关系而定。比如海船与内河船舶发生碰撞,该内河船适用《海商法》关于船舶碰撞的规定,但内河船之间发生的碰撞,则不能适用《海商法》。海难救助亦有类似的船舶适用规定。

二、船舶的种类

根据不同的标准,可以对船舶进行不同的分类。常见的船舶分类如下。

(一)本国船和外国船

以船舶拥有的国籍为标准,将船舶分为本国船和外国船。凡是拥有本国国籍的船舶为本国船,没有本国国籍而拥有外国国籍的船舶是外国船,无国籍船舶被认为是外国船。

(二)商船和非商船

以船舶是否以商业行为为目的,分为商船和非商船。就海商法所调整的船舶而言,商船是指以商业行为为目的的供航海使用的船舶。非商船是指以商业以外的行为为目的而从事航行的船舶。当然,以商业行为为目的,在内河、湖泊上航行的船舶,也是商船,只是根据我国《海商法》的规定,它们不是海商法意义上的船舶。

(三)登记船和非登记船

以是否在船舶登记机关进行登记为标准,将船舶分为登记船和非登记船。登记船是指根据船舶登记规则,必须在登记机关进行注册登记、且已实际注册登记的船舶。除此之外的其他船舶称为非登记船。船舶是动产,但与普通动产有着重大区别,各国一般将船舶视为不动产或者作为特别动产处理,船舶所有权的转让、船舶抵押权的设立、船舶租赁等,只有经过法定机关的登记,才具有对抗第三人的公信效力。

(四)海船和内河船

在航运界,通常把船舶航行的区域划分为远洋、近洋、沿海、内水四个不同的水域。海船是指供海上航行使用的船舶,我国《海商法》原则上只适用于海船。内河船是指航行于湖川江河等的船舶。区分海船和内河船,主要是因为船舶航行区域不同,国家对船员定额、船舶适航程度、船级等都有不同的规定。

目前我国的沿海货物运输、内河货物运输统称为"水路货物运输",由《民法通则》《合同法》等调整,承运人对货物承担严格的赔偿责任,除因不可抗力、货物固有瑕疵、货方过错造成货物损失外,承运人均负赔偿责任,且按货物的实际价值赔偿,不享受单位责任限制。我国远洋货物运输由《海商法》调整,实行不完全的过失责任制度,承运人享有航海过失免责权,享受单位责任限制和海事赔偿责任限制。这就是说,海船在适用法律上存在交叉,其从事沿海运输时适用《民法通则》《合同法》,从事远洋运输时则适用《海商法》。

三、船舶的法律属性

根据通说,船舶具有以下三方面的法律性质。

(一)船舶是一个合成物

船舶是由龙骨、肋骨、船体、推进器、船机、甲板、船舱等个体结合而构成的一个统一体,即合成物。作为合成物,船舶的每一个个体都是不可缺少的,每一个个体都不能脱离整体而在法律上单独存在。船舶失去任何一个个体,都会直接影响船舶的经济用途甚至丧失船舶的性质。

我国《海商法》第3条明确规定,本法所谓的船舶,"包括船舶属具"。在构成船舶这一合成物的各个个体之外,为了航海而经常使用的舢板、锚、罗盘、海图、救生用具等,尽管其附属于船舶上,却仍作为独立物而保存其权利客体的性质,这些设备统称为船舶属具。在实务中,船舶属具常常是根据船舶的处理而同时被处理的,譬如,在船舶抵押、转让、继承、保险委付时,船舶属具通常与船舶共命运。可见,船舶不仅包括船体、船舱等合成物,也包括船舶属具。

(二)船舶是动产,但具有不动产的性质

船舶可以移动而不损害其法律价值,从某种意义上讲,船舶只有移动,才能发挥其效用、体现其价值,不能移动的装置甚至不能称之为船舶。因此,船舶是动产,这是没有任何疑义的。

但由于船舶的形态和其他许多方面都有类似不动产的地方,所以传统海商法又将其视为不动产。把船舶作为不动产看待的原因为:船舶是运输工具,把它作为买卖交易的客体并非原本的目的,其所有人的变更并不频繁,在性质上和不动产相似。船价昂贵,无论建造或购买船舶,都需要一大笔资金,这亦类似于不动产。船舶要进行登记才能取得有关权利,可与不动产一样,承认船舶抵押登记、租赁登记的效力。

(三)船舶是物,但具有拟人化的性质

所谓船舶拟人化,是指在行使有关船舶的法律行为时,把船舶视同为权利主体。船舶之所以能拟人处理,是因为船舶具有名称和国籍,类似于自然人的姓名和国籍;船舶具有船籍港,类似于自然人的住所;船舶具有吨位和年限,类似于自然人的体重和年龄。

船舶拟人处理主要是为了诉讼的方便。在英美法律中,原告可以对船舶提起对物诉讼,即把船舶作为当事人的一方进行诉讼。当然,船舶毕竟是权利的客体,把船舶视为"人"只是为了法律程序上的方便,事实上它并非真正的诉讼主体。如果船主前来应诉,对物诉讼即失去意义,最终的当事人还是船舶所有人。

大陆法系国家没有对物诉讼程序,其对船舶的扣押只是作为诉讼保全的措施而已。我国《民事诉讼法》明确规定,诉讼当事人只能是自然人和法人。船舶作为运输工具,不能作为诉讼主体参加诉讼。但在我国《海事诉讼特别程序法》第 25 条借鉴了对物诉讼的合理内容,规定"海事请求人申请扣押当事船舶,不能立即查明被请求人名称的,不影响申请的提出"。据此,扣船申请书和法院扣船裁定书中,对被申请人的表述为"某某船舶"或"某某船舶的船东与光船租船人"。这就是对物诉讼的体现,即在特定情况下把船舶作为诉讼的一方主体对待,弥补了对人诉讼的不足,也适应了紧急情况下对船舶扣押的需要。

第二节　船舶登记与船舶国籍

一、船舶登记概述

(一)船舶登记制度的发展

18 世纪中叶,在物的债权、抵押权公示的基础上,大陆法系国家在继承接受罗马法的同时,创立了登记制度。而将船舶登记正式见诸于法律者,却是英国 1660 年的《航海法》(*Navigation Act*),它规定英国船东所拥有的船舶必须在本国登记。从此以后,各航运国家也逐步开始实施船舶登记制度,以不断规范和促进、保护本国航运业的发展。我国的船舶登记制度则起源于国民党政府于 1931 年实施的《海商法》。船舶登记制度包括国籍登记和物权登记。

我国关于船舶登记问题的法律法规主要有《海商法》《船舶登记条例》《海洋环境保护法》《〈船舶登记条例〉实施若干问题说明》《船舶最低安全配员规则》《船舶安全检查规则》《船舶名称管理办法》《老旧运输船舶管理规定》等。

现行的《船舶登记条例》(简称《条例》)是经修订 1988 年的《海船登记规则》后,于 1994 年 6 月发布,1995 年 1 月 1 日正式施行的。条例实施后,船舶登记主管机关先后颁发了若干补充规定、问题说明和解释。这些文件是对《条例》的补充和完善,对某个或多个专门问题作出了规定和说明。同时,《船舶登记条例》第 8 条也明确规定中华人民共和国港务监督机构(中国海事局前身)是船舶登记主管机关,负责船舶所有权、船舶国籍、船舶抵押权、船舶光船租赁等登记工作。

(二)船舶登记的概念

船舶登记(Registry of ships 或 Shipping register)作为行业用语没有特别明确的定义,有学者称船舶登记是指法律或法规授权的主管机构根据船舶所有人的申请,依据法律或法规的规定,对船舶所有权、船舶抵押权,为船舶取得国籍等所进行的登记。① 也有学者将船舶登记解释为依据有关国际公约和各国法律规定,对船舶所有人、经营人、船名、船舶技术性能

① 马军,《船舶登记若干法律问题研究》,载《航海技术》,2000 年第 5 期。

数据等内容进行登记。[①] 还有学者认为船舶登记是指赋予船舶以国籍和权利与义务的行为,即对船舶享有某种权利的人,向国家授权的船舶登记机关提出申请并提交相应的文件,经船舶登记机关审查,对符合法定条件的船舶予以注册,并以国家的名义签发相应证书的法律事实。[②]

综合上述观点,我们认为,船舶登记制度的研究主要有公法和私法两个层面。从公法的层面,即船舶有权利悬挂登记国国旗,受登记国管辖并取得国籍;从私法的层面,公示船舶所有权、抵押债务及光船租赁权等。因此各国海商法均通过船舶国籍登记以及物权登记两个方面的法律规定,以确认国家对船舶的管辖及对权利人的保护。我们也应从这两个层面来把握船舶登记的含义。

二、船舶登记的种类

(一)船舶国籍登记

船舶登记制度最初主要是指国籍登记,与一国的航运政策相关。以英国为例,17 世纪中期的船舶登记是强制性的,是重商主义经济政策时期国家干预经济活动的航运政策。[③]这种强制登记的观点逐渐被自愿登记取代,船舶登记逐渐被认为是一种权利,一般认为船舶登记既是英国赋予船舶特权的表示,也"同土地上的权利类似,是确定船舶这一海上财产的权利的证明",[④]在 1995 年的《商船航运法》第 9 条第 1 款以及 1993 年的《商船登记条例》第 2 条第 3 款中也明确了船舶登记是一种权利而并非一种义务。[⑤] 由此,船舶权利的登记也应运而生。

依据我国《船舶登记条例》,船舶国籍登记属于行政许可行为,是指船舶所有人或经营人依法申请船舶登记国授予其属于该国的法律资格,主管机关经核准,给予登记,并颁发相应国籍证书的行为。船舶国籍证书是证明船舶国籍和船舶身份的文件,是船舶文书中最重要的一种证书。在国际法上,对船舶进行登记管理是国际公约赋予缔约国的一项义务,它表明该船舶属于该国财产,受该国法律的管辖和保护。目的在于通过使船舶取得国籍,取得悬挂国旗航行的权利,从而建立起国家和船舶之间的管辖关系。在国内法上,船舶国籍登记是一种许可式登记,船舶未经登记就不能取得国籍,船舶国籍是船舶取得航行权的法律凭证。不取得国籍登记,船舶所有人就不能将该船舶投入营运,也不能使船舶在海上航行。各国国内法都规定假冒其他国家国籍航行的,没收船舶。[⑥] 船舶国籍登记具有明显的公法性质。

(二)船舶物权登记

船舶登记不仅是船舶取得合法航行权的必经程序,也是确定船舶物权的根据。

船舶物权登记是指将与船舶所有权、抵押权和光船租赁权的设立、变更、转让、消灭有关的事项记载于船舶登记簿上的法律事实。船舶物权登记是通过登记记载船舶的自然状况和船舶物权变动,由申请人借助船舶登记机关公示其对船舶享有的财产性权利,因而船舶物权

① 郭锡年,《论船舶登记制度》,载《世界海运》,2000 年第 4 期。

② 赵德铭著,《国际海事法学》,大连海事大学出版社 1995 年版,第 60 ~ 61 页。

③ 阿萨·勃里格斯著,陈叔平译,《英国社会史》,中国人民大学出版社 1991 年 5 月版,第 196 页。

④ Liverpool Vorough Bank v. Turner (1860) 29 LJCh827 转引自 Christopher Hill. Maritime Law, LLP. 2003 年,第 23 ~ 24 页。

⑤ Christopher Hill. Maritime Law, LLP. 2003 年,第 9 页。

⑥ 王秀芬,朱玉柱,《船舶登记行为的法律性质及双方主体的法律责任》,载《世界海运》,2005 年第 3 期,第 32 页。

登记与本国的物权制度或财产权制度密切相关,是私法上的法律制度。

船舶物权登记有形式主义登记和实质主义登记之分。形式主义登记认为,登记只对船舶物权的变动起确认和证明的作用,不决定物权变动的生效与否,不登记只是不能对抗第三人,所以又被称为"对抗要件主义"。实质主义登记认为,船舶物权的各种变动,非经登记不得生效,故又被称为"生效要件主义"。与其他国家在船舶物权登记方面相比,我国的船舶物权登记制度尚不完善。按照《船舶登记条例》,我国的船舶登记制度,包括船舶所有权登记、船舶抵押权登记、光船租赁登记、船舶权利的变更和注销登记以及临时登记等。

1. 船舶所有权登记

《海商法》第7条规定:"船舶所有权,是指船舶所有人依法对船舶享有占有、使用、收益和处分的权利。"

《船舶登记条例》第5条规定了船舶所有权登记,"船舶所有权的取得、转让和消灭,应当向船舶登记机关登记;未经登记的,不得对抗第三人。船舶由两个以上的法人或者个人共有的,应当向船舶登记机关登记;未经登记的,不得对抗第三人。"

2. 船舶抵押权登记与光船租赁权登记

《海商法》第11条:"船舶抵押权,是指抵押权人对抵押人提供的作为债务担保的船舶,在抵押人不履行债务时,可以依法拍卖,从卖得价款中优先受偿的权利。"因此,"船舶抵押权作为一种以船舶为标的物的抵押权,其基本内容是:当债务人不履行债务时,抵押权人有权将其抵押的船舶变卖,优先受偿。"①

光船租赁是指船舶出租人向承租人提供不配备船员的船舶,在约定的期间内由承租人占有、使用和营运,并向出租人支付租金的行为。

《船舶登记条例》第6条规定了船舶抵押权登记和光船租赁权登记,"船舶抵押权、光船租赁权的设定、转移和消灭,应当向船舶登记机关登记;未经登记的,不得对抗第三人。"

2007年的《物权法》第188条也规定了船舶抵押权登记,"以本法第180条第1款第四项、第六项规定的财产或者第五项规定的正在建造的船舶、航空器抵押的,抵押权自抵押合同生效时设立;未经登记,不得对抗善意第三人。"

由此可看出,以上三种船舶物权登记的效力是"对抗要件主义"。

第三节　船舶所有权

一、船舶所有权的定义及特征

(一)船舶所有权的定义

船舶所有权(Ownership of a ship),是以船舶为客体的所有权。我国《海商法》第7条沿用了《民法通则》所既有的列举式,从其权能范围角度,将船舶所有权定义为"船舶所有人依法对其船舶享有占有、使用、收益和处分的权利"。船舶所有权同其他自物权一样,其本质是船舶所有人对船舶依法享有的终极支配权,而不是各项权能的简单相加,即船舶所有权的一项或数项权能即使与之分离,也不会导致船舶所有人丧失其所有权。相反,在商品交易日益发达、物尽其用、保障流通的背景下,这种权能的分离则更为常见。

---

① 赵德铭著,《国际海事法学》,北京大学出版社1999年版,第83页。

(二)船舶所有权的法律特征①

1. 船舶所有权关系的客体具有单一性。船舶所有权以船舶为唯一客体。

2. 船舶所有权的权利主体通常要负有特殊义务。虽然是船舶物权的权利人,但是海商法通常赋予船舶所有人一些法定义务,如使船舶适航、妥善配备船舶和船员以及救助海上人命或财产等。

3. 船舶所有权的客体经常脱离权利主体的直接占有或控制。在航运实践中,船舶经常处于承租人或船舶所有人雇佣的船长和船员等的直接占有和控制之下。

4. 实现收益权能是船舶所有人追求的根本目的。船舶经常脱离所有权人的直接控制或占有的主要目的是所有权人要通过出租等方式将船舶交给别人经营或管理来获得收益。

5. 船舶所有权的取得、转移和消灭的程序和方式比一般财产权严格。根据海商法规定,船舶所有权的取得、转移和消灭通常要进行登记,否则不能对抗善意第三人。

二、船舶所有权的取得、转移与消灭

(一)取得

在法律上,基于所有权取得所依据的法律事实不同,船舶所有权的取得可以分为原始取得和继受取得。

1. 原始取得

船舶所有权的原始取得是指不基于任何人的所有权,而是由于一定的法律事实,法律确认所有权关系的最初发生。主要包括通过建造等私法行为取得船舶所有权以及通过捕获、征用、没收、强制出售等公法行为取得船舶所有权。

2. 继受取得

船舶所有权继受取得是指以原所有权为基础,基于一定法律行为或事实而取得船舶所有权,这实际上是船舶所有权的转移。它也可以分为法定的继受取得和约定的继受取得两种方式。法定的继受取得主要体现为继承、承受等;而约定的继受取得主要体现为船舶买卖、赠与、互易、保险委付等,约定的继受取得也被称为船舶所有权的转让。

(二)转移

《海商法》对船舶所有权转移的生效时间并无规定,可适用其他相关法律来确定。根据《民法通则》和《合同法》,在一般情况下,财产所有权从交付时起转移,但法律另有规定或当事人另有约定除外。船舶买卖、赠与、互易的,船舶所有权自交付时起转移较易确定,而在保险委付情况下,有时船舶处于无法为所有人占有的状态,无法进行实际交付的,则船舶所有人将权益转让书送达给保险人时起,应认为所有权转移。

(三)消灭

船舶所有权的消灭,是指基于一定法律事实的发生,船舶所有人丧失对船舶的所有权。船舶所有权消灭的原因很多,大体可分两类:即船舶所有权的相对消灭和绝对消灭。

1. 船舶所有权的相对消灭

船舶所有权的相对消灭是指船舶作为所有权客体仍存在,但权利主体发生了变更,对于原船舶所有人而言,所有权消灭,不复存在。它还可以区分为因私法上的原因导致的相对消灭和因公法上的原因导致的相对消灭。

① 韦经建编著,《海商法》,吉林人民出版社 1996 年版,第 47~48 页。

私法上的原因导致的相对消灭主要有:船舶的买卖、继承、赠与、互易、保险委付、法院强制拍卖等。在发生海事债权时,债权人依法申请法院扣押船舶,而船舶所有人未提供满意的担保时,船舶可被法院强制拍卖,船舶所有人即丧失其所有权。

公法上的原因导致的相对消灭主要包括:被国家捕获、征用、没收等。捕获是指战时船舶被敌国捕获,成为敌国财产,原所有权人丧失其权利。征用是指因某种公共需要或特殊原因,船旗国强制剥夺船舶所有人的所有权。没收则是由于船舶所有人的行为违反国家刑法或行政管理法而导致船舶被收归国有,所有人丧失了其所有权。

2. 船舶所有权的绝对消灭

船舶所有权的绝对消灭是指船舶在形体上不复为所有人所能占有,不能再发挥其作为船舶的功能。其原因主要包括:

(1)船舶灭失。船舶灭失是指船舶拆解和船舶沉没,船舶沉没并不意味着船舶就已经灭失,在一定时期内,船舶所有人可以对其进行打捞,无法打捞并超过法定期限时才作为船舶灭失处理。

(2)船舶失踪。船舶失踪也有法定期限的规定,只有过了该期限,船舶才算失踪。根据我国《船舶登记条例》第 40 条的规定,船舶灭失和失踪的法定期限为 3 个月,船舶所有人应办理注销登记。

(3)船舶失去原形体、功能。如果船舶遭遇重大事故,导致毁损严重,无法修复,不再作为船舶发挥其功能,则其不再属于船舶范畴,船舶所有权自然也应消灭,但对船舶残骸,船舶所有人仍具有一般财产所有权。

(4)抛弃所有权。财产所有人在法律允许范围内,可以主动放弃财产所有权,导致所有权消灭。但应注意的是,弃船和抛弃船舶所有权是两个不同的概念,弃船是在船舶遭遇危险并无法脱险情况下,船长和船员撤离船舶的应急措施,系为保全人命,而非处分船舶所有权的行为。

三、船舶所有权的公示

依传统民法,船舶属于动产,但在立法和实践中常被作为准不动产处理,采取权利登记的方式予以公示。对于船舶所有权,有些国家实行的是登记生效主义,即船舶所有权的取得、变动和消灭以登记为生效要件,例如希腊等。而有些国家则实行登记对抗主义,不登记并不影响该法律行为的效力,但不能对抗第三人,如日本、韩国等。

我国在船舶所有权登记问题上采取的是登记对抗主义,《海商法》第 9 条规定:“船舶所有权的取得、转让和消灭,应当向船舶登记机关登记;未经登记的,不得对抗第三人。”第 10 条规定船舶共有情况也应登记,否则也不能对抗第三人。另需说明的是,不仅船舶所有权,在其他船舶权利变动公示中,我国也同样贯彻了登记对抗主义。

在登记对抗主义中的第三人,是指船舶所有权变动所涉及的当事人之外的人,如船舶转让交易双方之外的第三方、船舶共有人之外的其他人。但此种第三人应在主观上为善意,即对船舶所有权登记内容与实际状况不相符的事实毫不知晓,如果第三人明知此种不符而仍进行交易,则应视为恶意,船舶所有人仍可主张对抗。

第四节　船舶抵押权

在航海技术不发达的时代,海上航行属于冒险事业,为获得远航贸易的资金,船舶所有人以船舶和货物为抵押物进行贷款,这就是早期的船货抵押贷款制度,它是现代船舶抵押制度的起源。而今天,以船舶为担保是获得建造和营运船舶贷款的主要方式,船舶抵押权制度直接关系到航运企业的经营和发展,也关系到一国航运业和贸易活动的发展。

一、船舶抵押权的定义及特征

船舶抵押权(Mortgage of ships),是以船舶为客体的抵押权。在船舶物权中占有极其重要的地位。根据《海商法》第11条的规定,船舶抵押权,是指抵押权人对于抵押人提供的作为债务担保的船舶,在抵押人不履行债务时,可以依法拍卖,从卖得的价款中优先受偿的权利。

我国《海商法》第12条规定:"船舶所有人或者船舶所有人授权的人可以设定船舶抵押权。"在航运领域,船舶所有权和经营权发生分离的情况时有发生,船舶经营人可以在所有权人授权范围内对船舶进行处分,包括设立抵押。

对于船舶所有人设定船舶抵押权,引起较多争议的是船舶共有情况下的抵押设定。我国《海商法》第16条规定:"船舶共有人就共有船舶设定抵押权,应当取得持有2/3以上份额的共有人的同意,共有人之间另有约定的除外。"

与其他船舶担保物权相比,船舶抵押权有如下一些特征:

(1)非占有性。即船舶抵押权人无须占有船舶,而以登记作为公示方法,以充分发挥船舶使用权能,获得收益。

(2)意定性。船舶抵押权是经当事人合意创设的。

(3)物上代位性。即船舶抵押权的效力可及于船舶的代位物上,一般包括保险赔偿金、损害赔偿金等。

(4)不可分性。即船舶抵押权所担保的系债权的全部并及于抵押船舶的全部。即使债权数额因清偿而减少或债权因分割而改变,但该变化的债权仍得到全部船舶价值的担保。

二、船舶抵押权的取得、转移及消灭

(一)取得

船舶抵押权的取得是指因法律行为或事实而获得船舶抵押权,在我国现行立法中,取得抵押权的最主要方式是通过抵押合同设定抵押权。根据《海商法》第12条的规定,船舶抵押权的设定,应当签订书面合同。

(二)转移

船舶抵押权的转移是指抵押权人发生变更,对于新抵押权人而言是抵押权的取得,而对于原抵押权人则是抵押权的丧失。抵押权作为担保物权,可以随主债权的转移而转移。《海商法》第18条规定:"抵押权人将被抵押船舶所担保的债权全部或者部分转让他人的,抵押权随之转移。"根据《合同法》,这种债权转让应通知债务人方能生效。债权全部转让的,抵押权全部转移,对此没有疑义;债权部分转让的,原债权人和债权受让人都取得对船舶的抵押权,但由于抵押权具有不可分性,因此这种抵押权均及于船舶整体。此外,我国《担

保法》第50条规定:"抵押权不得与债权分离而单独转让或者作为其他债权的担保。"因此,在我国法律上抵押权具有强烈的从属性,不能脱离主债权而转移。

(三)消灭

船舶抵押权的消灭是指抵押权不复存在,从而绝对消灭。一般而言,船舶抵押权的消灭原因有:

(1)因主债权消灭而消灭。由于船舶抵押权的从属性,被担保的主债权消灭的,抵押权自然随之消灭,如主债权因履行、抵销、混同、免除等消灭。

(2)因抵押船舶灭失而消灭。《海商法》第20条规定:"被抵押船舶灭失,抵押权随之消灭。"这是由于抵押权的存在必须以抵押物为条件,抵押物灭失,抵押权也就失去了担保受偿的基础。

(3)因抵押权行使而消灭。如果债务人逾期不履行债务,被抵押船舶经过折价转归债权人、变卖或拍卖,即使主债权未获得足额清偿,船舶抵押权都归于消灭。

三、有关国际公约

有关船舶优先权、抵押权和留置权的国际公约主要有1926年的《统一船舶抵押权和优先权某些规定的公约》(以下简称《1926年公约》)和1967年的《统一关于海上优先权和抵押权某些规定的国际公约》(以下简称《1967年公约》),此外,还有尚未生效的1993年的《船舶优先权和抵押权国际公约》(以下简称《1993年公约》)。船舶抵押权是该三个公约的重要内容。[①] 这是国际海事委员会基于各缔约国认识到改善船舶融资条件和发展国家商船队的必要性,确认在船舶优先权和抵押权领域实现国际统一性的背景下先后制定的。

(一)《1926年公约》

该公约就船舶抵押权的主要内容有:

(1)缔约国之间抵押权登记的相互确认。公约第1条规定:"根据船舶所属缔约国的法律正式设定的,并且在船籍港或中央机关的公共登记处登记的船舶抵押权应在所有其他缔约国视为有效,并且受到尊重。"

(2)船舶抵押权与船舶优先权的受偿顺序。该公约第5条规定:"船舶优先权的受偿在船舶抵押权之前。"

(二)《1967年公约》

该公约就船舶抵押权的主要内容有:船舶优先权、留置权和船舶抵押权的受偿顺序。船舶优先权在船舶抵押权之前,船舶抵押权在一般债权之前。船舶优先权各债权项目之间的受偿顺序依公约第4条在列举各债权项目时的顺序,有关救助、清除船舶残骸和共同海损的债权,应以后发生者优先受偿,造船厂、修船厂的占有留置权或滞留船舶权应排列在所有船舶优先权之后,但可列在登记的抵押权之前。

(三)《1993年公约》

《1926年公约》和《1967年公约》虽然均已生效,但批准和加入的国家并不多,世界主要航运国及我国均未加入这两个公约。这表明国际社会对上述公约的不满态度。1993年4月19日在联合国贸发会议和国际海事组织在日内瓦召开的外交大会上,审议通过了1993年《船舶优先权和抵押权国际公约》。该公约共22条,其内容与我国《海商法》有关船舶优

---

① 三个公约的内容请参见《国际海事条约汇编》,第6卷,大连海运学院出版社1994年版,第453~463页。

先权和抵押权的规定基本吻合。

《1993 年公约》旨在为船舶融资提供更好的法律条件,不但减少了船舶优先权的项目,而且采取折中主义,在其第 6 条中规定,允许各国另行规定其他的优先权,但其顺序应排在该公约第 4 条规定的优先权和符合第 1 条规定的已登记的抵押权、质权或担保物权之后,以免影响船舶的融资。

第五节 船舶留置权

就船舶留置权的立法方式,主要有两种:

(1)海商法中存在船舶留置权的特别规定。这种船舶留置权主要指修船人和造船人的留置权,即造船人和修船人可以就占有中的船舶担保其造船费用和修缮费用。我国《海商法》即采取这一立法方式。

(2)海商法对船舶留置权未加任何特别规定,完全依民法成立船舶留置权。这种立法方式不对海商法上的船舶留置权和民法上的船舶留置权进行区分,对修船人、造船人的船舶留置权并不加以特别保护,而是与其他船舶占有人的船舶留置权等同对待。我国台湾地区海商法即采取这一做法。

一、船舶留置权的定义及特征

船舶留置权(Possessory lien)是海商法为保障造船人、修船人就造船合同和修船合同而产生的债权得以实现而设置的一种特殊担保制度。一般来讲,船舶留置权是指债权人按照合同约定占有债务人的船舶,当债务人不按照合同规定的期限履行债务时,债权人继续保持对船舶的占有并从船舶价款中优先受偿的权利。

《海商法》第 25 条第 2 款规定:“船舶留置权,是指造船人、修船人在合同另一方未履行合同时,可以留置所占有的船舶,以保证造船费用或者修船费用得以偿还的权利。船舶留置权在造船人、修船人不再占有所造或者所修的船舶时消灭。”除此之外,在《海商法》中还有多处出现了以船舶为对象的留置权的规定,如第 161 条规定的承拖方对被拖物享有的留置权,第 188 条规定的救助方对被救助船舶和货物所享有的留置权。另外,在海运实务中,因船舶遇险沉没于海底或漂浮海上,应船舶所有人或者有关主管机关的委托,打捞人从事打捞业务时亦有可能发生对被打捞船舶的留置。

修船人与造船人就修船费用和造船费用所享有的特殊利益,为不少国家立法所承认,也体现在国际公约中。三个关于船舶担保物权的国际公约都专设一条规定船舶留置权,以强调对修船人和造船人的保护。给予修船人、造船人以特殊保护是公共政策原则的体现。

虽然《海商法》上的船舶留置权主体仅限于造船人和修船人,但其他人也可根据《民法通则》《物权法》《担保法》等其他法律享有针对船舶的留置权。

船舶留置权具有以下法律特征:

(1)船舶留置权是法定担保物权,其成立条件由民法、海商法明确规定,无须当事人就其成立再行约定。

(2)船舶留置权具有不可分性,其标的是债权人占有船舶的全部。船舶虽然是由船体、船机和属具组成的合成物,但在法律上船舶是不可分物,因此并不要求留置船舶的价值与债权数额相当。

(3)船舶留置权无追及力,它的存在必须以占有船舶为前提,一旦失去占有,船舶留置权即归于消灭。

(4)船舶留置权为可发生二次效力的权利。其第一次效力是指对债务人返还请求权的对抗权,第二次效力则是其对船舶的变价权和优先受偿权。

(5)船舶留置权具有从属性,随主债权的存灭而存灭。

二、船舶留置权的取得与消灭

(一)取得

船舶留置权属于法定的担保物权,其成立无须当事人约定,只需符合法律规定即可自动成立。根据民法一般理论和海商法理论,船舶留置权的取得条件为:(1)造船人、修船人须占有船舶;(2)该船舶系造船人、修船人根据合同约定进行建造或修理的船舶;(3)造船人、修船人的债权与留置船舶之间存在牵连关系;(4)债权已届清偿期。

船舶留置权的取得不得与造船人、修船人所承担的义务相违背,如果造船人、修船人在合同中承诺不留置船舶,则其不能主张这一权利。

(二)消灭

《海商法》中并未专门规定船舶留置权的消灭问题,仅在第25条第2款提及:"船舶留置权在造船人、修船人不再占有所造或者所修的船舶时消灭。"从《担保法》的有关规定和一般原理来看,船舶留置权的消灭主要有以下原因:

(1)因船舶的灭失而消灭。留置权人不能再占有船舶的实体,因而不能再获得它的担保。

(2)因所担保的主债权消灭而消灭。船舶留置权作为从权利,以主权利存在为条件,当主债权不复存在时,船舶留置权自然也随之消灭。

(3)因留置权人接受债务人的另行担保而消灭。《担保法》规定,如果债务人另行提供担保并为债权人所接受,则留置权消灭。

(4)因留置权人丧失对船舶的占有而消灭。这种占有的丧失应当是因合法原因导致,如果因侵权行为致使留置权人丧失对船舶的占有,留置权人可以通过诉讼请求恢复占有。但如果留置权人不能通过合法的方式恢复占有,则留置权将最终消灭。

三、有关国际公约

鉴于《1967年公约》和《1993年公约》都将海商法上船舶留置权限于造船人和修船人的权利予以确认和特别保护,我国《海商法》与上述公约之规定亦保持一致。有关船舶留置权的受偿顺序,请参阅本书下一节中"船舶优先权与其他船舶担保物权的比较"之内容。

第六节　船舶优先权

船舶优先权,在有关的国际公约中被称为"Maritime lien"或"Privilege maritime",作为法定的海事请求人所享有的一种对当事船舶的优先受偿的特权,已为绝大多数海运国家的立法和国际公约所确认。1993年《船舶优先权和抵押权国际公约》第4条明确了船舶优先权为一种担保权利,从属于债权。在不同国家,船舶优先权所担保的债权范围、船舶优先权标的等存在很大差异,但其立法目的都是为体现一定的公共政策,维护特定债权人的利益,进而保障航运事业的发展。

一、船舶优先权的定义及特征

船舶优先权在不同的国家有不同的称谓,如《德国商法典》称之为“法定质权”,《法国商法典》称之为“优先权”,《日本商法典》称为“先取特权”,希腊《海事私法典》称为“海上留置权”,而英美法系国家则称为“Maritime lien”,可直译为“海上留置权”或“海事留置权”,目前三个有关船舶优先权方面的国际公约英文本均使用“Maritime lien”一词,法文本则使用“Privilege maritime”一词。我国《海商法》使用“船舶优先权”这一用语,它与众多国际海事条约中使用的,为国际社会广为接受的 Maritime lien 是相对应的,其基本特征都是担保特定种类债权优先受偿。

由于各国立法的差异,很难给船舶优先权下一个统一的定义,根据我国《海商法》第 21 条的规定,船舶优先权是指海事请求人依照本法第 22 条的规定,向船舶所有人、光船承租人、船舶经营人提出海事请求,对产生该海事请求的船舶具有优先受偿的权利。

船舶优先权主要有以下法律特征:

(1)法定性。船舶优先权基于法律规定而产生,不能由当事人在合同中约定成立。法律规定的特定债权只要其具备法定要件,即自然享有船舶优先权,先于其他债权受偿。船舶优先权的法定性还表现在其担保的债权种类是法律明文规定的,即特定债权,这种特定债权的范围在各国法律中有不同规定。

(2)非公示性。物权作为对世权,以公示性为基本特征。就担保物权而言,抵押权以登记为公示方法,质权和留置权以占有为公示方法,但同为担保物权的船舶优先权却不以登记或占有为要件,无需任何公示方法。这是它与其他担保物权的最大区别之处,也是最大问题所在。由于船舶优先权是一种不公开的特权,外人无从得知,因此在英美法上也被称为“秘密留置权”(Secret lien)。船舶优先权的非公示性特点对第三人利益影响很大,因此各国均严格限定其担保债权范围,以减少对第三人的可能损害,维护第三人利益。

(3)物上追及性。船舶优先权一旦产生,即附着在标的物之上,不因船舶所有权转移、登记事项变更、船旗变更等而受影响。这种追及力可以对抗善意第三人,效力十分强大。但并非指船舶优先权不能消灭,善意第三人经司法程序拍得船舶,则其上优先权消灭。如果优先权人怠于行使权利超过一定时限,优先权也会随期间经过而消灭。

(4)优先受偿性。优先受偿性是担保物权的固有特性,但对于船舶优先权而言,这种优先受偿性更为显著。它使得其所担保的债权不仅优先于普通无担保债权受偿,而且也优先于其他种类有担保的债权受偿,国际公约和绝大多数国家立法均规定享有船舶优先权的债权优先于船舶留置权、抵押权和质权担保的债权受偿。

(5)期限性。由于船舶优先权具有非公示性特点,是一项秘密的特权,因此其权利行使期间较短,以使其尽早消灭,减轻船舶负担,防止其他债权人因此而蒙受意外损失。各国一般均规定船舶优先权有 1 ~2 年的行使期限,以督促债权人行使权利,避免妨害其他债权人利益。债权人逾期不行使优先权的,船舶优先权消灭,其所担保的债权丧失优先受偿机会,变为普通债权。船舶优先权的行使期间不得中止、中断。

(6)程序性。船舶优先权的行使必须通过特定的程序,这一程序即船舶扣押程序。船舶被扣押后,如果船舶所有人未提供担保,则法院可以强制拍卖、变卖船舶,以所得价款来支付债权人,实现船舶优先权。我国《海商法》第 28 条规定:“船舶优先权应当通过法院扣押产生优先权的船舶行使。"因此在我国,船舶扣押程序是实现船舶优先权必不可少的要件。

二、船舶优先权的法律性质之争论

船舶优先权的法律性质问题,在国内外的理论界和司法实务界长期存在争议。一些学者和法官(主要是英美学者)认为它是一种程序性权利,但主流观点认为它是一种实体性权利。在持实体权利说的学者中,有的认为它是担保物权,也有认为它是具有优先受偿力的特殊债权,还有认为它是海商法中的一种法定优先受偿权利。

(1)债权说。债权说认为,船舶优先权系基于船舶而产生的特定债权,因法律的规定,就该船舶及附属物享有的优先受偿权利。其成立既不必登记,也不必占有,不具有物权的公示性特点,因此不属于担保物权。

(2)物权说。物权说认为,船舶优先权具有追及性、法定性等物权的基本特征,目的在于担保特定债权人就标的物的拍卖价金有优先受偿之权,因此是一种担保物权。

(3)债权物权化说。这一观点认为,上述债权说和物权说均有缺点,不能说明船舶优先权的性质。债权说仅注意船舶优先权系独立发生的权利,不像担保物权具有从属性,而忽略其优先性和追及性;而物权说则相反,仅注意其物权效力。船舶优先权的产生基于契约、侵权行为和准契约,因此是特定债权,法律明文规定其具有担保物权的效力,因此是债权的物权化。

(4)法定权利说或特殊制度说。这种观点认为船舶优先权既不是债权,也不是物权,它是海商法中特有的制度,不能用民法中物权和债权的理论来解释。船舶优先权的产生和发展取决于海上运输的特殊性,它是法律规定的,不是当事人合意的,是法律赋予的一种非独立的特权,"非独立"是指优先权不能离开特定债权存在,而"特权"则指其高于一般债权的地位。

从各国立法和国际公约规定来看,大多持担保物权观点。船舶优先权是优先权人在债务人船舶上所设定的权利,因此船舶优先权属于他物权。在他物权中,按照设立的目的不同还可划分为用益物权和担保物权,船舶优先权设立的目的是为保证债权的实现,因此它是担保物权。即使是英美法系,对船舶优先权的担保性质也是认同的。

三、船舶优先权的客体范围

船舶优先权的客体即标的,是船舶优先权所指向的对象。作为担保,船舶优先权的范围大小,直接关系到权利人的受偿可能性。考察有关船舶优先权标的的主要立法,其范围各有差异,宽狭不一。一般而言,英美法系国家的船舶优先权标的范围较宽,包括船舶、运费及其附属权利,还有货物。而大陆法系,则相对范围狭窄一些,一般不包括货物。有些大陆法系国家在最初立法时也曾将货物列为船舶优先权标的,但在后来法典修订中又予以取消。

从世界各国和国际公约立法的发展趋势看,船舶优先权标的的范围在逐渐缩小,《1926年公约》规定的船舶优先权标的,包括船舶、运费及其附属权利,其中附属权利是指:(1)船舶或运费损失的赔偿金;(2)船舶所有人可主张的共同海损分摊额;(3)船舶所有人应得的救助报酬。《1967 年公约》和《1993 年公约》大大缩小了船舶优先权标的的范围,仅局限于船舶本身。

我国《海商法》的相关规定也反映了这一趋势,仅规定船舶作为船舶优先权标的。三个国际公约均将船舶保险赔偿排除出船舶优先权标的的范围,即优先权人不能就船舶灭失、损坏的保险赔偿金主张优先受偿,我国《海商法》对此未明确规定,但一般理解也不包括保险赔偿金。

四、船舶优先权担保的海事请求范围及其受偿顺序

(一)被担保的海事请求的范围

船舶优先权与其所担保的海事请求属于两个不同的权利,前者是担保物权,是从权利,而后者是债权,是主权利,前者的存在必须以后者的存在为前提。而反过来,船舶优先权消灭并不影响其担保的海事债权的存续,只不过这一债权不能再享有优先受偿的地位,而成为普通债权。

《1926 年公约》为约束各国设定优先权项目,限定了享有优先权担保的海事请求范围。而《1967 年公约》在《1926 年公约》基础上又对海事请求范围有所缩小,《1993 年公约》则进一步压缩到最小范围,只规定了五项船舶优先权。

我国《海商法》第 22 条有关船舶优先权所担保海事请求范围的规定基本参照《1993 年公约》,分别是:

(1)船长、船员和在船上工作的其他在编人员根据劳动法律、行政法规或者劳动合同所产生的工资、其他劳动报酬、船员遣返费用和社会保险费用的给付请求;

(2)在船舶营运中发生的人身伤亡的赔偿请求;

(3)船舶吨税、引航费、港务费和其他港口规费的缴付请求;

(4)海难救助的救助款项的给付请求;

(5)船舶在营运中因侵权行为产生的财产损害赔偿请求。

至于因行使船舶优先权产生的诉讼费用,保存、拍卖船舶和分配船舶价款产生的费用,以及为海事请求人的共同利益而支付的其他费用,则从船舶拍卖所得价款中先行拨付。

(二)被担保的海事请求的受偿顺序

船舶优先权的特殊性决定了其受偿顺序的原则不同于一般债权。这些原则主要包括:倒序原则、同等地位原则、公共政策原则。倒序原则又称后来居上原则,是指在时间上后来发生的海事请求先于先发生的海事请求受清偿。适用倒序原则的原因在于,某些海事请求对于其他优先权具有保全作用,例如海难救助使船舶脱离危险境地,保全了其他海事请求优先受偿的担保物,使其他船舶优先权得以存续,因此应当给予这些海事请求更为优先的受偿地位。同等地位原则是指海事请求不分发生先后,按比例同等受偿。公共政策原则则是各国立法机关为维护社会公共利益而规定海事请求权人享有不同的受偿顺序,船舶优先权受偿顺序所遵循的公共政策与设立船舶优先权所遵循的公共政策基本一致,主要有对船员等不利地位人员利益的特别保护,对海上救助事业的鼓励,对保全船舶行为及对航运业的鼓励,对航运安全的促进,对无辜受害者的保护等。船舶优先权在公共政策指引下,分成等级,分别依次受偿。

《海商法》第 23 条规定,本法第 22 条第 1 款所列各项海事请求,依照顺序受偿。但是,第(四)项海事请求,后于第(一)项至第(三)项发生的,应当先于第(一)项至第(三)项受偿。本法第 22 条第 1 款第(一)(二)(三)(五)项中有两个以上海事请求的,不分先后,同时受偿;不是受偿的,按照比例受偿。第(四)项中有两个以上海事请求的,后发生的先受偿。根据这一规定,第 22 条所列 5 项海事请求应当依照法定顺序受偿,而这个顺序正是基于一定的公共政策设定的。对于海难救助款项请求权,应适用倒序原则确定受偿顺序,即如

果海难救助款项请求权后于前三项请求权发生，则先受偿，并且如果存在两个海难救助款项请求权的，后发生的同样先受偿。海难救助款项请求权之外的其他四种海事请求，如果同一顺序中同时存在两个以上海事请求的，则其地位平等，同时受偿，船舶价款不足清偿的，则按照比例受偿。

五、船舶优先权的取得、转移、行使及消灭

(一)船舶优先权的取得

船舶优先权作为一种担保权利，它的取得以特定的海事请求的存在为前提。船舶优先权的成立完全取决于法律规定，并不需要权利人和义务人的主观意思介入，特定的海事请求产生，请求权人即取得相应的船舶优先权。

(二)船舶优先权的转移

船舶优先权的转移是指其权利主体的变更。作为担保物权，船舶优先权具有从属性，不能脱离主债权而单独存在，因此并不存在船舶优先权的单独转移问题。船舶优先权的转移实际上是其所担保的海事请求发生转移，而连带地使船舶优先权也一同转移。

我国《海商法》第27条规定："海事请求权转移的，其船舶优先权随之转移。"允许船舶优先权转移的规定显然更有利于海事请求权人获得及时的清偿，可以促进船舶优先权立法目的的实现。

(三)船舶优先权的行使

船舶优先权的行使必须通过特定的司法程序，这是世界各国的普遍做法。其原因主要在于，船舶优先权是一种秘密的权利，无须公示，极易损害其他债权人的利益，因此必须对其行使规定较严格的条件。在英美法系国家，船舶优先权的行使要通过"对物诉讼"程序进行，在大陆法系国家则要经过法院扣押当事船舶来实现优先权。我国《海商法》第28条也明确规定："船舶优先权应当通过法院扣押产生优先权的船舶行使。"

(四)船舶优先权的消灭

船舶优先权的消灭，是指海事请求权人就优先权标的优先受偿权利的丧失。船舶优先权消灭并不等于其所担保的海事请求也当然消灭，该海事请求只是失去优先受偿的权利，但仍可作为普通债权要求清偿。

根据我国《海商法》的规定，船舶优先权的消灭主要有以下几种原因：

(1)具有船舶优先权的海事请求，自优先权产生之日起满一年不行使，并且这个一年期限，不得中止或者中断。应注意的是，船舶优先权的一年行使期间不是消灭时效或诉讼时效，而是除斥期间，该期间经过，船舶优先权即绝对消灭，而非丧失胜诉权。

(2)船舶经法院强制出售。法院强制出售是公法上的处分，买受人所取得的船舶所有权系原始取得。船舶所有权为买受人取得后，除法院所发的权利证明文件上另有载明或买受人另有承诺外，船舶上原有优先权即不复存在，即使优先权人未获清偿。但船舶拍卖所得价款，应视为船舶的代位物，船舶优先权人可就价款享有优先受偿权利。

(3)船舶灭失。这里的船舶灭失是指船舶彻底失去形体和价值，完全不能满足海事请求权人的清偿所需。如果船舶虽然失去功能，但仍有残余价值，则船舶优先权不消灭，仍可主张受偿。

(4)船舶优先权催告期满。当船舶所有权进行转让时，受让人为避免接收存在不知晓的船舶优先权的船舶，可向法院申请催告，要求优先权人在公告之日起60日内向法院登记

其优先权。按照《海事诉讼特别程序法》的规定，在优先权催告期内无人主张优先权的，法院可应申请作出除权判决。在催告期内有人主张优先权，其权利可得到法院确认，而对于未主张的优先权，则随催告期满而消灭。

(5)因所担保的主债权消灭而消灭。

(6)因国家没收、捕获等公法行为而消灭。

六、船舶优先权与其他船舶担保物权的比较

船舶优先权与船舶担保物权之间的关系，实际上只涉及船舶优先权与船舶抵押权、船舶留置权之间的关系。依物权理论认为，法定物权优于意定物权，此为物权优先性含义之一，因此，作为法定的船舶优先权及船舶留置权，当然优先于意定的船舶抵押权受偿。我国《海商法》第 25 条亦作了同样的规定。虽然海商法学界依然存在废除船舶优先权制度的呼声，[①]但考虑到航运实践的需要、保护船舶安全等原因，各国立法及三个有关船舶抵押权和优先权的国际公约中都明确规定船舶优先权优先于船舶抵押权受偿。

依《海商法》第 25 条第 1 款的规定，当一船之上并存有船舶优先权、船舶留置权和船舶抵押权时，造船人、修船人的船舶留置权位于船舶抵押权之前，船舶优先权之后。

七、有关国际公约

船舶优先权在《1926 年公约》《1967 年公约》和《1993 年公约》三个国际公约中均有规定，呈现出项目逐渐减少，标的范围缩小的趋势。具体而言，《1926 年公约》中的船舶优先权种类较多，主要包括诉讼费、为债权人共同利益而支付的费用、公共税费；船长、船员工资；救助报酬、共同海损分摊；财产损害赔偿；旅客和船员人身伤害赔偿；货物或行李灭失或损害赔偿；船长为保存船舶或继续航行所需而签订的契约或所作的行为所引起的请求等。《1967 年公约》中，船舶优先权范围有所缩小，包括船长、船员工资；港口、运河及其他水道费用和引航费；人身伤亡请求；财产灭失或损害请求；救助报酬、船舶残骸清除以及共同海损分摊请求。《1993 年公约》则进一步缩小范围，包括船长、船员工资；人身伤亡请求；救助报酬；水路规费和引航费；船舶侵权行为造成的有形灭失或损坏等。对于船舶优先权标的范围，《1926 年公约》规定为船舶、运费及其附属权利，《1993 年公约》则将其缩小到船舶一项。

---

① 于海涌，《船舶抵押权法律效力问题研究》，载梁慧星主编：《民商法论丛(第 9 卷)》，法律出版社 1998 年版，第 572 页。

第三章

船员法律制度

第一节　船员的一般制度

一、船员的概念及构成要件

我国《海商法》第31条规定："船员，是指包括船长在内的船上一切任职人员。"自此可见，我国对船员范围的界定，采用的是将普通船员和高级船员合并规定的方式。有的国家是将船长、船员视为两个概念，因为，二者的法律地位是有区别的。

《海商法》第32条规定："船长、驾驶员、轮机长、轮机员、电机员、报务员，必须由持有相应适任证书的人担任。"第33条还规定："从事国际航行的船舶的中国籍船员，必须持有中华人民共和国港务监督机构颁发的海员证和有关证书。"

根据《海商法》第31,32,33条的规定，构成我国《海商法》意义上的船员，需具备三个条件。

1. 取得船员资格

不论何人，若想成为一名船员，首先必须按照《海商法》第33条的规定，持有海员证和通过考试取得相关证书；欲任职高级船员，还必须按第32条规定，通过相应的资格考试，达到法律规定的统一标准，获得相应的适任证书。

2. 受船舶所有人聘用或雇佣

国际上对船员的使用，有聘用制和雇佣制两种形式。采取聘用制的国家，将船员视为船舶所有人的职员，而采取雇佣制的国家，则将船员视为船舶所有人的雇员，这只是称谓的不同。从法律的层面上看，都属于船舶所有人的受雇人。从船员资格角度看，受船舶所有人的聘用或雇佣都是一个必备的条件。那些虽然具有船员证书，但并未被船舶所有人聘用或雇佣的人，不能称其为船员。《海商法》使用"任职"一词，是起草时考虑到我国用人体制的改革，有意使用中性词，意包含聘用制和雇佣制两种形式。

3. 服务于船上

船员必须是在船上工作的人员。船舶的修理人、代理人虽然为船舶服务，但不在船上工作；旅客虽然在船上，但不工作，因而都不是船员。船公司的其他职员虽然也受船舶所有人的聘用或雇佣，有的还可能具有船员资格证书，但只是在船公司从事经营管理或其他工作，并非服务于船上，这样的人也不能作为船员对待。

作为一名船员，必须同时具备上述三个条件。之所以这样要求，目的在于明确船员的法律地位，凡不具有船员资格的人，便不能享受海商法或船员法中规定的船员权利，也不承担相应的义务和职责。

二、船员的分类及职责

我国的船员按职务划分,可分为高级船员(也称干部船员)和一般船员。高级船员包括船长、政委、大副、二副、三副、驾助、轮机长、轮机员、大管轮、二管轮、三管轮、轮助、电机员(如有)、报务员(如有)和船医;一般船员是指除高级船员以外的其他在船服务人员。按船员的业务部门来划分,又可分为驾驶部船员、轮机部船员和事务部船员。

船长是全船的最高负责人,对船舶的驾驶和管理全面负责。

政委是船上的政治领导者,其主要职责是保证党和国家各项方针政策在船上的贯彻执行,并负责全体船员的思想政治工作。

大副是船长的第一代表人,领导驾驶员的工作,又是甲板部船员的负责人。

轮机长是轮机部的负责人,在船长的领导下,负责轮机部的技术和管理工作。

管事是事务部负责人,负责船员的伙食、供应,以及接待等后勤工作。

根据船员职务规则,各级、各类船员必须具备与其职务相适应的技术能力。

三、船员适任证书的取得

为保证船舶的航行安全,世界各国除对船舶的技术条件进行严格的管理和控制外,还对船员的资格进行了严格的限定和管理,其主要办法之一就是实行船员考试制度,经考试合格者,发给相应的职务证书。1978 年 6 月 7 日国际海事组织(IMO)在伦敦讨论制定了《海员培训、发证和值班标准国际公约》(STCW)。该公约自生效以来,对规范各国船员考试、发证制度,实现海上安全,防止船舶污染海洋环境,促进国际海上运输事业,发挥了重要的作用。我国是该公约的缔约国,1987 年 2 月 14 日,我国按照该公约的精神制定颁布了《船员考试发证规则》,使船员考试工作走上了规范化、制度化的轨道。《船员考试发证规则》对各级、各类船员的考试、证书的印制、颁发、签证和换证、船员的专业训练与特殊培训等,均作了详尽的规定。船员考试发证机关是各级海事局。

四、船员的配备

船员的配备是指为保证船舶安全航行,为船舶安排一定数额的合格船员。船员的配备包括两个方面的内容:一是指为船舶配备的总的船员定额;二是指船上配备持有职务证书的船员的数额。关于船舶定员问题,目前在国际上尚无统一的标准。国际海事组织曾试图统一全球船员配备标准,但由于各国经济和社会制度不同,加之船舶类型各异,技术标准不一,此项工作未能取得成功。目前,各国只能根据本国的情况,从维护航行安全的角度,确定船舶定员。为了确保船舶在航行和停泊时配有足以保证船舶安全的船员,保证海上人命和财产的安全,防止水域环境污染,我国交通部依据《海上交通安全法》《内河交通安全管理条例》和我国已加入的有关国际公约,制定了《中华人民共和国船舶最低安全配员规则》(以下简称《安全配员规则》)。《安全配员规则》适用于所有航行国际航线、200 总吨或主机功率 750 千瓦以上航行国内内河航线的中国籍机动船舶。除了航行期间的配员、船舶最低安全配员证书的管理、证书的申请与审核发证以外,规则的其他有关规定,还适用于 500 总吨以上航行于中国管辖海域的外国籍船舶。《安全配员规则》按照船舶种类、主机功率、航程、航行时间、航行区域等因素,分别规定了海船甲板部、轮机部和客运部最低安全配员标准、海船无线电人员最低安全配员标准和内河船最低安全配员标准,从而使我国的船员配备标准有了法律依据。

第二节　船长的职能

船长(Master,Captain)是指依法取得船员资格,取得相应资格证书并受船舶所有人雇佣或聘用,主管船上一切事务的人。STCW 公约规定,船长是指挥某一船舶的人。船长是一种特殊的职务,具有特殊的法律地位。我国《海商法》第三章第二节专门规定了船长的权利和职能。

一、指挥和管理职能

行政指挥和技术管理职能(Function of administrative command and management of technology)是指船长作为船上最高指挥人员,对船上的行政和技术事务所行使的管辖、控制和指导的权利。我国《海商法》第 35 条规定:"船长负责船舶的管理和驾驶。船长在其职权范围内所发布的命令,船员、旅客和其他在船人员都必须执行。"本条规定开宗明义地确立了船长的此种职能。船长负责船舶的驾驶和管理事务。在日益强调海上安全和海洋环境保护的今天,船舶航行安全和防止船舶污染海洋是船长的重要职责。

船长的指挥和管理船舶的法定职能,是不受外来因素影响的。例如在引航的情况下,船长驾驶船舶和管理船舶的责任不能因引航员的介入而解除,即使在强制引航的情况下,也是这样。虽然引航员在履行职务时,应尽谨慎之责,保证船舶安全,但他并不取代船长的地位,此时船上的最高指挥员仍然是船长。法律作出此种规定的意义是:一旦船舶因引航员引领船舶的过失造成损害,其责任仍然由被引领船舶的所有人来承担。从这个意义上来说,船长驾驶和管理船舶的职能是绝对的。

二、司法职能

船长的司法职能(Function of judicature or judicial function)是指制止违法、防止犯罪、维护船舶安全和秩序职能,也称准司法职能。海上环境的特殊性,决定了制止船上违法、犯罪、维持船舶治安的任务只能赋予船长。如果法律不赋予其此种权利,其拘捕犯罪嫌疑人的正当行为就有可能被指控为非法拘禁,触犯刑律。因此,法律将部分司法权赋予了船长,使其行使此种权利有了法律依据。

我国《海商法》第 36 条规定:"为保障在船人员和船舶的安全,船长有权对在船上进行违法、犯罪活动的人采取禁闭或其他必要措施,并防止其隐匿、毁灭、伪造证据。"这一规定,即是船长的司法职能的一种具体体现。值得注意的是,船长所享有的司法权属于一种有限制的权利,船长无权对案件进行实质性的处理,他在有效地阻止了犯罪活动以后,应该在条件具备的时候,将犯罪嫌疑人连同有关证据一起移交给有关当局处理。根据《海商法》第 36 条第 2 款的规定,船长在对违法、犯罪活动的人采取禁闭或者其他必要措施以后,应当制作案情报告书,由船长和两名以上在船人员签字,连同犯罪嫌疑人送交有关当局处理。这里所说的有关当局,在习惯上可以理解为船舶最初到达港口的中华人民共和国公安机关;如果船舶在国外,则指中华人民共和国驻当地的使、领馆。

三、公证职能

船长的公证职能(Function of notarization)是指船长对某种法律行为或者具有法律意义的文书、事实,证明其真实性与合法性的一种权利。公证作为国家司法制度的组成部分,从法律上讲只能由公证机关来行使,但由于船舶在海上航行期间,也会发生诸如自然人出生或死亡等事件,此类事件将产生一定的法律后果,例如,在婴儿出生的情况下涉及国籍的取得;在人员死亡的情况下,可能会影响到财产继承的问题。如果此类事件一律到国家公证机关进行公证,由于时过境迁,可能影响到公证的可靠性。为此,法律赋予船长部分公证权。

我国《海商法》第37条规定:"船长应当将船上发生的出生或者死亡事件记入航海日志,并在两名证人的参加下制作证明书。死亡证明书应当附有死者遗物清单。死者有遗嘱的,船长应当予以证明。死亡证明书和遗嘱由船长负责保管,并送交家属或者有关方面。"这里所说的有关方面可以是最初到达的中华人民共和国港口的海事机关,也可以是驻外国港口的中华人民共和国的使、领馆。

船舶在航行中发生人员死亡事件,如果距离下一停靠港的航程较长,尸体无法保管,为维持船舶卫生,防止疫病发生,船长可以按照航海惯例,为死者举行海葬,并在死亡证明书上加以注明。在我国《海商法》中,对海葬问题未作规定,主要是考虑到此种做法是一种航海习惯,无规定的必要。

四、应变职能

应变职能(Function of meeting an emergency)是指船长在急迫情况下,为了维护船舶、船上人员及其所载货物的安全而采取的非常措施,以应对突然事件的权利。

《海商法》第38条规定:"船舶发生海上事故,危及在船人员和财产的安全时,船长应当组织船员和其他在船人员尽力施救。在船舶的沉没、毁灭不可避免的情况下,船长可以作出弃船决定;但是,除紧急情况外,应当报经船舶所有人同意。""弃船时,船长必须采取一切措施,首先组织旅客安全离船,然后安排船员离船,船长应当最后离船。在离船前,船长应当指挥船员尽力抢救航海日志、机舱日志、油类记录簿、无线电台日志、本航次使用过的海图和文件,以及贵重物品、邮件和现金。"

《海商法》的上述规定,表明船长的应变职能包括如下几个方面的内容:

1. 有权作出弃船的决定

在船舶沉没、毁灭不可避免的情况下,船长有权作出弃船的决定。这是海上特殊环境决定的,船长身临事故现场,凭借丰富的航海经验,有能力对事故的危险程度作出正确的判断。但是,除紧急情况外,应当将弃船决定报经船舶所有人同意,这一规定,在有些情况下,可能不利于船长果断采取措施,因为,何谓"情况紧急",站在不同的立场,有时判断的结果是不同的。国际海事组织(IMO)A443号决议,赋予船长的应变职能是一项绝对的权利,不附任何条件。

2. 对货物或物品的处置权

当发现有人未经批准而将易燃、易爆、有毒物品或其他危险物品带上船舶,船长有强制保管和将其丢弃的权利。若发现船上所载货物属于危险品、污染品或在运输中为装货港、卸货港、挂靠港或任何地方、水域的任何法律或规章所禁止,船长有权决定将该货物予以处置,卸岸或投弃入海,或采取使之无害的其他措施。即使危险货物是经过承运人同意而装上船舶的,一旦发现它们对船舶构成危险,船长也可以采取同样的处理措施而不予赔偿。

3. 采取一切措施救助人命

船舶发生海上事故,危及船上人员安全时,船长应采取一切措施,尽力施救;弃船时,应按旅客、船员、船长的顺序离船。这是法律作出的强制性规定。

4. 保存证据

船长在离船前,应当指挥船员尽力抢救航海日志、机舱日志、油类记录簿、无线电台日志、本航次使用过的海图和文件,以及贵重物品、邮件和现金。

5. 事故报告书

船长应当将发生的事故制成事故报告书,载明事故详细经过情况,报送事故发生后最初到达的中华人民共和国港口的海事机关。若事故发生在国外,应当报送就近的中华人民共和国使、领馆,但事后仍须向船籍港的海事机关递交海损事故报告书。海损事故报告书应当附有事故发生时的两名以上在船船员或知情旅客的书面证明。

上述第3,4,5项内容,与其说是船长的职能,不如说是船长的义务。

五、代理职能

船长的代理职能(Function of agent)是指船长以船舶所有人或承运人的名义,在法律规定或授权范围内,同第三人发生的民事法律行为,并将产生的民事权利和义务直接归于船舶所有人或承运人承受的一种权能。

在传统的海商法中,为船舶、货物或航行的需要,船长可以作为船舶所有人或货主的代表签订有关合同,在有关船舶、货物和运费的诉讼中,如果在当地没有船舶所有人和货主的其他代表,经特别授权,船长还可以代理起诉和应诉。此外,在航次中,为了使船舶恢复营运能力,急需现金修理船舶,补充船舶用品和维持船员给养,在来不及等待船舶所有人的指示时,船长有权出卖除特殊设备以外的多余船舶用品(不包括船员必需的食品或者货物)。

在现代航海中,由于发达的通信技术,船舶代理人制度的逐步完善,许多问题可以由船舶所有人自行解决或委托船舶代理人处理。因此,船长的代理权限受到了一定的限制。在现代海商法中,可以查找到的船长代理权,一般仅限于签发提单和签订救助合同。

船长的上述职能决定了船长处于十分重要的法律地位。若船长在航行中死亡或者因故不能执行职务时,应由驾驶员中职务最高的人代理船长职务,船舶在下一个港口开航前,船舶所有人应当指派新的船长接任。

第三节　关于船员的国际公约

一、《海员协议条款公约》(1926)(*Convention Concerning Seamen's Articles of Agreement,1926*)

为调整因海员劳动合同发生的法律关系,保障船员的合同权益,1926年6月7日,国际劳工局理事会在日内瓦举行了国际劳工组织第九届全体大会,于6月24日通过了《海员协议条款公约》,1928年4月4日生效,目前有52个国家加入。公约亦称《海员雇用合同条款公约》,共23条,主要包括以下内容。

(一)适用范围

公约适用于在批准公约的任何会员国登记的一切航海船舶及船东、船长和海员。但不适用于军舰、非从事贸易的政府船舶、从事沿岸贸易的船舶、游乐艇、印度帆船和渔船;亦不适用于登记总吨位不满100总吨或不足300立方米的船舶,及从事国内运输的船舶或吨位低于在该公约通过时国家法律为特别管理此项贸易所规定吨位限制的船舶。

(二)定义条款

该公约对如下名词作出定义:

(1)"船舶"指不论属于何种性质,不论公有或私有,包括通常从事海上航行的任何船舶。

(2)"海员"包括以任何资格受雇或在船上从事工作并参与海员协议条款的任何人员,但船长、引航员、培训船上的实习生、订有适当契约的学徒、海军人员以及担任永久职务的其他人员除外。

(3)"船长"包括指挥并主持一艘船舶工作的任何人员,但引航员除外。

(4)"国内运输船舶"指一国与邻国港口之间在国家法律所规定的地理界限内从事运输的船舶。

(三)协议条款的签订

海员协议条款由海员与船东或其代表签订,签订前应给予海员及其雇主以审查、了解协议条款的便利,海员应依照国家法律所规定的条件签订协议,协议条款不得违背国家法律或该公约的规定。

(四)协议内容

该公约规定,协议应明确载明双方权利义务,还应载明海员姓名、出生日期或年龄及出生地、订立协议的地点及日期、海员从事服务的船舶的名称、船员的人数(如为国家法律所规定时)、承担的航程(如能在订约时决定)、海员所担任的职务、海员上船服务的地点及日期(如属可能)、海员给养的标准(如国家法律无另外规定)、工资数额、带薪休假、协议终止及条件等。

(五)协议期限

该公约规定,协议可以是定期的或一个航次的,如为国家法律许可亦可以是不定期协议。

(六)协议终止

对于不定期协议,任何一方均可在船舶装卸货物的任何港口声明终止,但预告期不得少于24小时,预告应以书面形式作出。

该公约还规定,无论何种协议如遇下列情况应属自然终止:(1)双方同意;(2)海员死亡;(3)船舶灭失或完全不适航;(4)国家法律规定船东或船长得解雇海员的情况,或法律规定海员得要求立即解雇的情况。

(七)协议管辖的效力

签订协议的船舶所有人或其代表与海员,应依照国家法律采取适当措施,以保证协议中不含有双方预先约定的关于违反此项协议的司法管辖的条款。但这一规定不得解释为禁止协议仲裁。

(八)对缔约国法律的要求

该公约规定,缔约国应规定各种办法,以保证公约各条款的实施。

在该公约通过时,当时的中国政府于1936年2月12日加入该公约;1984年6月11日中华人民共和国外交部长致函国际劳工局局长,承认当时中国政府对于该公约的批准加入,并正式对我国生效。

二、《海员培训、发证和值班标准国际公约》(1978)(*International Convention on Standards of Training, Certification and Watchkeeping for Seafarers*, 1978)

该公约简称STCW1978,是国家间有关船员培训、发证和值班标准问题的书面协议。国际劳工组织曾于1936年10月24日第21届大会上通过了《高级船员适任证书公约》(*Officers Competency Certificates Convention*),主要规定了高级船员业务能力的最低要求,在当时,这对保障航行安全起到了一定的作用,但随着时间的推移和航海科技的进步,公约已不能完全适应当代船舶安全航海的要求。

为保障海上人命与财产安全,保护海洋环境,政府间海事协商组织(IMCO)于1978年6月14日至7月7日在伦敦召开的船员培训与发证会议上通过了《海员培训、发证和值班标准国际公约》,于1984年4月28日生效。

该公约共17条和1个附则。主要内容如下所示。

(一)适用范围

公约适用于在有权悬挂缔约国国旗海船上工作的海员,但军舰、渔船、构造简单的木船和非营业的游艇除外。

(二)缔约国的公约义务

公约规定缔约国为承担义务可以颁布法律和采取一切必要的措施,使公约和附则得以充分和完全实施,保证船上海员是合格的并胜任其职责,以达到保障航海安全和保护海洋环境的目的。

(三)取得船员证书的条件

公约规定,船长、高级船员或一般船员的证书,应颁发给主管机关满意地认为在服务、年龄、健康、训练、资格和考试各方面都符合要求的应试者。

(四)附则

公约附则部分共六章,对各种船员的培训、发证和值班标准都有较详尽的规定。

实际上,该公约取代了《高级船员适任证书公约》(1936),并为当前国际上通用。

政府间海事协商组织于1982年5月22日更名为国际海事组织(IMO),该组织为了实施《1974年海上人命安全公约1988年11月GMDSS修正案》,于1991年5月22日通过了《1978年培训、发证和值班标准国际公约1991年修正案》,该修正案于1992年12月1日生效。

该修正案的主要内容是:为了贯彻执行"全球海上遇险与安全系统"(Global maritime istress and safety system)的需要,将附则第四章改为"无线电人员"。本章适用于在经修正的《海上人命安全公约》(1974)规定的全球海上遇险与安全系统中工作的船上无线电人员,并规定了对这类人员发证的强制性最低要求,最低附加知识和培训要求,以及继续精通业务和更新知识的强制性最低要求。修正案除对附则第三章轮机部无修正外,对其他各章也都作了小的修正。

目前,公约及修正案均共有115个缔约国,我国于1981年6月8日交存核准书,1984年4月28日公约对我国生效。对于公约修正案,我国已默示承认,1992年12月1日对我国生效。

三、《海员遣返公约》(1926)(*Convention Concerning the Repatriation of Seamen*, 1926)及其1987年修正本

该公约是国家间关于保护被解雇海员返回本国或原港口权利的书面协议，于1926年6月23日国际劳工组织第九届大会上通过，1928年4月16日生效，目前有38个缔约国。我国于1984年6月11日承认中国政府曾于1936年2月12日对该公约的批准加入。公约共14条，主要内容如下所示。

(一)适用范围

该公约适用于在批准公约的任何会员国登记的一切航海船舶及船舶所有人、船长和海员，但不包括军舰、政府公务船、渔船及不满100总吨和从事沿岸贸易等船舶。

(二)海员的权利及主管机关的职责

凡海员在受雇期间或期满被送登岸者，应享有被送回本国或受雇港口或船舶开航的港口的权利。上述权利应由国家法律予以规定，并规定遣返费由谁负担(遣返费包括交通、食宿和确定启程前的生活费)。

主管机关对海员遣返应予监督，必要时应负责预先给予费用。

由于该公约规定的遣返权不适用于船长和学徒工，国际劳工组织又通过了《遣返船长和学徒工建议书》(1926)，使船长和学徒工也获得了遣返权。

随着各国航运业的发展和立法的进步，国际劳工组织考虑到该公约与建议书应合并，遂于1987年10月9日对该公约进行了修订，称为《海员遣返公约(修正本)》(1987)。"修正本"内容分五部分，共21条。第一部分：范围、定义；第二部分：权利；第三部分：目的地；第四部分：遣返安排；第五部分：其他安排。"修正本"的规定比1926年公约更为详明，例如，对遣返目的地明确规定为国家法规规定的目的地、受雇地、合同约定地、海员居住国、双方商定的其他地点，海员本人对上述目的地有选择权。该"修正本"目前只有三个缔约国，我国未加入。

四、《海员证公约》(1958)(*Convention Concerning Seafarers' Identity Documents*, 1958)

该公约是关于国家间海员证签发和认可的书面协议，于1958年5月13日国际劳工组织第41届大会通过，1961年2月19日生效，现已有47个缔约国。该公约共14条，主要内容是：缔约国可以向在其领土登记的海船上工作的或在其领土上的海员职业介绍所登记并申请海员证的海员，颁发海员身份证。海员证应载有发证当局名称，发证日期及持证人姓名、年龄、国籍、体征等。海员证供持证人进出本国和缔约国上船工作、遣返及缔约国认可的其他目的之用。

关于海员证，我国法律也有相应规定，如《海商法》第33条规定，从事国际航行船舶的中国籍海员必须持有中华人民共和国港务监督颁发的海员证和有关证书。海员证由本人申请，由单位统一填写申请表，经批准后，由港务监督部门签发，通用世界各国和地区的所有港口。海员证有效期为八年，期满前一年开始换证。

此外，与船员有关的国际公约还有《船舶灭失或沉没失业赔偿公约》(1920)《最低年龄(海上)公约》(1936)《确定准许雇用未成年人为扒炭工和生火工的最低年龄公约》(1921)

《雇用未成年人的强制体格检查公约》(1921)《工资、船上工作时间和配员公约》(1936)《海员带薪休假公约》(1936)《海员疾病保险公约》(1936)《船东对海员疾病受伤或死亡应负责任公约》(1936)《海上船员食品和膳食公约》(1946)《海员体格检查公约》(1946)《海员社会保障公约》(1946)《海员养老金公约》(1946)《船员在船上起居舱室公约》(1946)《船舶司厨发证公约》(1946)等。

第四节　船员劳动合同

一、船员劳动合同的概念和特征

船员劳动合同(Crewing agreement)是指船员与船舶所有人、船舶经营人为建立劳动关系而达成的书面协议。在我国,长期以来实行的是聘任制的形式,即对普通船员采取直接聘任,而对高级船员则首先通过考试取得适任证书,然后由船舶所有人根据需要,决定是否聘任并委任其相应的职务。近年来,随着经济体制改革的不断深化,对很多船员都采取了合同制的做法,并且,由于船员劳务出租业务的开展,签订劳务出租合同的做法也日趋普遍。

船员劳动合同具有下列特征:

(1)签约方式的从属性。一般民事合同是双方当事人意思表示一致的产物,即双方在平等、自愿的基础上单独订立合同,而我国的船员劳动合同,一般是由船员向劳动服务机构提出申请,然后由劳动服务机构与船舶所有人或经营人直接签订。

(2)船员权利的专属性。一般民事合同,当事人对自己的权利有处分的权利,但船员劳动合同中的船员权利,当事人自己不能任意处分。例如在船员劳动合同中,双方当事人都不得将自己的权利转让给第三人。

(3)合同内容的强制性。船员劳动合同的内容主要指当事人的权利、义务,其中大部分是由各种法律强制规定的,如劳动法、环境保护法、社会保险法等。当事人不能随意更改这些内容。

二、船员劳动合同的国际立法

为调整因船员劳动合同而发生的社会关系,以保障船员合法权益,1926 年 6 月 7 日,国际劳工局理事会在日内瓦举行了国际劳工组织第九届全体大会,会议于 6 月 24 日通过了《海员协议条款公约》(*Convention Concerning Seamen's Article of Agreement*),公约于 1978 年 4 月 4 日生效。公约在通过时,当时的中国政府对其予以批准。1984 年 6 月 11 日中华人民共和国外交部长致函国际劳工局局长,承认当时中国政府对包括该公约在内的 14 个劳工公约的批准。鉴于我国是《海员协议条款公约》的缔约国,在有关的船员立法中,自然应该遵循该公约的基本规定。

有关船员雇佣或劳动合同方面的国际立法,除上述公约之外,还有如下一些主要国际公约:《觅雇海员便利处所公约》(1921)《确定准许儿童在海上工作的最低年龄公约》(1921)《船舶失踪或沉没解雇赔偿公约》(1920)《确定准许雇佣未成年人充任扒炭工或司炉工最低年龄公约》(1921)《海上雇佣儿童及未成年人的强制体格检查公约》(1921)《船舶司厨发证公约》(1926)《海员遣返公约》(1926)《船长及高级船员技能最低要求公约》(1936)《船舶工作时间及配员公约》(1936)《船舶所有人对海员疾病、伤害或死亡应负责任公约》(1936)

《海员疾病保险公约》(1936)《海员退休金公约》(1946)《船舶船员伙食公约》(1946)《海员休假公约》(1949)《船舶船员起居处所公约》(1949)《海员证公约》(1958)和《海员体格检查公约》(1964)等。

国际海事组织目前正着手将上述有关船员的国际公约,经修改后汇集成一个现代化的国际公约,我国也应借此契机,加快国内船员法的立法进程。

第二编　海商合同

第四章

海上货物运输合同

第一节　海上货物运输合同概述

一、海上货物运输合同的概念与特征

（一）海上货物运输合同的概念

海上货物运输合同，是海上货物运输中最常见的一种合同。根据我国《海商法》第41条规定："海上货物运输合同，是指承运人收取运费，负责将托运人托运的货物经海路由一港运至另一港的合同。"

海上货物运输合同的主要当事人是承运人和托运人。根据《海商法》第42条的定义，承运人是指本人或者委托他人以本人名义与托运人订立海上货物运输合同的人。实践中，承运人通常称为船方，承运人通常是与托运人订立运输合同的船舶所有人，还有可能是船舶承租人、船舶经营人或无船承运人。[①]

托运人是海上货物运输合同的另一方当事人。根据《海商法》第42条的定义，一般是指本人或者委托他人以本人名义或者委托他人为本人与承运人订立海上货物运输合同的人，以及本人或者委托他人以本人名义或者委托他人为本人将货物交给与海上货物运输合同有关的承运人的人。实践中，托运人通常称为货方，托运人具体来说就是货物买卖合同中的卖方或卖方委托的代理人。根据这一"托运人"定义，在同一海上货物运输合同下，可能同时存在两个托运人。根据传统的海商法和合同法理论，托运人仅指上述第一种托运人，即与承运人订立海上货物运输合同的人，例如FOB价格术语下的买方就是第一种托运人，我们称其为订约托运人。第二种托运人的规定是对传统海商法和合同法理论的合同相对性原则的突破，[②]一般称其为发货人。

海上货物运输合同的客体是海上货物，根据《海商法》第42条的定义，包括活动物和由托运人提供的用于集装货物的集装箱、货盘或者类似的装运器具。

---

① 司玉琢主编，《海商法》（第二版），法律出版社2008年版，第92页。

② 司玉琢主编，《海商法》（第二版），法律出版社2008年版，第94页。

海上货物运输合同的履行往往还涉及到发货人,根据《海商法》第42条的定义,是指有权提取货物的人。

(二)海上货物运输合同的特征

海上货物运输合同从定义上看有以下特征:

(1)双务合同。海上货物运输合同是典型的双务合同。即合同双方当事人互相享有权利和履行义务。托运人享有获得提单或者其他运输单证的权利,收取完好无损货物的权利,负有支付运费的义务;承运人享有收取运费的权利,负有安全运送货物的义务。

(2)有偿合同。承运人将货物由一个港口运至另一个港口来收取运费;托运人收取货物以支付价款为代价。

(3)直接涉及他人。海上货物运输合同的当事人虽然只有两个,但它却直接涉及他人,即第三者——收货人。托运人通常不是收货人,当托运人不是收货人时,承运人应根据托运人的要求向收货人交付货物。在这种情况下,收货人虽然不是合同当事人,但根据运输合同的约定或者海商法的规定,可以直接取得合同约定的提取货物、就货物灭失或损坏向承运人索赔等利益,并承担合同约定的或法律规定的支付到付运费、及时提取货物等义务。

二、海上货物运输合同的种类

根据不同的标准,可以将海上货物运输合同进行不同的分类。

(一)件杂货运输合同与航次租船合同

这是以船舶经营方式的不同进行的分类。

件杂货运输合同,也叫班轮运输合同、零担运输合同、提单运输合同等,是指承运人在不出租船舶的情况下,负责将件杂货由一港运至另一港,而由托运人或者收货人支付运费的合同。[①] 件杂货运输合同通常适用于班轮运输。承运人将不同托运人的货物装在同一船上,按规定的船期,在固定的航线上,以规定的港口顺序运输货物,承运人收到托运人的货物通常签发一种能够代表货物已经在其控制下的书面凭证,这种凭证多为提单,因此,件杂货运输又称为提单运输。目前,海运单作为件杂货运输合同的特别形式,在国际海运实践中的应用日趋广泛。

航次租船合同,也叫航程租船合同、程租合同。根据《海商法》第92条的定义,航次租船合同是指船舶出租人向承租人提供船舶或船舶的部分舱位,装运约定的货物从一港口运至另一港口而由承租人支付约定运费的合同。这种合同主要用于不定期船运输。船舶出租人和承租人仅为某一特定航次使用船舶签订协议。承租人只要求出租人将货物运至目的港,并不希望占有和控制船舶。航次租船合同又可分为单航次租船合同、往返航次租船合同、连续单航次租船合同和连续往返航次租船合同。有关航次租船合同的详细内容,参见本章第四节。

(二)国际海上货物运输合同与国内海上货物运输合同

这是以船舶航行的水域范围的不同而进行的分类。

国际海上货物运输合同,是指承运人负责将托运人托运的货物经海路由一国的某一港口运至另一国的某一港口,而由托运人或收货人支付运费的合同。我国内地至港澳台地区的海上货物运输在性质上属于国内海上货物运输,但基本上比照国际海上货物运输处理。

---

① 韦经建编著,《海商法》,吉林人民出版社1996年版,第181页。

国内海上货物运输合同,也叫沿海货物运输合同,在我国是水路货物运输合同的一种类型,是指承运人负责将托运人托运的货物经海路由国内一港运至另一港,而由托运人或收货人支付运费的合同。作为一项传统的航运保护政策,很多航运国家的法律都规定,只有悬挂本国国旗的船舶才能进行本国港口间的货物运输,即沿海运输权,以保护本国的航运业。为此,我国《海商法》第 4 条规定,中华人民共和国港口之间的海上运输和拖航,由悬挂中华人民共和国国旗的船舶经营。但是,法律、行政法规另有规定的除外。非经国务院交通主管部门批准,外国籍船舶不得经营中华人民共和国港口之间的海上运输和拖航。

(三)海上直达货物运输合同、海上货物联运合同和货物多式联运合同

这是以根据货物是否转船运输及运输方式的不同所作的分类。

海上直达货物运输合同,是指货物由一艘船舶自起运港运至目的港,中途不需要换装船舶的运输合同。

海上货物联运合同,是指货物从起运港运至目的港需要两艘或以上船舶接替运输的合同。

货物多式联运合同,是指多式联运经营人负责将货物通过包括海运在内的两种以上的运输方式,从接收地运至目的地,由托运人或者收货人支付运费的合同。

(四)海上货物运输总合同

海上货物运输总合同是相对于具体的海上货物运输合同而言的。

海上货物运输总合同,也成为货运数量合同、包运合同或者批量合同,是指承运人负责将一定数量的货物,在约定的时间内,分批经由海路从一港运至另一港,而由托运人或者收货人支付运费的合同。这种合同一般适用于大批量货物的运输。在合同中,通常只订明一定时期内托运人交运货物的数量或批量、承运人提供的船舶吨位数、装卸港口、装卸期限、运价等内容。在每一批货物装船后,承运人再签发提单或双方就每一批货物签订具体的航次租船合同。

三、海上货物运输合同的订立与解除

(一)海上货物运输合同的订立

对于海上货物运输合同的订立过程即合同订立的实质要件,《海商法》没有作出规定,海上货物运输合同实质上是平等主体的船货双方意思表示一致的产物,作为一种民事合同,其订立受《合同法》中"合同的订立"部分的约束。因此,根据《合同法》第 13 条,海上货物运输合同的订立,也采用要约和承诺的方式。而《海商法》第 43 条规定了合同的形式要件:"承运人或者托运人可以要求书面确认海上货物运输合同的成立。但是航次租船合同应当书面订立。电报、电传和传真具有书面效力。"

大多数海上货物运输合同,除了航次租船合同,包括提单运输合同和多式联运合同,既可以采取书面形式也可以采取口头形式。合同双方当事人可以自由协商采用哪一种形式,这符合合同当事人意思自治原则,也符合海上运输国际惯例。但实践中,海上货物运输合同通常都采用书面形式订立,主要是便于事后一旦双方发生纠纷时举证。

(二)海上货物运输合同的解除

海上货物运输合同与其他合同一样,一经合法成立,即发生法律效力,当事人不得随意解除合同,确实需要解除合同的,也必须依合同和法律的规定办理,并负责赔偿因解除合同给对方造成的损失。根据《海商法》和《合同法》规定,海上货物运输合同解除主要有单方要

求解决、不可抗力解除、双方协商一致解除等情形。

但是,基于海上货物运输的特点,引起海上货物运输合同解除的原因主要是《海商法》第四章第六节的规定。

1. 开航前的合同解除

(1)开航前托运人的任意解除。《海商法》第89条规定:"船舶在装货港开航前,托运人可以要求解除合同。但是,除合同另有约定外,托运人应当向承运人支付约定运费的一半;货物已经装船的,并应当负担装货、卸货和其他与此有关的费用。"据此,托运人解除合同后,不论承运人因此受到的损失金额的大小,均应向承运人支付规定的金额。

按照合同法的规定,托运人解除合同后,承运人应当采取适当措施防止损失的扩大;否则,不得就扩大的损失要求赔偿。因此,承运人因托运人解除合同而受到的实际损失,往往取决于承运人是否采取了适当措施以防止损失的扩大。

(2)开航前因不可抗力而解除合同。《海商法》第90条规定:"船舶在装货港开航前,因不可抗力或者其他不能归责于承运人和托运人的原因致使合同不能履行的,双方均可以解除合同,并互相不负赔偿责任。除合同另有约定外,运费已经支付的,承运人应当将运费退还给托运人;货物已经装船的,托运人应当承担装卸费用;已经签发提单的,托运人应将提单退还承运人。"

海上货物运输合同因此而解除的条件是:第一,解除的原因是不可抗力或其他不能归责于承运人和托运人的原因,并可能致使合同不能履行;第二,双方都有权要求解除合同,且互相不承担赔偿责任;第三,除合同另有约定外,承运人退还运费,托运人承担装卸费。[①]

2. 开航后的合同解除

《海商法》第91条规定:"因不可抗力或者其他不能归责于承运人和托运人的原因致使船舶不能在合同约定的目的港卸货的,除合同另有约定外,船长有权将货物在目的港临近的安全港或者地点卸载,视为已经履行合同。船长决定将货物卸载的,应当及时通知托运人或者收货人,并考虑托运人或者收货人的利益。"

这是有关开航后合同解除的规定,该规定是针对海上货物运输中的特殊风险而允许承运人有权提前终止合同的效力。但是,其适用条件是:第一,因不可抗力或者其他不能归责于承运人和托运人的原因而引起;第二,出现了上述原因导致船舶不能在合同约定的目的港卸货的实施后果;第三,除合同另有约定外,船长的权利是将货物在目的港附近的安全港口或者地点卸载,但卸货港或地点的选择应考虑托运人或者收货人的利益。这种解除的法律后果是视为已经履行合同。[②]

四、海上货物运输合同中当事人的权利和义务

(一)承运人的主要权利和义务

1. 承运人的主要义务

(1)提供船舶并谨慎处理使船舶适航的义务。根据《海牙规则》第3条第1款的规定,承运人在开航前或开航当时,应当谨慎处理,以便①使船舶具有适航性;②妥善配备船员、设备和船舶供应品;③使货舱、冷藏舱和其他载货部位适于并能安全地收受、载运和保管货物。

① 贾林青著,《海商法》(第三版),中国人民大学出版社2008年版,第104页。

② 贾林青著,《海商法》(第三版),中国人民大学出版社2008年版,第105页。

我国《海商法》第47条采用了与《海牙规则》相同的规定。承运人在这方面的义务又称为“适航义务”,具有法定义务的性质。其具体内容包括:

第一,适航的含义。船舶适航包括广义和狭义的适航。狭义的适航是指船体、船机在设计、结构、性能和状态等方面能够抵御合同约定的航次中通常出现的或者能合理预见的风险。广义的适航还应包括两项内容,即妥善配备船员、装备船舶和配备供应品;使货舱、冷藏舱、冷气舱和其他载货处所适于并能安全收受、载运和保管货物。

第二,适航的时间界限。根据《海商法》和《海牙规则》的规定,适航的时间标准是“船舶开航前和开航当时”。

第三,适航的标准。“谨慎处理”是承运人使船舶适航的标准。它要求承运人应当具有法律规定或者通常要求的知识,应当考虑到预定航次的风险、船舶的技术状态和货物的性质等因素,对船舶应采取合理措施,使之适航。当然,承运人的适航义务是相对的,即只需做到谨慎处理,而不负有使船舶绝对适航的义务。①

(2)管理货物的义务。《海商法》第48条规定:“承运人应当妥善地、谨慎地装载、搬移、积载、运输、保管、照料和卸载所运货物。”这一规定与《海牙规则》第3条第2款的规定基本相同。该条规定的义务,又称管货义务,也属于法定义务。管货义务的时间界限没有加以限制,应解释为适用于整个航程的存续期间,因为货物的装载、搬移、积载、运输、保管、照料和卸载是承运人管理货物的七个环节,包括货物从装船到卸船的整个过程。

管货义务的标准为“妥善”和“谨慎”。“妥善”通常指技术上的要求,而“谨慎”一般是指责任心上的要求。

(3)合理速遣义务。《海商法》第49条第1款规定:“承运人应当按照约定的或者习惯的或者地理上的航线将货物运往卸货港。”国际公约和各国国内立法都要求承运人在运输货物时不得进行不合理的绕航。

法律并非禁止任何绕航,而只是禁止不合理的绕航。为此《海商法》第49条第2款规定:“船舶在海上为救助或企图救助人命或者财产而发生的绕航或者其他合理绕航,不属于违反前款规定的行为。”

(4)按约定的时间和地点交付货物的义务。《海商法》第50条第1款规定:“货物未能在明确约定的时间内,在约定的卸货港交付的,为迟延交付。”也就是说,承运人有义务在合同约定的时间内,在约定的卸货港交付货物。但是,如果承运人与托运人没有明确约定交货时间,则即使承运人未能在合理时间内交付货物,也不构成迟延交付。

但是,《合同法》第290条规定,承运人应当在约定期间或者合理期间内将货物安全运输到约定地点。即在没有明确约定交付时间时,承运人应当在合理时间内交付货物。上述《海商法》第50条的规定优先于《合同法》第290条适用。另外,《汉堡规则》也规定,在没有约定货物交付时间的情况下,如承运人未能在合理时间内交付货物,也构成迟延交付。②

2. 承运人的责任期间

承运人的责任期间,是指承运人对货物应负责的期间。承运人的责任期间是承运人、其受雇人或受委托人掌管货物的整个期间。由于承运人在此期间不能免责的原因,货物发生灭失或者损坏,承运人应负赔偿责任。如果造成货物灭失或者损坏的原因发生在承运人责

① 司玉琢主编,《海商法》(第二版),法律出版社2008年版,第101页。
② 司玉琢主编,《海商法》(第二版),法律出版社2008年版,第106页。

任期间,并且承运人对此不能免责,即使货物的灭失或者损坏发生在承运人责任期间届满之后,承运人仍应对灭失或者损坏负责。

承运人的责任期间分为非集装箱货物运输和集装箱货物运输。根据《海商法》第46条第1款的规定,前者承运人责任期间从货物在装运港装上船开始到货物在卸货港卸下船为止的货物处于承运人掌管之下的全部期间,即“从弦到弦”或“从钩到钩”。后者承运人的责任期间从其掌管集装箱开始,一直到集装箱脱离其掌管为止货物处于承运人掌管之下的全部期间,即“从接到交”。

3. 承运人的主要权利

(1)运费及其他费用的请求权。海上货物运输中的费用主要有运费、滞期费、空舱费、共同海损分摊和损害赔偿等。

运费是指承运人完成货物运输而对托运人或收货人有权请求的报酬。运费的金额或计算方式、货币名称、支付时间和地点等,由承运人和托运人约定。运费金额的计算有多种标准。运费一般按照货物的质量或体积计算,但在集装箱班轮运输中,整箱货通常以集装箱为单位,按照班轮公司制定的费率本中确定的运费率计算运费。对于贵重物品,运费有时按照货物价值的一定比例确定。有时,运费按照整船或整舱确定,而不论实际装船的货物数量。

运费分为预付运费和到付运费。如果承运人和托运人约定预付运费,则除了另有约定的以外,托运人应在货物装船后,承运人、船长或者承运人的代理人签发提单或其他运输单证之前付清运费。在到付运费情况下,收货人在卸货港提取货物之前应支付运费,只有货物运抵目的港,承运人才具有运费请求权。

滞期费,指航次租船的情况下,承租人因未能在合同约定的装卸时间内完成货物装卸,而向出租人支付的费用。

亏舱费,指托运人因其提供的货物少于约定的数量,使船舱发生剩余,而令承运人因此受到的运费损失。

其他费用指应由货方支付的共同海损分摊费用,承运人为货物垫付的必要费用以及其他应当向承运人支付的费用。

(2)货物留置权。这里的留置权是指承运人对货物的留置权。当托运人或者收货人不支付各种费用时,承运人有权按照法律的规定,对处于其合法占有之下的货物,在合理期限内进行留置,以担保其运费或者其他应得费用请求权的实现。《海商法》第87条规定:“应当向承运人支付的运费、共同海损分摊、滞期费和承运人为货物垫付的必要费用以及应当向承运人支付的其他费用没有付清,又没有提供适当的担保,承运人可以在合理的限度内留置该货物。”

对留置货物的处理,根据《海商法》第88条的规定,承运人根据本法第87条规定留置的货物,自船舶抵达卸货港的次日起60日内,仍无人支付应向承运人支付的费用或者提供适当担保而提取所留置的货物,承运人可以向有管辖权的法院申请拍卖,如果货物易腐烂变质或者货物的保管费用可能超过其价值,承运人可以申请法院提前拍卖。拍卖的价款,扣除货物在留置期间的保管费用和拍卖费用后,用于清偿运费以及应当向承运人支付的其他有关费用。

(3)承运人的免责权。各国法律和国际公约从保护船方利益的角度出发,赋予了承运人以免责权利。

《海商法》第51条规定,在承运人责任期间内,货物发生的灭失或者损坏是由下列12

项原因之一造成时，承运人不负赔偿责任。

①船长、船员、引航员或者承运人的其他受雇人在驾驶船舶或者管理船舶中的过失，即驾驶船舶过失免责和管理船舶过失免责或者航海过失免责。

②火灾，但是由于承运人本人的过失所造成的除外。

③天灾，海上或者其他可航水域的危险或者意外事故。

④战争或者武装冲突。

⑤政府或者主管部门的行为、检疫限制或者司法扣押。

⑥罢工、停工或劳动受到限制。

⑦在海上救助或者企图救助人命或财产。

⑧托运人、货物所有人或者他们代理人的行为。

⑨货物的自然特性或者固有缺陷。

⑩货物包装不良或者标志欠缺不清。

⑪经谨慎处理仍未发现的船舶潜在缺陷。

⑫非由于承运人或者承运人的受雇人、代理人的过失造成的其他原因。

(4)承运人赔偿责任限制的权利。为了保证航运业的正常发展，保护船方的利益，各国法律和国际公约都赋予了承运人在承担自己应该承担的损害赔偿责任时，可以享受赔偿责任限制。

承运人赔偿责任限制，指对承运人不能免责的原因造成的货物灭失或损坏、货物迟延交付所造成的其他经济损失，将其赔偿责任在数额上限制在一定的范围内。承运人对货物灭失或损坏的赔偿责任限制的数额，按照货物件数或其他货运单位数计算，因而，承运人赔偿责任限制又称承运人单位责任限制。承运人赔偿责任限制实质上是承运人赔偿责任的部分免除，是对民法中赔偿全部损失原则的突破，是出于承运人海上货物运输风险的考虑，以维护航运业的健康发展。①

①承运人对货物灭失或者损坏的赔偿责任限制。《海商法》第56条规定，承运人对货物灭失或者损坏的赔偿限额，按照货物件数或者其他货运单位数计算，每件或者每个其他货运单位为666.67计算单位，或者按照货物毛重计算，每千克乘以2计算，以两者中赔偿限额较高的为准。因此，如果遭受灭失或者损坏的货物毛重超过333.33千克，承运人的赔偿限额按毛重乘以2计算单位计算；反之，承运人的赔偿限额为每件或者每一其他货运单位为666.67计算单位。

货物的件是指货物的包装单位，如箱、桶、包等，其他货物运输单位通常是指非包装货物的自然单位。对散装货物，按毛重计算。当货物用集装箱、货盘或者类似的装运器具集装时，根据《海商法》第56条的规定，如果提单或者其他运输单证中载明在此类装运器具中装运的货物件数或者其他货运单位数，则以所载明的件数或者其他货运单位数为准；反之，如提单中未载明，则每一装运器具视为一件或者一个单位。当装运器具不属于承运人所有或者非有承运人提供时，装运器具本身也视为一件或者一个单位。

计算单位是国际货币基金组织的特别提款权。

如果托运人在货物装运前已申报其性质和价值，并在提单中载明或者承运人与托运人另行约定了更高的赔偿限额，则承运人的赔偿限额以货物的实际价值或者另行约定的限额

---

① 司玉琢主编，《海商法》(第二版)，法律出版社2008年版，第115页。

为准,《海商法》第 56 条规定的赔偿限额不适用。

承运人的这种赔偿责任限制,只有当货物灭失或者损坏的金额超过赔偿限额时,才予以适用。如货物灭失或者损坏的金额低于赔偿限额,承运人赔偿货物的实际损失。《海商法》第 55 条规定,货物灭失的金额按货物的实际价值计算;货物损坏的金额按其受损前后实际价值的差额或者货物的修复费用计算。并且,货物的实际价值按照货物装船时的价值加保险费和运费计算,并减去货方因货物灭失或者损坏而少付或免付的有关费用。根据这一规定,货方不能索赔因货物灭失或者损坏带来的可得利润的损失,但是,如果货物迟延交付,则不论货物是否遭受损坏或部分灭失,对因此造成的可得利润的损失,货方仍可以索赔。

②承运人对货物迟延交付的赔偿责任限制。《海商法》第 57 条规定,如果迟延交付的货物未遭受灭失或者损坏,而只是造成其他经济损失,如因市场跌价引起的可得利润的损失,承运人的赔偿限额为所迟延交付的货物的运费数额;如果货物的灭失或者损坏和迟延交付同时发生,承运人的赔偿责任限额适用前述承运人对货物灭失或者损坏的赔偿限额,但在这种情况下,货物灭失或者损坏的金额中,应包括因迟延交付造成的其他经济损失金额。

③承运人赔偿责任限制权利的丧失。《海商法》第 59 条规定,如经证明,货物的灭失、损坏或者迟延交付是由于承运人的故意或者明知可能造成损失而轻率地作为或者不作为所造成,承运人便不得援用赔偿责任限制的规定。具体而言,当承运人的主观状态是过失时,承运人可以援用赔偿责任限制的规定;当承运人的主观状态是故意的,承运人不得援用赔偿责任限制的规定。但是,如果货物的灭失、损坏或者迟延交付是由于船长、船员、承运人的其他受雇人或者代理人的故意或者明知可能造成的损失而轻率地作为或者不作为所造成,承运人的赔偿责任限制权利并不因此而丧失。

(二)托运人的主要权利与义务

1. 托运人的主要义务

(1)提供约定货物、妥善包装和正确申报货物。《海商法》第 66 条规定:"托运人托运的货物,应当妥善包装,并向承运人保证,货物装船时所提供的货物的品名、标志、包数或件数、质量或者体积的正确性。"

(2)及时办理货物运输手续。《海商法》第 67 条规定:"托运人应当及时向港口、海关、检疫和其他主管机关办理货物运输所需要的各项手续,并将已经办理各项手续的单证送交承运人;因办理各项手续的有关单证送交不及时、不完备或者不正确,使承运人的利益受到损害时,托运人应当负赔偿责任。"托运人承担这种赔偿责任,不以托运人、其受雇人或代理人有过错为条件,即托运人承担严格责任。

(3)妥善托运危险货物。托运人装运危险货物,必须事先同承运人达成协议。并且,《海商法》第 68 条规定,托运人对其托运的危险货物,应当按照有关海上危险货物运输的规定,妥善包装,作出危险品标志和标签,并将其正式名称和性质以及应当采取的预防危害措施书面通知承运人。如果托运人擅自装运危险品或者虽然与承运人达成的协议可以装运危险品,未作出这种通知或者通知有误,承运人可以在任何时间、任何地点、根据情况需要,将货物卸下、销毁或者采取其他措施使之不能为害,而不负赔偿责任。托运人对承运人因此受到的损失,应负赔偿责任,而不论托运人、其受雇人或代理人是否有过错,即托运人承担严格责任。如果承运人知道危险货物的性质,并已同意装运,则在该危险货物对船舶、人员或者其他货物构成实际危险时,仍可根据情况需要,将其卸下、销毁或者使之不能为害,而不负赔偿责任，但不影响共同海损分摊。①

（4）支付运费及其他费用。托运人应当按照约定向承运人支付运费以及亏舱费、滞期费、共同海损分摊费、承运人为货物垫付的必要费用和其他应由其支付的费用。

托运人按照约定向承运人支付运费，是其最主要的合同义务。但是，如果海上货物运输合同规定"运费到付"的，支付运费义务就是由收货人来承担。具体而言，支付运费的义务由托运人还是收货人承担，取决于海上运输合同的约定以及托运人和收货人的约定。如《海商法》第69条第2款规定："托运人与承运人可以约定运费由收货人支付；但是，此项约定应当在运输单证中载明。"实践中，提单或其他运输单证中载明"运费到付"，视为满足前述此项约定应当在运输单证中载明的规定。如果收货人不支付运费，托运人支付约定运费的义务并不免除，即承运人仍有权向托运人提出运费要求。这是因为《合同法》第65条规定："当事人约定由第三人向债权人履行债务的，第三人不履行债务或履行债务不符合约定，债务人应当向债权人承担违约责任。"

（5）收受货物的义务。在货物运抵目的港后，收受货物既是托运人（或收货人）的一项义务，同时也是一项重要权利。当然，根据有关国际货物买卖合同的法律，托运人收取货物以后，还可以行使对货物的检验权，货物有瑕疵，还可以行使损害赔偿请求权甚至是退货权。

2. 托运人的主要权利

（1）在目的港提取货物的权利。承运人有将货物安全运抵目的港并交给托运人或收货人的义务，相应地，托运人就享有在目的港提取货物的权利，其实这也是其义务。因为，托运人在行使提取货物这一权利时，也要按照合同的约定，在指定的港口或码头或船边，在约定的时间点或时间段内去提取货物。否则，也会构成违约，要向承运人一方承担责任。《海商法》第86条规定，在卸货港无人提取货物或者收货人迟延、拒绝提取货物的，船长可以将货物卸在仓库或者其他适当场所，由此产生的费用和风险由收货人承担。

（2）损害赔偿请求权。当承运人违约并造成托运人的损失时，依照合同的约定或者法律的规定，托运人有向实际承运人或者承运人请求损害赔偿的权利。承运人可能给托运人造成损失的情形主要有：承运人单方面解除海上货物运输合同；违反适航义务、管货义务，或合理速遣等法定义务使货物遭到损害或灭失；违反合同的约定使货物遭到灭失或损害；因货物的迟延交付使托运人或收货人遭受经济损失等。

（3）要求承运人签发提单或者其他运输单证。《海商法》第72条第1款规定，货物由承运人接收或者装船后，应托运人的要求，承运人应当签发提单。因此，托运人有权要求承运人签发提单或海运单、电子提单等其他运输单证。当货物由承运人装船后，托运人有权要求承运人签发已装船提单；如果货物已由承运人接收，但尚未装船，托运人有权要求承运人签发收货待运提单，待货物装船后再换发已装船提单。但是，原则上托运人无权要求承运人签发与货物的接收或装船等实际情况不符的提单，否则，承运人有权拒绝按照托运人的要求签发提单。例如，如果托运人要求承运人为不清洁的货物签发清洁提单、在货物装船之前签发预借提单、要求承运人签发倒签提单等，承运人有权拒绝签发这些提单。

（4）要求承运人中止运输、返还货物、变更卸货港或者收货人。《合同法》第308条规定："在承运人将货物交付收货人之前，托运人可以要求承运人中止运输、返还货物、变更到达地或者将货物交给其他收货人，但应当赔偿承运人因此受到的损失。"《合同法》之所以赋

---

① 司玉琢主编，《海商法》（第二版），法律出版社2008年版，第119页。

予托运人上述权利,与国际贸易法上卖方所享有的“中途停运权”有很大关系,是为了使卖方所享有的中途停运权在运输合同项下也能够得以实现,并使其能够直接约束承运人。不过,与中途停运权具有较为严格的限制条件相比,《合同法》第 308 条赋予托运人的权利要宽松得多。[①]

(三)收货人的主要权利和义务

1. 收货人的主要权利

收货人是指有权提取货物的人。有权提取货物的人包括提单指明的收货人、可转让提单项下的被背书人、通过合法手续获得提单的提单持有人以及根据与提单相似的法律文件有权提取货物的人。[②]《海商法》中无收货人的具体规定,因此,在航运实践和司法实践中必须适用国际通用的商业惯例和实践。作为货方当事人之一,收货人的权利和义务内容可以比照托运人来考虑,但是毕竟收货人不是签订海上货物运输合同的当事人,因此,有些托运人的权利和义务,还无法赋予收货人。收货人的权利必须来自运输合同、提单或与提单相似的法律文件。参照托运人的权利内容,收货人的主要权利表现为提取货物的权利以及在承运人不履行法定义务造成损失时的损害赔偿请求权。

2. 收货人的主要义务

(1)支付运费及其他费用的义务。根据《海商法》第 69 条第 2 款的规定,如托运人与承运人约定运费由收货人支付,并且此项约定在提单或者其他运输单证中载明,则收货人具有支付到付运费的义务。此外,根据《海商法》第 78 条的规定,如果提单上载明了装货港发生的船舶滞期费、亏舱费和其他与装货有关的费用由收货人承担,则收货人具有支付这些费用的义务。卸货港发生的船舶滞期费、货物应当分摊的共同海损以及不应当由承运人承担的与卸货有关的费用,承运人可以要求收货人承担。

但是,收货人支付运费和其他费用,应以收货人向承运人主张提货权为前提。反之,如果收货人不向承运人主张提货权,则不具有支付运费和其他费用的义务。

(2)在目的港提取货物的义务。根据《合同法》第 309 条的规定,货物运抵卸货港后,经承运人通知,收货人应及时在船边或者承运人指定的码头仓库或者其他地点提取货物。如收货人逾期提货,应向承运人支付货物保管的费用。

《海商法》第 86 条规定,如果收货人在卸货港不提取货物,或者迟延提货,船长可以将货物卸在仓库或者其他适当场所,由此产生的风险和费用由收货人承担。此外,根据《合同法》第 316 条规定,收货人不明或者收货人无正当理由拒绝受领货物时,承运人可以提存货物。

作为货方当事人,与托运人一样,在目的港提取货物既是收货人的权利也是其义务,当承运人没有按照合同约定将货物运抵目的港、迟延运抵目的港或者按时运抵目的港但货物有损失,影响了收货人提货权的正常行使,收货人可以享有要求损害赔偿的权利。同样,如果承运人正常履行了交货义务,但收货人未按约定的时间、地点和方式来提取货物,由此给承运人带来的损害,收货人也应赔偿。

---

① 司玉琢主编,《海商法》,中国人民大学出版社 2008 年版,第 95 ~ 96 页。

② 莫世健著,《中国海商法》,法律出版社 1999 年版,第 39 ~ 40 页。

第二节 提单及其他海上运输单证

一、提单的含义及法律性质

(一)提单的含义

关于提单的概念,《海牙规则》和《维斯比规则》都没有规定,而《汉堡规则》则将长期海运实践中形成的并被世界各国普遍接受的三个作用概括为提单的概念。《汉堡规则》第1条规定:提单是指一种用以证明海上货物运输合同和货物由承运人接管或装船,以及承运人据以保证交付货物的单证。单证中关于货物应交付指定收货人或按指示交付,或交付提单持有人的规定,即构成了这一保证。

我国《海商法》第71条完全采用了《汉堡规则》关于提单的定义,规定:"提单,是指用以证明海上货物运输合同和货物已经由承运人接收或者装船,以及承运人保证据以交付货物的单证。"

提单既是重要的国际海上货物运输单证,又是重要的国际货物贸易的单证。提单是托运人按事先与承运人达成的国际海上货物运输合同,将货物交给承运人接收或者由承运人装船后,应托运人要求,由承运人、船长或者承运人的代理人签发。

(二)提单的法律性质

根据上述提单的概念,提单具有如下方面的法律性质或法律地位。

1.提单是承运人与托运人之间达成的国际海上货物运输合同的证明

提单是确定承运人和托运人权利和义务的依据,提单中载明了一般海上货物运输合同所应具备的各项重要条款,这些内容从法律上讲,只要不违反国家和社会公共利益、不违背法律的强制性规定,就应对托运人和承运人具有约束力。同时,当承托双方发生纠纷时,它还是解决纠纷的法律依据。基于这些原因,可以说提单在一定程度上起到了运输合同的作用。但是,由于提单是由承运人单方制定,并在承运人接收货物后才签发的,而且在货物装船前或提单签发前,承托双方已经达成了货物运输合同,所以,提单还不是运输合同本身,而只是国际海上货物运输合同的证明。这是因为,在提单签发之前,承运人和托运人之间的合同已经通过要约和承诺而成立,签发提单只是承运人履行合同的一个环节。因此,提单不论在托运人手中,还是转移或者转让至第三人收货人,始终只是承运人与托运人之间达成的合同的证明。但是,提单不仅证明在承运人和托运人之间存在合同,它还是承运人与托运人之间达成的合同内容的证明。

另外,为了保护善意第三人即提单受让人的利益,也为了维护提单的可流通性,《海商法》第78条规定,承运人同收货人、提单持有人之间的权利、义务关系,依据提单的规定确定。也就是说,当提单流转到运输合同当事人以外的收货人或提单持有人手中时,提单可以成为运输合同本身,来约束承运人和除托运人之外的提单受让人。[1]

2.提单是承运人已接收货物或者已将货物装船的证明

承运人、船长或者承运人的代理人向托运人签发提单,表明承运人已接收提单上记载的货物或者已将该货物装于提单上载明的船舶。具体而言,如果签发的是已装船提单,则表明

---

① 韦经建编著,《海商法》,吉林人民出版社1996年版,第199~200页。

承运人已将提单上记载的货物装于提单上载明的船舶;如果签发的是收货待运提单,则表明承运人已接收提单上记载的货物,但货物尚未装船。提单上关于货物情况的记载具有货物收据的性质,可以作为证据使用。① 因此,提单具有货物收据的作用。

提单作为承运人收到货物的证据,其证据效力应从两方面考虑:第一,对于托运人来说,提单只是承运人收到货物的初步证据,不具有绝对效力。这是因为,在航运实践中,承运人对托运人货物的了解往往是由托运人书面提供的,如果承运人有充分理由证明货物在装船时就存在缺陷,或者是因托运人欺诈所致,则承运人在赔偿收货人的损失后,还可以向托运人追偿。第二,对于提单受让人而言,提单是承运人按提单记载收到货物的最终证据,具有绝对效力,即使货物实际并未装船,承运人也不能免除其对提单受让人的责任,除非提单受让人已得知货物未实际装船后仍然受让提单。即使承运人收到货物确实与提单记载不符是由于托运人申报错误所致,承运人也不得以此对抗善意第三人,而只能就货物的灭失或损坏向第三人赔偿之后,再向托运人追偿。这是因为提单受让人在受让提单时,无机会检查实际装船的货物,只能完全相信承运人在提单中的记载。

《海商法》第77条具体规定了提单的这种证明效力。

3. 提单是承运人保证据以交付货物的凭证

承运人在目的港将货物交付给有权提取货物的人是其根据海上货物运输合同应该承担的一项重要义务。而交付货物的依据就是提货人持有的有效提单。另外,根据提单的不同种类,承运人交货的要求也不同。《海商法》第71条规定:"提单中载明的向记名人交付货物,或者按照指示人的指示交付货物,或者向提单持有人交付货物的条款,构成承运人据以交付货物的保证。"如果是记名提单,承运人应向记名的收货人交付货物;如果是指示提单,承运人应按指示人的指示交付货物;如果是不记名提单,承运人应将货物交给提单持有人。承运人应凭提单交付货物,即承运人交付货物时,应将货物交给根据提单有权提货的人,即收货人,并收回提单。如果签发了几份正本提单,应收回其中的一份正本提单,其余的提单自动作废,除非合同中约定承运人凭全套正本提单交付货物或者收货人凭全套正本提单提取货物。根据《海商法》的规定,原则上,承运人是见单才放货的,但是在海运实践中,承运人无单放货的情况非常常见。如果产生无单放货情况,承运人应对持有提单并有权提货的人承担损害赔偿责任。

二、提单的种类

根据不同的标准,提单可以有不同的分类,在理论和实践中比较有意义的分类如下。

(一)记名提单、不记名提单与指示提单

根据提单证明"收货人"一栏记载的不同,可以将提单分为记名提单、不记名提单和指示提单。

1. 记名提单

记名提单是指提单正面收货人一栏中载明特定收货人名称的提单。承运人在目的港应向特定的提单记名人交付货物。记名提单一般不能用以流通转让。这种提单由于其流通性受到很大限制,传统上,一般只是在贵重物品、赠品、展览品等运输中不发生所有权转移的货物时采用。《海商法》第79条规定,记名提单不得转让。

---

① 王玫黎等著,《海商法学》,武汉大学出版社2010年版,第66~67页。

2. 不记名提单

不记名提单又称空白提单，指提单正面收货人一栏内，不载明具体的收货人或者“由某人指示”或“凭指示”，通常只注明“持有人”或者“交与持有人”字样的提单。这种提单无须背书而通过交付即可转让。这种提单具有很强的流通性，但容易因遗失或者被盗而给货物买卖双方带来风险，实践中极少采用。《海商法》第 79 条规定：不记名提单无须背书，即可转让。

3. 指示提单

指示提单是指提单上收货人一栏载明“由某人指示”或者“凭指示”字样的提单。前者称为记名指示，通常载明由托运人指示或者银行指示，承运人应按记名的指示人的指示交付货物。后者称为不记名指示，视为由托运人指示。

《海商法》第 79 条规定，指示提单经过记名背书或者空白背书转让。指示提单具有前两种提单没有的优点，既可以流通转让，又具有一定的保险性，指示提单经指示人背书后发生转让，实现提单的流通，在当今国际贸易中普遍应用。

(二)已装船提单和收货待运提单

根据提单签发时货物是否已装船，提单分为已装船提单和收货待运提单。

1. 已装船提单

已装船提单是指货物装船后签发的提单，提单上通常载明装货船名和装货日期。目前绝大多数提单为已装船提单。国际货物买卖合同和信用证一般都规定，卖方须提供已装船提单。

2. 收货待运提单

收货待运提单也称备运提单，是承运人在收到托运人交运的货物，但尚未将货物装船之前签发的提单。班轮公司有时在内陆收货站收货，当地无法确定船名和装船日期，所以只能签发收货待运提单。

收货待运提单只能说明货物已在承运人保管和控制之下，何时装船，装什么船，完全由承运人决定，收货人何时能收到货物不得而知。买方无法预计货物到达的时间，不利于货物的转卖。而且由于提单没有载明装货船名，即使承运人违约，买方也无法向法院申请扣船。因此，在国际货物买卖中，买方一般不愿意接受这种提单。

(三)清洁提单与不清洁提单

根据提单上有无货物不良状况批注，提单可分为清洁提单和不清洁提单。

1. 清洁提单

清洁提单是指货物交运时表面状况良好，承运人未对货物的表面状况或其他方面加以批注的提单。货物表面状况主要是指包装情况，没有包装的是指货物本身的外表情况。托运人交运货物后，由承运人在装船时对货物表面状况进行检查，决定是否附加批注。《海商法》第 76 条规定：“承运人或者代其签发提单的人未在提单上批注货物表面状况的，视为货物的表面状况良好。”货物外表状况良好，一般指承运人肉眼视力所及范围内的货物情况。因此，货物外表状况良好并不排除货物内容存在凭通常方法不能发现的缺陷。

2. 不清洁提单

不清洁提单是指具有表明货物外表状态不良批注的提单。实践中，在接收托运人提供的货物时，如货物或者包装状态明显具有缺陷，即通常所说的货物外表状态不良，大副在签发大副收据时，应对此如实作出记载，即批注如内装货物外露、桶生锈等，承运人、船长或者承运人的代理人根据大副收据签发提单时，将这种批注转移至提单上，提单便成为不清洁提单。承运人在目的港交货时，对于货物的损害，只要不超过批注的范围即不负赔偿责任。[①]

(四)直达提单和转运提单

根据运输方式不同，提单可分为直达提单和转运提单。

1. 直达提单

直达提单是指规定货物从装货港装船后，中途不经换船而由一艘船直接运输至卸货港的提单。只要提单上没有规定在中途换船或者改换其他运输方式运至目的港，这种提单即为直达提单。但是，直达提单不排除船舶中途挂靠港口。

2. 转运提单货物

转运提单是指货物装运后不直接驶往目的港，需中途换船或换成其他运输方式接替运输运达目的地的提单。具体分为海上联运提单和多式联运提单两种。

(1)海上联运提单。海上联运提单是指规定货物从装货港装船后，在中途港卸船，交由其他船舶接运至目的港的提单。签发这种提单的承运人称为联运承运人。联运承运人可能是实际从事全部或部分运输的人，除联运承运人外的实际从事运输的人又称为实际承运人，其中第二程或第三程实际接运货物的人又称为接运承运人。联运承运人和接运承运人之间的关系适用《海商法》的有关规定。

(2)多式联运提单。多式联运提单是指多式联运经营人将货物以包括海上运输在内的两种或者多种运输方式，从一地运至另一地而签发的提单。这种提单多用于国际集装箱货物运输。

(五)几种特殊提单

1. 倒签提单

倒签提单是指承运人在货物装船后，应托运人的要求签发的，以早于货物实际装船日期为签发日期的提单。在海运市场上，提单签发日期应为提单项下货物的实际装船完毕日期，货物装船日期晚于信用证规定日期的，会导致银行拒绝结汇。因此，当货物实际装船日期晚于信用证规定的装船期限时，托运人就可能要求签发这种提单，使其能顺利结汇。

托运人要求签发倒签提单时，常常出具保函，但签发这种提单既不合法又使承运人承担很大的责任风险，因为很多国家法律认为签发倒签提单是一种欺诈行为，即使托运人向承运人出具保函，该保函对收货人也不具有拘束力，承运人依法仍然要承担责任。因此，在海运实践中，承运人在签发提单时一定要谨慎从事。

2. 预借提单

预借提单是指承运人在接收货物后尚未装船或尚未装船完毕，应托运人的要求签发的已装船提单。

签发这种提单，往往是在信用证规定的装船日期和交单结汇日期即将届满时，应托运人的要求而签发的，具有预先借用的作用。但是，此种提单也是不合法的，可能构成承运人和托运人的恶意通谋。而且，承运人承担着货物装船之前灭失或损坏的风险。因此，承运人签发这种提单时也要谨慎从事。[②]

---

① 司玉琢主编，《海商法》(第二版)，法律出版社2008年版，第132页。

② 贾林青著，《海商法》，中国人民大学出版社2008年版，第121页。

三、提单的内容

提单一般包括正面记载事项和背面记载事项两个部分。海上运输中使用的提单通常都是由各运输公司制定的,没有统一的标准,但内容和形式大同小异。一般而言,提单正面记载事项是提单需要记载的基本事项,而背面条款则是运输合同的主要内容。

(一)提单正面记载事项

根据《海商法》第73条的规定,提单正面应当记载如下内容:

(1)货物的品名、标志、包数或者件数、质量或者体积以及运输危险货物时对危险性质的说明;

(2)承运人的名称和主营业所;

(3)船舶名称;

(4)托运人的名称;

(5)收货人的名称;

(6)装货港和在装货港接收货物的日期;

(7)卸货港;

(8)多式联运提单增列接收货物地点和交付货物地点;

(9)提单的签发日期、地点和份数;

(10)运费的支付;

(11)承运人或者其代表的签字。

但是,提单缺少前述一项或者几项内容,不影响提单的性质,但提单应符合《海商法》第71条提单定义的规定。因此,总的来说,这些事项的规定为提示性规定。

(二)提单背面条款

1. 定义性条款

该条款主要对提单中使用的一些可能引起歧义的名词进行解释。

2. 管辖权条款

该条款主要规定一旦发生提单纠纷,应由哪国法院或仲裁机构对案件进行审理或仲裁。

3. 法律适用条款

该条款是指提单及提单争议受哪一国际公约或者哪一国内法制约的条款。

4. 承运人责任条款

该条款主要规定承运人在货物运输中应承担的责任及其免责事项。

5. 责任期间条款

该条款规定承运人的责任起讫期间。

6. 运费及其他费用条款

该条款通常规定运费及其他费用的计算和支付方法。

7. 装货、卸货和交货条款

该条款通常规定,无论港口习惯如何,货方都应以船舶所能装卸的速度,昼夜无间断地提供货物和提取货物。

8. 留置权条款

该条款规定承运人可因托运人、收货人未付运费、亏舱费、滞期费及其他应付款项以及应分摊的共同海损,对货物及其有关单证行使留置权,并有权出卖或者以其他方式处置货物。

9. 货物灭失或者损坏的通知、时效

该条款是关于货物灭失或损坏的索赔时效和诉讼时效的规定。

10. 赔偿责任限额条款

该条款规定承运人对货物灭失或损坏承担赔偿责任的限额。

11. 特殊货物条款

该条款主要是关于运输特殊货物,如危险品、活动物、甲板货、集装箱货物、冷藏货物等货物的收受、保管、照料、卸载、说明等事项。

12. 选港条款

该条款通常规定只有当承运人与托运人在货物装船前已经约定并在提单上载明时,收货人方可选择卸货港。

13. 转运、换船、联运与转船条款

该条款是关于运输过程中是否可以转运、换船、联运或转船的规定。

14. 共同海损条款

该条款通常规定共同海损的理算地点和理算规则。大多数提单都规定,共同海损依据《约克-安特卫普规则》进行理算。

15. 新杰森条款

该条款又称修改后的杰森条款。内容是当船舶因船长、船员或引船员的过失发生事故而采取救助措施时,即使救助船与被救助船同属于一个船公司,被救助船仍须支付救助报酬,而且,该项救助报酬可以作为共同海损费用,由各受益方分摊。有的提单将该条款与共同海损条款合并规定。

16. 双方有责碰撞条款

该条款又称美国碰撞条款。其内容为因共同侵权发生两船碰撞,致使货物遭受损害,法律规定互有过失的责任方对此还要负连带责任。

17. 地区条款

该条款规定有关运往美国或者从美国运出的货物,提单应受《1936年美国海上货物运输法》的约束。其中,承运人和船舶对货物的灭失或者损坏的赔偿责任限额为每件货物或者每一习惯运费单位500美元,但托运人在货物装船前已经申报货物的性质和价值,并在提单上注明的除外。

四、海运单的主要法律问题

(一)海运单的概念和特点

海运单是指证明海上货物运输合同和货物由承运人接管或装船,以及承运人保证据以将货物交给指定的收货人的不可转让的运输单证。

海运单产生于20世纪70年代。随着航运技术和港口设施的发展,尤其是集装箱海上运输在全球海运市场的普及,提高了船舶运输速度和装卸效率,缩短了海运货物在途运输的时间,以至于货物已经到达目的港,而收货人尚未收到提单,因此不能及时换取提货单提取货物。承运人又迫于各方面的压力,经常在没有提单的情况下无单放货,由此也出现了大量纠纷。自此,海运单应运而生。

海运单的生命力在于其不可流通性,收货人在目的港提货时无须出示海运单,而只要证明其收货人的身份即可,承运人就可以将货物交付给他。显然,相对于提单,海运单具有迅速交货的优势,近年来在国际海运领域发展迅猛。

海运单保留了提单所具有的合同证明和货物收据的作用,却不再具备物权凭证的功能。这一方面克服了提单带来的收货人有时难以及时提货的缺点,消除了非正当收货人进行欺诈的风险,另一方面也使它丧失了可转让性,从而缩小了在货物运输法中的适用范围,即它不能适用于货主有转卖货物意图的场合。

与提单相比,海运单具有以下特点:①

(1)海运单具有不可转让性。

(2)海运单不具有物权凭证功能。因为海运单不具有物权凭证的功能,因此不能通过转让海运单来转让货物。

(3)海运单不具有提货凭证功能。收货人只需凭合法的身份证明,即可向承运人要求提货;承运人在交货时,也无须收回海运单,只要查明收货人是否是海运单上记名的收货人,或者是否是托运人指示其交货的人即可。

(二)海运单的内容

同传统的提单一样,作为一种运输单证,海运单也包括证明记载内容和背面记载内容。

海运单正面通常注有"不可流通"的字样,记载托运人和收货人的名称和通知方的地址、船名、装卸港口、货物标志、品类、数量等托运人提供的事项,运费及其他费用以及海运单签发的时间、地点和签发人等。

海运单背面通常订有货方定义,承运人责任期间,义务与免责、装货、卸货与交货、运费及其他费用、留置权、共同海损、新杰森条款、双方有责碰撞条款、首要条件、法律适用和仲裁等条款。

(三)海运单的法律适用

海运单是为了克服提单在海上运输中的某些缺点而产生的,与提单有很大区别,那么在出现争议时关于提单的国际公约是否能适用于海运单呢?这是海运单出现之后面临的一个大问题。为了解决包括这一问题在内的一系列法律问题,1990 年 6 月,国际海事委员会第 34 届大会通过了《国际海事委员会海运单统一规则》。该规则不是国际公约,不具有强制性的约束力,只有在当事人协议选择采用该规则时,才能适用。该规则第 4 条规定:"海运单所包含的运输合同,应受强制适用于由提单或类似的物权凭证所包含的运输合同的国际公约或国内法的约束。"根据这一规定,《海牙规则》《海牙－维斯比规则》或与之相应的国内立法应适用于海运单。

我国《海商法》也规定提单和其他单证都适用于国际海上货物运输合同,因此,海运单也适用于海上货物运输合同。

五、电子提单的主要法律问题

(一)电子提单的概念

电子提单是指通过电子传送的有关海上货物运输合同的数据。电子提单与传统的提单不同,它是一种无纸单证,是按一定规则组合而成的一系列有关海上货物运输合同的电子数据,其传输途径也不是传统的通信方式,而是通过电子计算机网络输送。

---

① 司玉琢主编,《海商法》,中国人民大学出版社 2008 年版,第 137 页。

同海运单一样，电子提单的出现主要也是为了解决传统提单在流通中的不足，以满足集装箱货物等运输方式对航运单证流转的速度和途径提出的新要求。另外，电子提单采用密码进行流转，能够有效地防止海运单证的欺诈，但其流转的前提是建立在托运人、承运人、承运人的代理人、收货人和银行之间的计算机网络系统。

电子提单产生的时间并不长。由于资金、技术和法律的原因，目前在世界上的应用尚不普及。但是，我国和世界上一些发达国家已建立起很多电子商务网络，有的建立联结政府与运输相关企业的多用户系统，有的趋向于把船公司、大货主、银行、运输代理行连成计算机通信网络，以实现国际间货物流转的全过程使用无纸单证的目的。电子提单在将来的海上货物运输，尤其是集装箱货物运输中，有着广阔的应用前景。随着计算机通信网络技术和电子商务的飞速发展，取代纸面单证已成为必然趋势，使用以电子数据为介质的电子提单和其他电子运输单证是运输单证现代化的根本出路所在。在国际贸易和信用证领域，国际商会《2000 年国际贸易术语解释通则》和《国际商会跟单信用证统一惯例》，已明确规定允许使用电子提单。①

（二）电子提单的操作过程②

电子提单的具体操作过程是：

（1）托运人通过向承运人发送订舱电讯进行订舱。

（2）承运人如接受订舱，向托运人发送接受订舱以及有关运输合同条件的电讯，由托运人加以确认。

（3）托运人按照承运人接受订舱的电讯的要求，将货物交给承运人、代理人或其指定的人。承运人、其代理人或其指定的人收到货物后，向托运人发送收获电讯，其内容包括托运人的名称，货物的说明，对货物外表状态等所作的保留，收货的时间与地点、船名、航次等船舶的情况以及以后与托运人进行通信的密码，托运人已经确认，对货物具有支配权。

（4）承运人在货物装船后，发送电讯通知托运人，并按托运人提供的电子通信地址抄送给银行。

（5）托运人根据信用证到银行结汇后，发送电讯通知承运人，货物的支配权即转移至银行，承运人便销毁与托运人通信的密码，并向银行确认其控制货物，提供给银行新密码。

（6）收货人向银行支付货款后，取得对货物的支配权。银行向承运人发送电讯，通知货物支配权已转移至收货人，承运人即销毁与银行通信的密码。

（7）承运人向收货人发送电讯，确认其控制着货物，并将货物的说明、船舶的情况等通知收货人，由收货人加以确认。

（8）承运人向目的港代理人发送电讯，将货物的说明、船舶的情况等通知该代理人，由其在船舶到达目的港之前或者之后，向收货人发送到货通知电讯。

（9）收货人根据到货通知电讯，凭其身份证明，到承运人在该港的代理人那里获得提货单提货。

（三）电子提单的法律适用问题

电子提单的出现在克服了传统纸质提单的一些缺点的基础上，也带来了一系列的法律问题，其中一个重要问题就是法律适用问题，还有关于电子数据的书面效力、电子签名和电

---

① 司玉琢主编，《海商法》（第二版），法律出版社 2008 年版，第 151 ~ 152 页。

② 司玉琢主编，《海商法》（第二版），法律出版社 2008 年版，第 152 页。

子数据的认证等问题。

联合国国际贸易法委员会专门设立了电子商务工作组并通过了《电子商务示范法》(1996)和《电子签字示范法》(2000),供各国在制定国内立法时参考。1990年在巴黎召开的国际海事委员会第34届大会上,通过了《国际海事委员会电子提单规则》,试图解决上述问题。但是,与《国际海事委员会海运单规则》一样,这是一个民间规则,不具有强制约束力,只有当事人协议采用时才适用。该规则规定了电子提单中传输的特定运输条件和条款,是其证明的运输合同的组成部分;规定电子提单应受适用于传统提单的国际公约和国内法的制约;规定电子提单下的货物支配权可以从托运人移转给银行,保留了传统提单的流通功能;同时,还规定了电子提单的流转过程。

2008年12月11日,第63届联合国大会第67次会议审议通过了联合国贸法会提交的《联合国全程或部分海上国际货物运输合同公约》,将公约定名为《鹿特丹规则》。《鹿特丹规则》明确将运输单证区分为可转让运输单证和不可转让运输单证,并用专章规定了上述单证的内容、证据效力、单证签发等相关事项。考虑到不同法域国家对于运输单证的称谓可能存在差异,《鹿特丹规则》未再使用提单这一术语。此外,考虑到电子商务的发展以及1990年《国际海事委员会电子提单规则》的局限性,《鹿特丹规则》分别对可转让电子运输记录和不可转让电子运输记录、电子运输单证的签发、转让等进行了界定,填补了以往公约在这一问题上的空白。但是该公约目前还未生效,但其中关于电子提单的相关规定,可以作为各国制定国内立法的参考。

第三节　有关海上货物运输的国际公约

一、《海牙规则》

(一)《海牙规则》的制定背景

自18世纪开始,承运人高举合同自由的旗帜,冲破英国普通法下对公共承运人的严格限制,在运输合同或提单上加上各种各样的免责条款,以保护其利益。这种免责条款到了19世纪中期已经发展到了不可收拾的地步。有的提单上的免责条款甚至多达六七十项,以至于有人说,承运人只有收取运费的权利,没有责任可言。20世纪以前,国际海运界还没有调整海上货物运输的国际公约,一些国家就通过制定国内立法来调整海上货物运输活动,1893年美国的《哈特法》便是其中一个,该法以成文法的形式规定了承运人应承担的最低限度的义务和可享有的最大限度的免责权利。

《哈特法》在实践中获得了巨大成功,不仅受到货方的欢迎,也为船东们普遍接受,对国际航运界产生了巨大影响。其他一些国家相继效仿该法制定了本国的海上货物运输法律,如1904年《澳大利亚海上货物运输法》、1908年《新西兰航运及海员法》、1910年《加拿大水上货物运输法》。由于这些国家都是英联邦国家,导致英国的态度最终也发生了变化,主张制定相应的国际公约来规范国际海上货物运输。为此,当时国际法协会所属的海洋法委员会于1921年5月在荷兰海牙召开会议,制定了一个提单规则,即《海牙规则》,供合同当事人自愿采纳。后来几经修改,于1924年8月25日在比利时布鲁塞尔召开的外交会议上,以该规则为基础通过了《关于统一提单若干法律规定的国际公约》,简称《海牙规则》。

《海牙规则》于1931年6月2日生效。英国于1924年将其转化为国内立法,即《海上货物运输法》。我国虽然没有加入该公约，但有关承运人责任与免责的规定，基本上被我国《海商法》第四章采纳。

(二)《海牙规则》的主要内容

该规则共16条，实质性条文共10条，其规定了承运人最低限度的义务和最大限度的权利，主要内容如下。

1. 适用范围

《海牙规则》第10条规定："本公约各项规定，适用于在任何缔约国所签发的一切提单。"

《海牙规则》第1条第2项规定，运输合同仅指提单或者类似的物权凭证所包含的合同。第5条又进一步规定，本公约中的规定不适用于租船合同，但如果提单是在船舶订有租船合同的情况下签发的，便应符合本公约的规定。

《海牙规则》第1条第4项规定，规则中的船舶是指任何用于海上货物运输的船舶。

《海牙规则》第1条第3项规定，货物包括货物、制品、商品和任何种类的物品，但活动物以及在运输合同上载明装载于舱面上并且已经这样装运的货物除外。

《海牙规则》第1条第5项规定，货物运输包括自货物装上船时起，至货物卸下船时止的一段期间。

2. 提单的签发、内容

《海牙规则》第3条规定，承运人、船长或者承运人的代理人在收到货物由其掌管后，应按托运人的要求，向托运人签发提单，载明识别货物所需的主标志、货物件数、数量或者质量以及货物的外表标志，但如果承运人、船长或者承运人的代理人有合理根据怀疑任何标志、件数、数量或者质量不能确切代表其收到的货物或者无合理的方法进行核对，则无须在提单上加以记载。

3. 承运人的义务

《海牙规则》规定了承运人最低限度的义务。

(1)谨慎处理使船舶适航。《海牙规则》第3条第1款规定，承运人须在开航前和开航当时恪尽职责：①使船舶适于航行；②适当地配备船员、装备船舶和供应船舶；③使货舱、冷藏舱、冷气舱和该船其他载货部位能适宜和安全地收受、运送和保管货物。

(2)妥善和谨慎地管理货物。《海牙规则》第3条第2款规定："除第四条另有规定外，承运人应当妥善地、谨慎地装载、搬移、积载、运输、保管、照料和卸载所运货物。"

4. 承运人的责任期间

该规则实际上并未直接规定承运人的责任期间。① 但是《海牙规则》第7条规定："本规则中的任何规定，都不妨碍承运人或者托运人，就承运人或者船舶对进行海上货物运输的船舶所载货物，在装船前和卸船后所受灭失或者损害所应承担的义务与责任或者有关货物的保管、照料行业搬移，订立任何协议、规定、条件、保留或者免责条款。"也就是说，《海牙规则》允许承运人和托运人就承运人对货物在装前和卸后的责任问题自由达成协议。

5. 承运人的免责

《海牙规则》确立了不完全过失责任制，并统一规定了承运人的免责范围。《海牙规则》第4条第2款规定，对由于下列原因引起或者造成的货物灭失或者损坏，承运人和船舶概不

---

① 司玉琢主编，《海商法》(第二版)，法律出版社2008年版，第157页。

负责：

(1)船长、船员、引航员或者承运人的受雇人在驾驶船舶或者管理船舶中的行为、疏忽或者不履行职责。

(2)火灾，但由于承运人实际过失或者私谋所造成损失者除外。

(3)海上或者其他可航水域的风险、危险或者意外事故。

(4)天灾。

(5)战争行为。

(6)公敌行为。

(7)君主、统治者或者人民的扣留、拘禁或者依法扣押。

(8)检疫限制。

(9)货物托运人或者货主、其代理人或者代表的行为或者不行为。

(10)无论何种原因引起的局部或者全面的罢工、关闭、停工或者劳动受到限制。

(11)暴乱和民变。

(12)救助或者企图救助海上人命或者财产。

(13)由于货物的固有瑕疵、性质或者缺陷所造成的体积或者重量的损失或者其他灭失或者损坏。

(14)包装不当。

(15)标志不当或者不清。

(16)谨慎处理所不能发现的潜在缺陷。

(17)不是由于承运人的实际过失或者私谋或者是承运人的代理人或者受雇人的过失或者疏忽所引起的任何其他原因，但要求享有此项免责利益的人应当负责举证，表明有关的货物灭失或者损坏，既非承运人的实际过失或者私谋，又非承运人的代理人或者受雇人的过失或者疏忽所造成。

6. 承运人的赔偿责任限制

《海牙规则》第4条第5款规定："不论是承运人或者船舶，对货物或者与货物有关的灭失或者损害，在任何情况下，当每件或者每单位超过100英镑或者与其等值的其他货币时，概不负责，但托运人在货物装运前已将其性质和价值加以申报并在提单上注明的，不在此限。"

7. 托运人的义务和责任

托运人的义务和责任包括：

(1)保证其提供的货物情况的准确性。《海牙规则》第3条第5款规定，托运人应保证其在货物装船前，向承运人书面提供的货物标志、件数、数量和质量的正确性。否则，托运人应当赔偿因此使承运人遭受的损失。

(2)不得擅自装运危险品。《海牙规则》第4条第6款规定，如托运人未经承运人同意而装运属于易燃、爆炸或者其他具有危险性质的货物，应对因此直接或者间接地引起的一切损害和费用负责。

另外，《海牙规则》第4条第3款规定，对托运人实行完全的过错责任原则，即对于承运人的损失或者船舶的灭失或损坏，只有当系托运人、其代理人或者受雇人的过错行为或者不行为所引起时，托运人才承担赔偿责任。

二、《维斯比规则》

(一)《维斯比规则》的制定背景

《海牙规则》实施后,对于统一国际海上货物运输法律起到了很大的作用,大部分海运国家及主要贸易国家都加入了《海牙规则》。但是到了20世纪50年代末,随着运输技术的发展,尤其是集装箱运输的发展,《海牙规则》在很多地方已经不能适应时代的要求,很多规则在适用过程中也显现出缺陷,急需修订。

为此,国际海事委员会于1959年在南斯拉夫里吉卡港举行的第24届大会上,决定着手对《海牙规则》进行修改。经过多次修改,国际海事委员会于1968年2月23日在布鲁塞尔召开的第12届海洋法外交会议上,通过了《修订统一提单若干法律规定的国际公约的议定书》。由于1963年国际海事委员在维斯比城签署该议定书草案,因而,该议定书简称《维斯比规则》。经该议定书修订后的《海牙规则》称为《海牙－维斯比规则》,该议定书1977年6月23日生效。

我国虽然没有参加该议定书,但《海商法》有关提单证据的效力、非合同之诉、承运人的受雇人或代理人的法律地位和诉讼时效的规定,是以该协议书的内容为参考的。

《维斯比规则》后来于1979年12月31日修订,并于1984年4月生效。修订的主要内容是将承运人责任限制单位从法郎改为特别提款权。

(二)《维斯比规则》的主要内容

《维斯比规则》共17条,因为《维斯比规则》是修订《海牙规则》的一个议定书,因此对其内容的介绍主要集中在其对《海牙规则》的修订上。

1. 适用范围

《维斯比规则》在《海牙规则》的基础上,将适用范围扩至有关国际海上货物运输中,货物从缔约国起运的提单以及规定受《海牙规则》或者赋予该规则以法律效力的国内法约束的提单。

2. 承运人责任限制

《维斯比规则》第2条第1款将《海牙规则》规定的承运人对货物灭失或者损坏每件或者每单位100英镑的责任限额,改为货物每件或者每单位10 000法郎,并采用双轨制,即按灭失或者受损货物毛重计算,为每千克30法郎,二者以较高者为准。还规定,一个法郎是指含有纯度900‰的黄金65.5毫克的单位。由于该法郎以黄金作为定值标准,因此又被称为金法郎。

该条进一步规定了承运人或船舶丧失赔偿限制权利的条件,即"如经证明,货物的损失是由于承运人的故意或者明知可能造成损失而轻率地作为或者不作为造成时,则无论承运人或者船舶,均不享有责任限制的权利。

3. 提单的证据效力

《海牙规则》第3条第4款规定,载有货物主标志、件数、数量或者质量以及货物外表状态的提单,作为承运人已收到其上所载货物的初步证据。《维斯比规则》为了弥补上述规定的缺陷,在第1条第1款中规定:"但是,提单转让至善意行事的第三者时,与此相反的证据便不能接受。"

4. 非合同之诉讼

《维斯比规则》第3条规定,《海牙规则》规定的抗辩和责任限制,应适用于就运输合同所载的货物的灭失或者损坏,对承运人提起的任何诉讼,而不论该诉讼是否以合同为依据。

5. 承运人的受雇人或者代理人的法律地位

规则规定,本公约所规定的抗辩和责任限制,应适用于运输合同所包含的货物灭失或损坏对承运人提起的任何诉讼,不论该诉讼是否以合同或是以侵权行为为依据。如果诉讼是对承运人的受雇人或者代理人提起,则该受雇人或者代理人有权援引《海牙规则》中承运人的各项抗辩或者责任限制的规定。

6. 诉讼时效

《海牙规则》规定的货物灭失或者损坏索赔的诉讼时效期间为 1 年。《维斯比规则》规定,该诉讼时效期间可通过双方协议延长,并规定,即使在 1 年期间届满后,只要在受诉法院所在地法律允许期间内,便可向第三者提起追偿之诉,但允许的时间自提起这种诉讼的人已解决对其提出的索赔案件或者向其本人送达起诉状之日起算,不得少于 3 个月。

三、《汉堡规则》

(一)《汉堡规则》的制定背景

《维斯比规则》通过提高《海牙规则》规定的承运人赔偿责任限额和其他内容所做的一些有益的修改,对维护建立在《海牙规则》基础上的船货利益平衡起了一定的作用,但没有触及《海牙规则》的核心——承运人的责任归责原则。很多国家要求进一步修改海上货物运输立法。①

联合国贸易和发展会议于 1969 年成立国际航运立法工作组,研究有关提单和海上货物运输的法律问题。该工作组决定对《海牙规则》和《维斯比规则》进行修订,制定新的国际公约。1978 年 3 月 6 日至 31 日,在汉堡通过了《1978 年联合国海上货物运输公约》,简称《汉堡规则》。该规则于 1992 年 11 月 1 日生效,共 34 条,参加国基本是航运不发达的发展中国家。我国没有加入,但立法时采纳了一些合理的内容。

(二)《汉堡规则》的主要内容

1. 适用范围

《汉堡规则》第 2 条规定,该规则适用于两个国家之间的海上货物运输合同,并且,合同中规定的装货港或者卸货港位于某一缔约国之间或者备选的卸货港之一为是实际卸货港并位于某一缔约国内;或者提单或者作为海上运输合同证明的其他单证在某一缔约国签发;或者提单或者其他单证规定合同受该规则或者采纳该规则的任何国内法的约束。

《汉堡规则》也不适用于租船合同。但如提单根据租船合同签发,并调整承运人与承租人以外的提单持有人之间的关系,则应适用规则的规定。

2. 承运人的责任基础

《汉堡规则》废除了《海牙规则》中承运人对航海过失和管船过失的免责条款,也没像《海牙规则》那样列举若干免责事项,而是在第 5 条第 1 款规定,如果引起货物灭失、损坏或迟延交付的事故,发生在第 4 条所述的承运人掌管货物的期间,则除非承运人证明,其本人及其受雇人和代理人已为避免事故的发生及其后果而采取了一切所能合理要求的措施,否则,承运人应对于由于货物灭失、损坏以及延迟交付所造成的损失负赔偿责任。该规则对承运人实行完全的过错责任原则,从而改变了承运人的责任归责原则,从根本上对《海牙规

① 司玉琢主编,《海商法》(第二版),法律出版社 2008 年版,第 165 页。

则》进行了修改,这也是《汉堡规则》的最大突破。

3. 承运人的责任期间

《汉堡规则》第4条第1款规定,承运人对货物的责任期间,包括在装货港、运输途中和卸货港货物在承运人掌管之下的全部期间。这一规定明显延长了《海牙规则》规定的承运人的责任期间,据此,在装船前和卸船后,货物在装卸港处于承运人掌管之下时,承运人都要对货物负责。

4. 承运人的责任限制

《汉堡规则》第6条第1款规定,承运人对货物灭失或者损坏所造成的损失的赔偿责任限额为货物每件或者每一其他装运单位835特别提款权或者按货物毛重计算,每千克2.5特别提款权,二者之中以较高者为准。对非国际货币基金组织的成员,且国内法律不允许适用特别提款权的国家,承运人的责任限额为货物每件或者每一其他装运单位12 500法郎或者按货物毛重计算,每千克37.5法郎,二者之中以较高者为准。这一限额比《维斯比规则》规定的数额提高了25%。

5. 活动物和舱面货

《汉堡规则》将活动物与舱面货也纳入适用范围。第5条第5款规定,关于活动物,承运人对由于这类运输所固有的特殊风险造成的灭失、损害或迟延交付不负赔偿责任。第9条规定,只有当符合与托运人达成的协议或特定的运输习惯或者为法规或规则所要求时,承运人才有权在舱面载运货物。

四、《鹿特丹规则》

(一)《鹿特丹规则》的制定背景

当前,在海上货物运输领域,共有三个并存的生效的国际公约,即前述的《海牙规则》《维斯比规则》和《汉堡规则》。联合国国际贸易法委员会一直在讨论和酝酿制定一个新的货物运输公约,目的是取代前三个公约,统一国际海上货物运输立法,结束在该领域三个国际公约并存有效的时代。2008年12月11日,联合国第63届联合国大会第67次会议审议通过了联合国国际贸易法委员会提交的《联合国全程或部分海上国际货物运输合同公约》,并定于2009年9月23日在荷兰鹿特丹举行签字仪式,将公约定名为《鹿特丹规则》。如果《鹿特丹规则》获得主要航运国家的认可并使之生效,将预示着调整海上货物运输的国际立法,结束了"海牙时代",开启了一个新的"鹿特丹时代"。该公约目前还未生效。

(二)《鹿特丹规则》的主要内容

目前,公约共有18章96条。与以往的国际海运公约相比较,《鹿特丹规则》的变化主要内容体现在以下几个方面。

1. 公约的适用范围扩大

《鹿特丹规则》第5条明确规定,本公约适用于货物接收地与交付地在不同国家的运输合同以及海上运输装货港和同一海上运输航次的卸货港在不同国家的运输合同。公约第12条也明确了承运人的责任期间始自接受货物,终至交付货物。可见,根据《鹿特丹规则》的规定,即使承运人接收、交付货物的地点在内陆,即采用了非海运方式,公约依然适用。

在当前的海上货物运输中,集装箱货运量逐年增加,国际货物多式联运发展迅速。《鹿特丹规则》如此安排,也是为了在一定程度上填补没有生效的《国际货物多式联运公约》的空白。

2. 运输单证种类增多

《鹿特丹规则》明确将运输单证区分为可转让运输单证和不可转让运输单证,并用专章规定了上述单证的内容、证据效力、单证签发等相关事项。考虑到不同法域国家对于运输单证的称谓可能存在差异,《鹿特丹规则》未再使用提单这一术语。此外,考虑到电子商务的发展以及1990年《国际海事委员会电子提单规则》的局限性,《鹿特丹规则》分别对可转让电子运输记录和不可转让电子运输记录、电子运输单证的签发、转让等进行了界定,填补了以往公约在这一问题上的空白。

3. 涉及的运输合同类型增加

现行国际海运公约均明确排除租船合同的适用,除非在租船合同下签发了提单且提单转让到托运人以外的第三人。《鹿特丹规则》明确规定不适用于班轮运输中的租船合同、使用船舶或者部分舱位的其他合同。同时,《鹿特丹规则》还排除了对非班轮运输合同的适用。但是,在非班轮运输下,如果当事人之间没有订立租船合同却签发了运输单证或电子运输记录的,公约依然适用。

4. 承运人责任相对加重

与以往公约规定相比较,《鹿特丹规则》下承运人的责任有加重趋势,但也存在一些有利于承运人责任确定和义务履行的条款。具体体现如下:

(1)责任期间扩大。《鹿特丹规则》明确规定,责任期间自承运人或者履约方为运输而接收货物时开始,至货物交付时终止。由于公约已经扩大了地域适用范围,因此承运人的责任期间可能延伸至门到门。

(2)承运人义务发生变化。《海牙规则》明确了承运人的两个基本义务,即谨慎处理使船舶适航和妥善管理货物的义务。《鹿特丹规则》秉承了上述规定,但具体内容有所变化。

①承运人使船舶适航义务的时间延长。

②承运人管理货物义务从七个环节扩大到九个环节。《鹿特丹规则》明确规定,承运人应当妥善而谨慎地接收、装载、操作、积载、运输、保管、照料、卸载并交付货物,即管货义务贯穿于九个环节。但是,在海运领域以外的其他运输区段,如果存在强制性国际文书,承运人则须根据该国际文书的相关规定承担义务。

③承运人迟延交付货物的责任发生变化。《鹿特丹规则》采用了完全过错责任,但其对举证责任分配的规定大大不同于《汉堡规则》。承运人除了证明自己没有过错外,还可以通过证明存在一项或多项免责事项免除其对货物的赔偿责任,除非索赔方可以证明免责事项的产生系归因于承运人的过失。

5. 增加了履约方和海运履约方的概念及其责任

《鹿特丹规则》首次界定了履约方和海运履约方。履约方最初的提法是履约承运人,体现在CMI草拟的框架文本中。考虑到承运人一词的通常理解不会包括专门从事装卸、储存的人,《鹿特丹规则》明确规定,履约方是指承运人以外的,履行或者承诺履行承运人。在运输合同下有关货物接收、装载、操作、积载、运输、照料、卸载或者交付的任何义务的人;以该人直接或者间接在承运人的要求、监督或者控制下行事为限;并且不包括不由承运人,而由托运人、单证托运人、控制方或者收货人直接或者间接委托的任何人。海运履约方仅限于货物自装货港至卸货港期间履行或者承诺履行承运人任何义务的履约方。内陆承运人仅在履行或者承诺履行其完全在港区范围内的服务时方为海运履约方。公约还在涉及承运人责任的多个条文中,明确规定适用于履约方或者海运履约方,并对海运履约方的责任单独予以规定。

6. 承运人赔偿责任限额提高

根据《鹿特丹规则》的规定,承运人对于货物灭失、损坏的赔偿责任为每单位 875 特别提款权或者毛重每千克 3 特别提款权。这一规定较之《汉堡规则》大约提高了不到 5%。承运人对迟延交付造成损失赔偿责任的规定则与《汉堡规则》类似,但略有不同。

7. 进一步明确了货方的定义及权利

(1)有关货方内涵的界定。《鹿特丹规则》除规定了托运人、收货人外,还首次规定了单证托运人和持有人。单证托运人被界定为托运人以外、同意在运输单证或者电子运输记录中记名托运人的人。此外,公约还明确规定了单证托运人的具体权利义务,明确了收货人主张提货权的权源以及有关提取货物的义务和责任。

(2)控制权概念的引入。《鹿特丹规则》首次在海运公约中引入控制权概念,规定控制权也适用于可转让运输单证或者电子运输记录或者没有签发任何运输单证的情况。

(3)明确权利转让问题。《鹿特丹规则》专章规定了权利转让,明确了可转让运输单证或者可转让电子运输记录的转让将产生合同下权利转让的结果,但运输合同下的义务并不随之转让。单证持有人只有在行使单证上的任何权利时,才承受转让义务的后果。此外,公约对于权利转让的方式予以明确。但是,公约没有规定在未使用任何运输单证或者签发了一份不可转让单证的情况下,运输合同下的权利如何转让的问题,只能留给各国国内法解决。

除前述内容外,《鹿特丹规则》在借鉴《汉堡规则》相关内容的基础上,明确了诉讼时效或者仲裁时效均为两年,还明确了管辖权问题和仲裁协议效力问题。总而言之,与以往的国际公约相比较,在公约起草的过程中,货方的利益和意志越来越多地得以体现。

第四节 航次租船合同

一、航次租船合同的概念及特点

《海商法》第 92 条规定,航次租船合同,是指船舶出租人向承租人提供约定的船舶或者船舶的部分舱位,装运约定的货物,从一港运至另一港,由承租人支付约定运费的合同。航次租船合同名曰租船合同,合同当事人也称作出租人和承租人,因而从表面看来似乎属于财产租赁合同,但就合同内容来看,却属于运输合同的性质。出租人实际上相当于运输合同中的承运人,承租人实际上相当于运输合同中的托运人,因为船舶并未转移占有,而且出租人控制船舶并负责运输、照管货物,承租人支付运费,因此,该合同本质上仍然是海上货物运输合同。

航次租船合同作为海上货物运输合同的一种,存在着不同于其他海上货物运输合同尤其是班轮运输合同的特点,也不同于定期租船合同。航次租船合同的特点如下:

(1)船舶的经营管理由出租人负责,并支付相关的费用。

(2)规定一定的航线和装运货物的名称、种类、数量以及装卸港。

(3)出租人除对船舶航行、驾驶、管理负责外,还应对货物运输负责。

(4)在多数情况下,运费按照货物装运数量计算。

(5)规定一定的装卸期限或装卸率,并计算滞期费和速遣费。

(6)航次租船合同是确定出租人与承租人的权利、义务和责任的依据。

二、航次租船合同的种类

依据航次租船合同下所包括的货运航次的数量及如何履行,可将航次租船合同分为四种。

(一)单航次租船合同

单航次租船合同是指利用船舶完成一个单程航次的货物运输所订立的协议。在这种合同下,船舶出租人只需将指定的货物从装货港运往目的港并交付货物,航次即告结束。

(二)往返航次租船合同

往返航次租船合同是指出租人和承租人就船舶在合同约定的港口之间进行一个往返航次的货物运输所订立的协议。根据这种合同形式,船舶将货物从装货港运至卸货港并交付给收货人之后,需在卸货港或其附近地点再装上其他货物,返回原来的装货港并交付,合同航次才告结束。

(三)连续单航次租船合同

连续单航次租船合同是指出租人和承租人就船舶在同一航线、同一方向上连续完成两个或两个以上单程货物运输所订立的协议。在这种合同下,船舶将货物从装货港运到卸货港后,需返回装货港装上货物,并再次运往卸货港,如此完成两个或两个以上单程的货物运输,合同履行方告结束。

(四)连续往返航次租船合同

连续往返航次租船合同是指出租人和承租人就船舶在同一航线上的港口之间从事两个或两个以上往返航程的运输而达成的协议。在装卸港有稳定货源而且出租人和承租人愿意长期合作的情况下,当事人可就每个单程运输订立合同,或将每个往返航程视为一个航次而订立合同,也可就若干往返航程订立一个合同。

三、航次租船合同的标准格式

航次租船合同由出租人和承租人事先按一定条件洽订,通常通过船舶经纪人在国际租船市场上进行。为了保护切身利益,出租人和承租人都会认真推敲合同条款,为了节省订约的时间和费用,简化合同订立的过程,维护出租人的航运垄断地位,出租人往往制定了一些航次租船合同范本,即标准合同格式,供承租人在洽谈业务时选用和修改。

航次租船合同的标准格式主要有以下几种:

(1)国际上应用最为广泛的是《统一杂货租船合同》,租约代号为"GENCON",由波罗的海国际航运公会制定,经过三次修订,目前使用较多的是1994年修订的格式。这个格式在很多条款上比较明显地维护出租人的利益,因而实践中以此格式为基础订立航次租船合同时,承租人通常要求对格式条款进行修改并增加附加条款,以达到出租人和承租人的利益的平衡。

(2)《油轮航次租船合同》,租约代号为"ASBATANKVOY"。该合同格式由美国船舶经纪人和代理人协会于1977年制定,专门用于油类货物的航次租船运输。

(3)《巴尔的摩谷物租船合同》,租约代号为"GRAINCON"。该合同格式是由北美谷物出口协会、北美托运人协会和纽约土产交易所于1963年制定的关于在约定的泊位之间装运和卸载约定的谷类货物而使用的航次租船合同格式。该租船合同格式被广泛用于装运美国和加拿大的粮谷类货物的航次租船运输。

(4)《澳大利亚谷物小麦租船合同》,租约代号为“AUSTWHEAT 1990”。该合同格式于1990年制定,用于澳大利亚小麦出口运输。

四、航次租船合同的主要内容

《海商法》第93条规定:“航次租船合同的内容,主要包括出租人和承租人的名称、船名、船籍、载货质量、容积、货名、装货港和目的港、受载期限、装卸期限、运费、滞期费、速遣费以及其他有关事项。”

(一)船舶说明条款

船舶说明是指出租人对船舶的情况在合同中所进行的陈述。它使船舶特定化,是承租人决定是否同意出租人使用该船舶运输货物的重要依据,同时构成合同的重要条款。出租人必须保证陈述内容的正确性。在这一条款中,出租人必须如实提供有关出租船舶的说明资料,特别是船名、船籍、船级、船舶载重吨和容积吨等,以明确租船合同客体的状况。这些资料是承租人了解船舶可能经受危险的程度、船舶的技术状况和载运能力的重要指标。

(二)预备航次和受载期限条款

预备航次是指当合同约定的航次与货物的运送航次不一致时,从装货港的前一港口至装货港的一段航程,称为预备航次。合同中关于出租人权利义务的规定,同样适用于预备航次,除非合同另有相反的约定。出租人有义务在前一航次完成后将船舶安全抵达并保持浮泊的邻近地点。关于预备航次,合同中通常还有关于受载期限和解约日的规定。

受载期限,是指所租船舶预计抵达合同约定的装货港并准备好装货的日期。解约日,是指出租人未在合同约定的装货准备日期内到达装货港做好装货准备,承租人可以解除合同的日期。

(三)货物条款

承租人必须如实订明货物的名称、种类、包装和数量,如系危险品必须说明。关于合同的载货量,一般都规定允许有一定比例的溢短装幅度。在此幅度内,在实际装船前,出租人应向承租人宣布该船可以装运货物的确切载货量。如果承租人不能提供出租人宣布的载货量并超出了上述溢短装幅度,不足部分应支付亏舱费。如果船舶能够实际装载的货物达不到出租人保证的数量,则应向承租人赔偿短装损失。

(四)装卸港条款

装货港和卸货港都是由承租人提出并在合同中规定的。有时事先确定有困难,卸货港条款可以规定选卸港口的范围,而由承租人在船舶到达某一地点时宣布选卸港。如承租人选择两港卸货,则应将拟在第一个卸货港卸下的货物情况告知船长。否则出租人为安全驶往第二个卸货港而支付的一切费用由承租人偿付。《海商法》第101条规定,合同订有承租人选择卸货港条款的,在承租人未按照合同约定及时通知确定的卸货港时,船长可以从约定的装卸港中自行选定一港卸货。承租人未按照合同约定及时通知确定的卸货港,致使出租人遭受损失的,应当负赔偿责任。

承租人必须保证指定的装卸港是安全港,否则应当承担因此造成的损失。此外,承租人还应指定船舶在卸货港卸货的泊位和地点。

(五)装卸费用条款

装卸费用,是指将货物从岸边或驳船装入船舶和将货物从船舱卸至岸边或驳船的费用。

航次租船合同的装卸费用通常与买卖合同价格条件相衔接,具体做法很多,而且很灵活,对此当事人应在合同中予以明确。对于装卸费用的分担,合同中一般有以下几种规定方法:

(1)班轮条款,是指在装卸费的分担问题上仿效了班轮的做法,即由船舶出租人承担装卸费用。

(2)出租人不负责装货费用条款。

(3)出租人不负担卸货费条款。

(4)出租人不负责装卸费条款。

(5)出租人不负担装卸、积载及平舱费用条款。

(6)出租人负担装货费用,但不负担卸货费用条款。

(7)出租人不负担装货费用,但负担卸货费用条款。

(六)装卸时间条款

装卸时间,是指在航次租船合同中约定的承租人可以使用的装卸货物的期限。这一条款允许承租人完成装卸作业的约定时间。应当在合同中约定一个可供承租人使用的装卸时间,以便督促承租人尽快完成装卸作用。如果承租人实际使用的装卸时间少于合同约定的时间,出租人便应按合同约定的费率,向其支付一笔奖励,该项奖励是速遣费;如果承租人实际使用的装卸时间超过了合同约定的时间,出租人便要向承租人请求由于超时所造成的损失,就是滞期费。

关于装卸时间的计算方法有以下几种:

(1)约定装卸日数或船舶装卸定额。

(2)按习惯尽快装卸。

(3)以船舶能够收货或者交货的速度装卸。

(七)滞期费和速遣费条款

这一条款是与班轮运输合同区别最为明显的带有标志性的条款。滞期费是指非出租人的原因,承租人未能在合同约定的时间内完成货物的装卸而导致船舶在港额外停留时,按照约定应该向出租人支付的一笔特殊的赔偿。

速遣费,是指承租人在合同约定的时间内提前完成了装卸时,由出租人支付给承租人的奖励。

滞期费的数额一般低于船舶租金,按照航运习惯,速遣费的费率通常是滞期费的一半。

(八)提单条款

在航次租船情况下,虽然当事人的权利义务应以航次租船合同为准,但由于银行结算的需要,在货物装船后,承租人或者发货人通常会要求出租人或其代理人或船长签单,这种提单被称为根据租船合同签发的提单,简称租约提单。

合同中通常规定,船长应签发所递呈的任何提单,而不妨碍租船合同。船长有义务签发提单,但承租人或发货人不能要求船长为非法的行为,如签发倒签提单或预借提单等。[①]

出租人向承租人签发了提单,但二者之间的租船合同关系并未改变,出租人向承租人签发的提单只起一个货物收据的作用,二者之间的权利、义务仍然以租船合同为准。如果是出租人与第三人之间的关系。这里所说的第三人,是指非承租人的发货人或收货人而言,如果出租人以承运人的名义将提单签发给非租船合同当事人的发货人,或者是出租人所签发的

① 司玉琢主编,《海商法》(第二版),法律出版社2008年版,第203页。

提单转让给了包括收货人在内的第三人时，则这些人与出租人之间的关系就以提单为准，此种提单应受制于《海牙规则》等国际公约或《海商法》中关于海上货物运输合同的规定。

根据租船合同签发的提单，出租人通常具有承运人的法律地位。出租人为使其根据提单对货物运输承担的义务和享有的权利尽可能与租船合同一致，常常在提单中订入援引租船合同某些约定的条款，称为"并入条款"，其结果是使非租船合同当事人的发货人或者收货人，在一定程度上受到租船合同的约束。各国普遍承认这种"并入条款"的效力，但是各国法院对这种条款的解释宽严不一。[①] 我国《海商法》第 95 条规定："对按照航次租船合同运输的货物签发的提单，提单持有人不是承租人的，承运人与该提单持有人之间的权利、义务关系适用提单的约定。但是，提单中载明适用航次租船合同条款的，适用该租船合同的条款。"这一规定表明我国法律原则上承认提单中"并入条款"的法律效力。

(九)绕航条款

绕航条款，又称自由绕航条款或自由条款，是指租船合同当事人就航程中船舶可以偏离合同航线的具体情况所作的一种约定。按照各国法律的规定，只有为了救助或企图救助海上人命或财产进行的绕航，才属于合理绕航，由此造成的损失，可以免除承运人的责任。除此之外，为了其他目的进行的绕航属于不合理绕航，承运人为此不仅要承担严格的责任，而且将丧失责任限制的权利。这一条款一方面赋予出租人合理绕航的权利，即为了实际需要，如避开海上特殊风险或为救助海上人命、财产等可以离开预定航线。另一方面又规定非合理绕航的责任，即除非由于法定或约定的原因，船舶不得擅自离开正常航线，否则出租人应承担违约责任。

(十)保赔协会添加燃料条款

该条款是船舶出租人在航次租船合同中引用的由船东互保协会制定的关于为添加燃料而产生的绕航不得视为绕航的一种规定。自 20 世纪 70 年代以来，全球燃油价格上涨，使船舶营运成本提高，船舶所有人为了降低成本，就要尽量地在航程途中寻找燃油价格相对低廉的港口加油，但这样做的结果可能会导致绕航责任；而这种责任最终将要转嫁于船舶的责任保险人——船东互保协会，从而加大协会的责任。为此，船东互保协会便制定一个关于添加燃料的示范性条款，其中规定，船舶在航次的任何阶段，可以为添加燃料的目的，驶往任何港口而不论此种港口是否位于装卸港之间的习惯航线上，因添加燃料的目的而驶离预定航线的行为不属于绕航行为。但根据各国法院的普遍解释，船舶所挂靠的港口，必须是合同中订明的燃料添加港口或者习惯的燃料添加港口，并且，船舶为此目的驶离航线，不得与合同目的相抵触。

(十一)承租人责任终止条款

这是应承租人要求为限制自己的责任范围而订的条款，通常包括两部分内容：承租人责任的终止和出租人对货物享有留置权，因而又称"留置权与免责条款"。它表明，从货物装上船并支付了各种费用，出租人签发提单时起，承租人履行租船合同的义务和责任即告终止，合同中规定的承租人的权利义务即随提单转移给提单持有人、货物买方或收货人。但是，出租人为了获得应收运费、亏舱费、滞期费和共同海损分摊等费用，对货物享有留置权。

(十二)罢工条款

罢工条款是指航次租船当事人就合同履行期间可能发生的罢工行为而导致的风险和损

---

① 司玉琢主编，《海商法》(第二版)，法律出版社 2008 年版，第 204 页。

失如何承担的一种约定。该条款一般对罢工期间装卸时间和滞期费的计算及解除合同的选择权问题进行约定。

(十三)战争条款

战争条款是指航次租船合同当事人就合同履行期间可能发生的战争行为而导致的风险和损失如何承担的一种约定。在战争条款中,双方当事人须就战争行为发生时出租人有无解除合同的选择权,有无权利选择在附近其他港口将货物卸下以及如何计算装卸时间等问题进行约定。

(十四)冰冻条款

冰冻条款是指航次租船合同当事人就某些港口可能发生的冰冻危险进而影响货物装卸所引起的责任问题所作的约定。在这一条款中须对装卸港口发生冰冻时双方的权利义务以及合同履行将受到何种影响加以明确。

(十五)仲裁条款

这一条款中,租船合同的双方当事人可以约定就该合同所发生的一切纠纷应提交仲裁解决,并进一步明确规定仲裁地点、仲裁机构以及仲裁员的指定办法等内容。

(十六)法律适用条款

法律适用条款是合同当事人就解决合同争议所应依据的法律而作的约定。在订立合同的过程中,常常将该条款与仲裁条款合并规定。

四、航次租船合同项下的提单问题

航次租船合同项下签发的提单有两种。

(一)提单持有人是承租人的提单

这种提单的签发人是租船合同的出租人,提单收货人是租船合同的承租人。此时提单是承租人与出租人租船合同的证明,也是出租人收到货物的收据和交付货物的凭证。根据租船合同签发的提单,在出租人与承租人之间,不具有海上货物运输合同证明的性质,出租人与承运人之间的权利义务以租船合同为准,除非租船合同另有相反的约定。

(二)提单持有人不是承租人的提单

这种提单包括两种类型:一是出口商以 CIF 价格或者 CFR 价格成交出口货物,并承租船舶与出租人签订航次租船合同,装船后要求出租人签发的以进口商为收货人的提单。二是进口商以 FOB 价格或者 FCA 价格成交进口货物,并承租船舶与出租人签订航次租船合同,而后又将货物转让给某受让人,在装船后,承租人要求出租人签发的以受让人为收货人的提单。显然,在此情况下,由于提单的持有人不是航次租船合同当事人之一,所以其肯定不受航次租船合同的约束,此时提单持有人与出租人之间的关系要受提单的约束。对此,《海商法》第 95 条明确规定,对按照航次租船合同运输的货物签发的提单,提单持有人不是承租人的,承运人与该提单持有人之间的权利义务关系适用提单的约定,而不受航次租船合同约束。

根据租船合同签发的提单,出租人通常具有承运人的法律地位。在实践中,出租人为了保护自己的利益,使其根据提单对货物运输承担的义务和享有的权利尽可能与租船合同的约定一致,常常在提单中订入援引租船合同某些条款的规定,称为“并入条款”。提单中引入“并入条款”的结果是使非租船合同当事人的发货人或者收货人,在一定程度上受租船合同的约束。我国《海商法》承认“并入条款”的法律效力,如《海商法》第 95 条规定:“对按照航次租船合同运输的货物签发的提单,提单持有人不是承租人的,承运人与该提单持有人之间的权利、义务关系适用提单约定。但是,提单中载明适用航次租船合同条款的,适用该航次租船合同的条款。”

第五节 国际货物多式联运合同

一、国际货物多式联运合同的含义和特征

根据《海商法》第102条第1款的规定,国际货物多式联运合同,是指多式联运经营人以两种以上的不同运输方式,其中一种是海上运输方式,负责将货物从接收地运至目的地交付收货人,并收取全程运费的合同。

《联合国国际货物多式联运公约》第1条规定,国际多式联运是指按照多式联运合同,以至少两种不同的运输方式,由多式联运经营人将货物从一国境内接管货物的地点运至另一国境内指定交付货物的地点。

从20世纪50年代集装箱货物运输方式问世以来,海上集装箱货物成为海上货物运输的主力军,也逐渐催生了多式联运合同的发展。集装箱货物运输有效率高、周转速度快、劳动强度低等优势,因此,集装箱货物运输在海运中得到广泛的应用。

多式联运合同的特点包括:

(1)以一个多式联运经营人作为承运人。《海商法》第102条第2款规定,多式联运经营人是指本人或者委托他人以本人名义与托运人订立多式联运合同的人。

(2)存在一个通过若干个区段的承运人运输行为组成的多式联运合同。此合同明确规定多式联运经营人和托运人之间的权利、义务和责任,并由此出现了一份运输单据,适用一次托运过程,一次收费,并由多式联运经营人对全程运输负责。但是,该运输合同关系却是通过若干个区段承运人分别适用两种以上的不同运输方式,其中一种是海运,连贯运输来实现的。

(3)是涉及不同国家的国际货物运输合同。多式联运合同是跨越国界的国际货物运输合同,即货物的接收地和交付地处于不同的国家。

(4)使用一份全程多式联运单据。该单据是由多式联运经营人在收到货物时签发给收货人的,用以证明多式联运合同以及货物已经由多式联运经营人接管并负责按照合同条款交付货物的单据。它虽然具有与提单相同的功能,但内容却存在很大差别。当第一程运输为海运时,多式联运单据通常表现为多式联运提单。

(5)运输责任比其他海上货物运输合同复杂。多式联运合同的运输责任的复杂性主要体现在责任划分和责任制度的适用上。从责任划分角度说,既有多式联运经营人应向收货人就全程运输负责,又有多式联运经营人与各区段的承运人之间的责任划分。从责任制度角度讲,由于多式联运合同项下的货物交接已从传统的钩到钩、港到港扩展到仓到仓、门到门,故涉及海上运输、铁路运输、公路运输、航空运输以及内河运输等不同的运输方式,各自采取不同的运输责任制度,所以,适用传统的提单运输的不完全过失责任制式难以统一。

二、国际货物多式联运单据

国际货物多式联运单据,指由多式联运经营人或其代理人签发给托运人的,表明其收到

货物并与之成立国际货物多式联运合同关系,保证凭以在目的地向单证持有人交付货物的单据。如果第一程运输是海运,则单据表现为多式联运提单。多式联运单据是国际货物多式联运合同的证明,也是多式联运经营人在货物接收地接收货物和在目的地交付货物的凭证。

国际货物多式联运单据的主要内容有多式联运经营人的名称及其营业所所在地,托运人和收货人的名称、接收货物的地点和日期,有关货物的情况、运费数额及其支付方式,运输将要经由的路线和换装方式、单证签发日期和地点等。

三、国际货物多式联运经营人及其责任承担

多式联运经营人是多式联运的承运人,指本人或者委托他人以本人名义与托运人订立多式联运合同的人。

按照法律和多式联运单据,多式联运经营人对全程运输负责,即不管货物的灭失和损坏发生在哪个运输区段,多式联运经营人都应负赔偿责任。但是,按照不同的法律规定,多式联运经营人所负责任的形式是不同的。多式联运经营人的责任承担形式主要有责任分担制和单一责任制两种。其中,单一责任制又分为网状责任制和统一责任制。

(一)责任分担制

多式联运经营人和各区段承运人仅对自己的运输负责,各区段适用的责任规则原则、赔偿责任限制等按适用于该区段的法律予以确定。

(二)网状责任制

网状责任制就是由多式联运经营人对全程运输负责,其在各区段中所应承担的责任按适用于该区段的法律予以确定的一种形如网状的责任制度。在这一制度下,不论多式联运是由多少种运输方式组合而成,当货物遭受损失时,货方只需向多式联运经营人请求赔偿,多式联运经营人按照各区段所应适用的法律作出赔偿之后,再转向区段承运人进行追偿。

在实行网状责任制的情况下,不论货物损失发生在哪一运输区段,托运人或收货人既可以向多式联运经营人索赔,也可以向损害发生区段的区段承运人索赔。但是不论向谁索赔,确定赔偿责任所适用的法律均为适用于该区段的国际公约或国内法。

《海商法》第105条规定:“货物的灭失或者损坏发生于多式联运的某一运输区段的,多式联运经营人的赔偿责任和责任限制,适用调整该区段运输方式的有关法律规定。”可见,我国采用的是网状责任制。

(三)统一责任制

统一责任制是指不论损害发生在哪一区段,多式联运经营人或者各区段承运人均按照多式联运法律对多式联运经营人责任的规定,承担相同的赔偿责任。

在网状责任制下,当货运事故发生后,收货人只需向多式联运经营人索赔,有利于货主。但由于各区段适用的法律不同,自己无法判断出能否获得赔偿以及能够获得多少赔偿。为了弥补这个不足,产生了统一责任制。不管将来在哪个区段发生问题,根据合同统一适用的法律,货主都能知道自己能否获得赔偿以及能获得多少赔偿。因此,统一责任制解决了网状责任制无法解决的货方风险的不确定性问题以及货物发生隐蔽性损害或者当损害逐渐发生时所出现的法律适用上的困难。①

---

① 司玉琢主编,《海商法》,中国人民大学出版社2008年版,第175页。

当然,统一责任制也存在一些问题,如实行统一责任制不可避免会造成多式联运法律与各区段调整单一运输方式的国际和国内立法之间的冲突;另外,如果根据多式联运法律某一区段承运人应承担的赔偿限额高于按照其区段立法的责任限额的话,往往在多式联运经营人赔偿货方损失之后,向区段承运人追偿时会遇到困难。

因此,很多多式联运立法都会对统一责任制进行适当的有利于多式联运经营人的修正,规定在这种责任制下,由多式联运经营人对全程运输负责,关于各区段运输产生的责任原则上按照适用于该多式联运合同的法律统一规定,但在赔偿责任限额上,则应优先按照适用该区段运输的法律,确定多式联运经营人的赔偿责任限额。

四、有关国际货物多式联运的国际公约

(一)1980 年《联合国国际货物多式联运公约》

《联合国国际货物多式联运公约》于 1980 年 5 月在日内瓦召开的国际多式联运会议上通过。该公约规定的生效条件是 30 个国家参加,迄今尚未生效。

该公约共 40 条,其实质部分由总则、单据、联运人的赔偿责任、发货人的赔偿责任、索赔与诉讼、补充规定、海关事项及最后条款八部分组成。其主要内容如下。

1. 公约的适用范围

公约第 2 条和第 3 条规定,适用于两个国家之间的,但合同中规定的多式联运经营人接管货物或交付货物的地点位于缔约国境内的多式联运合同。即公约适用于货物起运地和目的地位于缔约国境内的国际货物多式联运合同。

2. 多式联运的管理

公约不影响有关调整和控制运输业务的国际公约或国内法的适用,不能与这些国际公约或国内法相抵触。同时,它不影响缔约国在国家一级对多式联运业务和多式联运经营人的调整控制的权力。此外,还规定,多式联运经营人除遵守本公约的规定外,还应遵守其业务所在国的法律。

3. 多式联运经营人的赔偿责任

这是公约的核心内容,具体内容包括:

(1)责任形式　公约关于多式联运经营人的责任形式是修订后的统一责任制。

(2)责任期间　公约规定的多式联运经营人的责任期间是从接收货物时起至交付货物时为止的一段期间。

(3)责任原则　同《汉堡规则》一样,公约为多式联运经营人确立的责任原则是推定过错责任原则,则只要货物的灭失、损坏或迟延交付发生在多式联运经营人的责任期间内,首先推定是由多式联运经营人或受雇人或代理人的过错所致,除非多式联运经营人能证明本人、其受雇人或代理人或为履行合同而聘用的其他人为避免事故的发生以及在事故发生后为避免损害结果的出现,已经采取了一切所能采取的合理措施。

(4)责任限制　根据在多式联运中是否包含了海运或河运的运输方式,多式联运经营人可按公约的规定享有不同的责任限制的权利。公约规定,如果合同包括海上或者内河运输,对货物赔偿责任限制按灭失或损害的货物的每件货其他货运单位 920 特别提款权或者按货物毛重计算,每千克 2.75 特别提款权,二者之中以较高者为准。这一限额比《汉堡规则》提高了 10%。如果不包括海上或内河运输,赔偿限额为每毛重千克不超过 8.33 特别提款权。对于迟延交付责任的赔偿限额,则不作上述区分,一律为迟延交付货物应付运费的

2.5 倍,但不超过合同规定的应付运费的总额。

4. 索赔与诉讼

(1)关于货物灭失、损坏或迟延交付的通知　公约规定,如果货物存在明显的灭失或损坏,收货人应在货物交付给他的下一个工作日之前,向多式联运经营人提交一份说明灭失或损坏的一般性质的书面通知;如果货物灭失或损坏不明显,则应在货物交付给收货人后的连续 6 日内向多式联运经营人提交此种通知。对于迟延交付造成损失的通知,则应在交货之后连续 60 日内提交。而多式联运经营人对于其所遭受的灭失或损坏,则应在事故发生后连续 90 日内,向发货人提交说明此种灭失或损坏的一般性质的书面通知。

(2)诉讼时效　公约规定的诉讼时效期间为 2 年,自多式联运经营人交付货物或应该交付货物之次日起计算,也适用于仲裁。

5. 管辖权

原告可以选择在有管辖权的法院起诉,并规定,下列地点所在国法院有管辖权:被告主要营业所在地,如无主要场所,则在其经常居住地;合同订立地,且该合同是通过被告在该地的营业所、分支机构或代理机构订立;货物接收地或交付地;合同约定的并已在多式联运单据中载明的其他地点。

6. 仲裁

多式联运合同的当事人可以达成协议,将争议交付仲裁,申请仲裁的一方有权选择仲裁地点,但只能在上述有管辖权的法院所在国选择。

(二)1973 年《联运单证统一规则》

《联运单证统一规则》是国际商会于 1973 年制定,1975 年修订的。该规则是民间规则,不具有强制性,但其经常被国际多式联运合同当事人协议采用,因此地位十分重要。主要内容如下。

1. 多式联运经营人的责任形式

该规则为多式联运经营人确立的责任形式为经修正的网状责任制。对于发生在多式联运经营人责任期间内的货物灭失或损坏,如果能够确定这种灭失或损坏发生的运输区段,多式联运经营人的赔偿责任依据适用于该区段的国际公约或国内法予以确定;在不能确定货物灭失或损坏发生的区段时,即对于隐藏的货物损失,其赔偿责任按完全的过错责任原则确定。在此责任形式下,多式联运经营人的赔偿责任限额为毛重每千克 30 金法郎,但经过多式联运经营人的同意而申报了超过此限额的价值并已在运输单证上载明者不在此限。

2. 多式联运经营人的责任期间

该规则规定多式经营联运经营人的责任期间为从接收货物到交付货物的整个期间。

3. 多式联运经营人对货物迟延交付的责任

该规则承认了多式联运经营人迟延交付的责任,同时又将承担责任的条件限制在明确迟延交付发生区段的情况下。

4. 货物灭失或损坏的通知与诉讼时效的规定

如果货物的损失明显,收货人应该在收货之前或当时,将货物损失的一般情况以书面形式通知多式联运经营人;若损坏不明显,则应在 7 日内提交此种通知,否则,即构成多式联运经营人已按照单证记载的情况完成货物交付的初步证据。关于诉讼时效问题,该规则规定的诉讼时效期间是 9 个月,自货物交付或应交付之日或收货人有权视货物灭失之日起计算。

（三）1991 年《多式联运单证规则》

《多式联运单证规则》由联合国贸发会议和国际商会于 1991 年联合制定，作为民间规则，供当事人约定适用。主要内容如下。

1. 多式联运经营人的责任形式

规则对多式联运经营人实行经修正的统一责任制，即在对多式联运经营人的赔偿责任基础和赔偿责任限制的一般性规定之外，又规定了若干修正。

2. 多式联运经营人的责任基础

与《汉堡规则》相同，对于多式联运经营人的责任基础采用推定过失责任制。

3. 多式联运经营人的赔偿责任限制

该规则规定，多式联运经营人对货物灭失或损坏的赔偿责任限额原则上为每件或每单位 666.67 特别提款权或者每毛重千克货物 2 特别提款权，以二者中较高的为准。另外，如果联运不涉及海上或内河运输，则责任限额为每毛重千克货物 8.33 特别提款权为限。但是，如果损害发生区段强制适用的国际公约或国内法规定了更高的责任限额，则适用该限额。

4. 多式联运经营人的责任期间

从接受货物时起至交付货物时止的整个运输期间。

5. 多式联运经营人对货物迟延交付的责任

按照该规则，只有当合同载明了交货期限，并且托运人对货物如期交付的预期利益已经声明时，多式联运经营人才负责赔偿因迟延交付货物造成的损失。

6. 货物灭失或损坏的通知与诉讼时效

当货物的损坏不明显时，收货人应当在交货之后连续 6 日内提交书面通知。就货物灭失或损坏提起诉讼的时效期间为 9 个月，自货物交付之日起计算。但双方另有协议者不在此限。

第五章

海上旅客运输合同

第一节　海上旅客运输合同概述

一、海上旅客运输合同的概念

海上旅客运输合同是指承运人以适合运送旅客的船舶经海路将旅客及其行李从一港运送至另一港，由旅客支付票款的合同。在海上运输中所谓的“客船”专指载客在12人以上并领有有关客船证书的船舶。

承运人(Carrier)和旅客(Passenger)是合同的主体。我国《海商法》第108条规定，承运人是指本人或者委托他人以本人名义与旅客订立海上旅客运输合同的人；旅客是指根据海上旅客运输合同运送的人。此外，经承运人同意，根据海上货物运输合同，随船护送货物的人视为旅客。

运送旅客及其行李的行为是合同的标的。根据我国《海商法》第108条，行李是指根据海上旅客运输合同由承运人载运的任何物品和车辆，但是不包括活动物(Live animals)，也不包括根据租船合同、提单或主要涉及货物运输的其他合同而运输的物件或车辆。行李包括自带行李和非自带行李，其中自带行李(Cabin luggage)是指旅客自行携带、保管或者放置在客舱中的行李。旅客自带行李以外的其他行李为非自带行李。区别行李与自带行李的概念，目的在于区别承运人对两者所承担的责任。

海上运输包括海上货物运输和海上旅客运输，海上旅客运输相对于海上货物运输而言发展较晚。19世纪前，海上旅客运输多以搭载的形式出现，专营旅客运输者较为少见，后来由于各国间经济、文化和社会交往的发展以及航海技术的提高，海上旅客运输业才得以逐步兴起。但由于航空事业的发展，第二次世界大战以后，海上旅客运输业务日趋减少，在国际旅客运输中的重要性大为降低。目前，海上旅客运输主要存在于一些相近的沿海国家之间，在一些经济不发达地区也仍然起着一定的作用。海上旅客运输，按其航行区域，可分为国际海上旅客运输和国内海上旅客运输。前者指起运港和目的港分别位于不同国家之间的海上旅客运输。后者则指起运港和目的港均处于一国领域内的海上旅客运输。我国《海商法》第五章《海上旅客运输合同》的规定，既适用于国际海上旅客运输合同，也适用于国内海上旅客运输合同，但不适用于内河旅客运输合同。同时，我国港口之间海上旅客运输，除了适用《海商法》的有关规定外，还适用我国交通部1980年11月1日颁发的《水路运输规则》《水路旅客运输管理规程》及1981年10月30日的《水路旅客运输规则补充规定》。至于我国港口间海上旅客运输赔偿责任则应当遵行《港口间海上旅客运输赔偿责任限额规定》。

二、海上旅客运输合同的特点

(1)海上旅客运输合同的运送对象是旅客及其行李。其中,旅客本身既是合同的一方当事人,即合同的主体,同时又是合同履行的对象,旅客随同船舶一起完成运送过程。而旅客的行李也是海上旅客运输合同的运送对象。

(2)用于海上旅客运输的船舶必须是符合相应法律要求的客船。客船在安全航行能力和稳定性、消防、救生、休息、娱乐、医疗、卫生等设施、必需品的供应、船员的配备等方面必须符合国内法和国际公约对旅客运输的要求,客船的安全性要求较之用于运送货物的货船更为严格,而且必须具有客船安全证书。

(3)海上旅客运输合同是一种非要式合同。合同的订立不一定要以书面形式完成。旅客运输合同的客票为订立合同的证明。客票本身不是海上旅客运输合同,它起着证明承运人与旅客之间已订立海上旅客运输合同的作用。

(4)海上旅客运输合同为双务、有偿和诺成合同。

三、海上旅客运输合同的订立、变更与解除

(一)海上旅客运输合同的订立

1. 合同的订立

海上旅客运输合同通常在承运人将航线、港口、船期以及票价公布后,由旅客支付票款取得客票时成立。但若是租船客运合同,则需由承租人与出租人订立有关将旅客运送至特定地点的租船合同。

2. 客票

客票是承运人签发给旅客,证明旅客运输合同已经成立和旅客已支付票款的票据。客票分为记名客票和不记名客票。记名客票记载着购票人的姓名、地址,它通常是不能转让的。国际旅客客票均使用记名客票。不记名客票上无须记载购票人的姓名、地址,在乘船前为有价证券,可以转让,但船舶开航后便失去其原来的可转让性。各国在沿海旅客运输中一般都使用不记名客票。客票通常应载明以下事项:

(1)签发的地点和日期;

(2)出发港和目的港;

(3)承运人的名称和地址;

(4)旅客的姓名和地址(不记名客票除外);

(5)船名;

(6)开船时间,到达时间;

(7)合同所依据的运输条件;

(8)票价。

在订立海上旅客运输合同时,为确保合同的履行和效果,通常由旅客先行支付运费(票款),承运人随即发给旅客客票,作为合同成立的证明。在海上旅客运输票款中,包括旅客在海上运输中因海上风险而发生人身伤亡的保险费。各国法律普遍规定,这种保险属于强制保险。

(二)海上旅客运输合同的变更和解除

海上旅客运输合同一经订立,就对双方当事人具有约束力,任何一方不得擅自解除。但

在有些情况下,法律也赋予当事人解除合同的权利。我国《海商法》没有规定有关海上旅客运输合同的解除,有关合同的解除应适用《合同法》的相关规定。

1. 因旅客自身原因而变更或者解除

根据《合同法》第295条,旅客因自己的原因不能按照客票记载的时间乘坐客船,可以在约定时间内办理退票或者变更手续。退票使得海上旅客运输合同得以解除,变更乘船的时间和班次则使海上旅客运输合同产生变更。

旅客退票或者变更手续的时间,通常由法规作出规定或者承运人事先规定。按照退票或者变更手续距离船舶开航时间的长短,旅客退票应支付一定的退票手续费,以补偿承运人的损失。退票时间过晚,例如在船舶开航后办理退票,根据我国《合同法》第295条规定,承运人可以不退票款,并不再承担运输义务。

2. 因承运人原因而变更或者解除

承运人按预定时间开航,涉及公共利益,所以,对于承运人来说,只有发生法定原因时才有权解除合同。有些国家的法律规定,除免责原因外,如船舶不在预定时间开航,旅客可以退票而解除合同,并要求退还全部票款。我国《合同法》第299条规定,如果承运人不能按照客票载明的时间和班次运输旅客,旅客可以要求承运人安排改乘其他班次或者退票。这种情况下的变更或者解除,承运人应当退还全部票款。

此外,根据《合同法》第300条的规定,如果承运人擅自变更船舶而降低服务标准,旅客可以要求退票而解除合同,或者,要求减收票款而变更合同。但是,如果由于变更船舶而提高服务标准,承运人不应当加收票款。

3. 因不可抗力而变更或者解除

各国法律普遍规定,如船舶在开航之前灭失或者被征用,或者由于军事行动有被捕获或者劫夺的危险,或者由于与合同双方当事人无关的原因被政府扣押,或者起运港或者目的港被宣布封锁等不可抗力原因,使合同无法履行时,双方当事人均可解除合同,承运人退还票款。但是,如船舶在开航后,因不可抗力不能驶抵目的港,承运人应将旅客运送至预定的中途港或者就近港口,承运人应退还全程票价减去旅客已乘区段票价后的票价差额。如所乘里程超过票价里程,超过部分旅客不补付票款。如承运人将旅客运回起运港,承运人应退还全部票款。

第二节　海上旅客运输合同中当事人的权利和义务

海上旅客运输合同对当事人权利义务的规定,是合同中最主要的内容。海上旅客运输合同的当事人包括承运人(Carrier)、实际承运人(Actual carrier)和旅客(Passenger)。我国《海商法》第108条将实际承运人定义为“接受承运人委托,从事旅客运送或部分运送的人,包括接受转委托从事此项运送的其他人。”即承运人的受雇人、代理人、实际承运人及其受雇人、代理人。

一、承运人的主要义务

(一)使承运船舶适航

承运人应在船舶开航前和开航当时,提供适航船舶,并在整个运送期间保持适航状态;适当配备船员、装备船舶和配备供应品,以保证旅客运送的安全。

(二)提供适当舱位和服务

承运人在旅客登船后,必须提供与客票等级相符的舱室与铺位,以便旅客搭乘。舱室内的设备应符合与客票等级相应的规定,并且应按客票等级或合同的要求提供相应的服务。

(三)按时开航,合理尽速,直航目的港,不得绕航

船舶应当按约定日期开航。船舶在航行过程中,不应有不合理的延误,并且,除为救助或企图救助海上人命或财产,或其他合理情况外,承运人或船长不得变更航线。否则,承运人应对旅客因此遭受的损害负赔偿责任。

所谓其他合理情况指为保证船舶和旅客安全而避台风或其他海上风险,政府或有关当局命令船舶变更航线,旅客在船上患重病必须立即上岸治疗等情况。

(四)将旅客及行李安全运至目的港是承运人的根本义务

只有在开航后因发生不可抗力而不可驶抵目的港的情况下,才免除此项义务,但承运人应在就近的港口停靠或将旅客遣回始发港或派回等船舶续航。

(五)为旅客提供生活必需品

如果票款中已包括膳食费,则在船舶航行期间,承运人应向旅客提供相应的膳食;若票款中未包括膳食费用,且航程较长,承运人应向旅客提供膳食服务。

(六)免费运送旅客的限量行李

承运人应依合同约定免费为旅客运送一定数量的行李,并对旅客的非自带行李负有妥善保管的义务。

(七)对旅客的人身伤亡或行李的灭失或损坏承担赔偿责任

关于承运人对发生在运送期间的旅客人身伤亡,或行李的灭失或损坏的赔偿责任,各国法律及国际公约普遍实行完全过错责任原则,并在一定范围内实行推定过错。

1. 旅客及行李的运送期间即为承运人的责任期间

旅客及其自带行李的运送期间自旅客登船时起至旅客离船时止,若客票票价中含旅客登船前由承运人经水路从岸上接到船上,或者离船后由承运人经水路从船上送到岸上的接送费用,则运送期间应包括这一接送期间,但不包括旅客及其自带行李在港站内、码头上或者在港口其他设施内的时间。

2. 承运人的赔偿责任

在旅客及其行李的运送期间,由于承运人或其受雇人、代理人在受雇或受委托范围内的过失引起的事故,造成旅客人身伤亡或者行李的灭失、损坏,承运人应负赔偿责任。

我国《海商法》第114条规定,承运人及其受雇人、代理人的过失的举证,按下列情况处理:

(1)旅客遭受人身伤亡,或者自身行李遭受灭失或损坏时,如由于船舶沉没、碰撞、搁浅、爆炸、火灾所引起,或者由于船舶的缺陷所引起,则推定承运人及其受雇人、代理人有过失;

(2)旅客自带行李以外的其他行李遭受灭失或损坏时,不论由于何种事故引起,均推定承运人及其受雇人、代理人有过失;

(3)在其他情况下,请求人应举证承运人或其受雇人、代理人有过失,但是,当推定承运人及其受雇人、代理人有过失时,承运人及其受雇人、代理人可以提出反证。

3. 承运人赔偿责任的免除

旅客的人身伤亡或者行李的灭失、损坏是由于下列原因之一所引起,承运人不负赔偿责

任或免除部分赔偿责任：

(1)军事行动、暴动或不可抗力。但承运人必须证明，他本人及其受雇人、代理人为避免事故的发生，已经采取了一切必要措施或者不可能采取这些措施；

(2)旅客的人身伤亡或者行李的灭失、损坏是由于旅客本人的故意，或者旅客的人身伤亡系其健康状况所致，承运人可以免责；

(3)旅客的人身伤亡或者行李的灭失、损坏系旅客本人的过失和承运人的过失共同所致，则可以免除或相应减轻承运人的赔偿责任。

须注意的是，上述情况下，均应由承运人负举证责任。

4. 旅客贵重物品毁损的责任界限

对旅客的货币、金银、珠宝、有价证券或其他贵重物品所发生的灭失、损坏，如果此类物品由旅客自行保管，承运人不负赔偿责任；若交由承运人保管，承运人则应按旅客的非自带行李对此灭失、损坏负责。

必须指出的是，与海上货物运输合同不同，承运人不能在海上旅客运输合同中解除对旅客承担的赔偿责任而明确约定转由实际承运人承担。例如，我国《海商法》第 60 条第 2 款规定："在海上货物运输合同中明确约定合同所包括的特定的部分运输由承运人以外的指定的实际承运人履行的，合同可以同时约定，货物在指定的实际承运人掌管期间所发生的灭失、损坏或者迟延交付，承运人不负赔偿责任。"海上旅客运输合同中承运人不得作出此种约定。目的在于对旅客给予特殊保护。也就是说，承运人或实际承运人的受雇人、代理人在受雇或者受委托的范围内的行为造成的法律后果，应由承运人或实际承运人承担。

5. 承运人的赔偿责任限额

海上旅客运输合同承运人的赔偿责任限额，依我国法律规定适用两种标准。国际海上旅客运输中的承运人适用《海商法》规定的赔偿限额；而国内海上旅客运输中的承运人则按交通部《港口间海上旅客运输赔偿责任限额规定》所规定的标准承担赔偿责任。具体来讲，前者按《海商法》第 117 条的规定，承运人在每次海上旅客运输中的赔偿责任限额为(1)旅客人身伤亡的，每名旅客不超过 46 666 特别提款权；(2)旅客自带行李的灭失或损坏，每名旅客不超过 833 特别提款权；(3)旅客车辆包括该车辆所载行李的灭失或损坏，每一车辆不超过 3 333 特别提款权；(4)旅客其他行李的灭失或损坏，每名旅客不超过 1 200 特别提款权；(5)当然，双方当事人可以约定每一车辆损失的免赔额不超过 117 特别提款权，其他行李损失的免赔额不超过 13 特别提款权。按《中华人民共和国港口间海上旅客运输赔偿责任限额规定》的要求，承运人在每次海上旅客运输中的赔偿责任限额为(1)旅客人身伤亡的，每名 4 万元人民币；(2)旅客自带行李灭失或损坏的，每名旅客不超过 800 元人民币；(3)旅客车辆包括该车辆所载行李的灭失或损坏，每一车辆不超过 3 200 元人民币；(4)旅客其他行李的灭失或损坏，每千克不超过 20 元人民币；(5)承运人依上述规定的总赔偿限额为 4 万元人民币乘以船舶证书规定的载客定额，但最高不超过 2 100 万元人民币。

6. 有关承运人赔偿责任的强制性规定

依照我国《海商法》第 126 条的规定，海上旅客运输合同中含有下列四种内容之一的条款无效：

(1)含有"免除承运人对旅客应当承担的法定责任"内容的条款。法定责任即指我国《海商法》第五章以及其他有关海上旅客运输合同的法规所规定的承运人的责任。例如，承运人依法在其委托实际承运人履行旅客运送的情况下，仍应对旅客的全程运送负责等。

(2)含有“降低本章规定的承运人责任限额”内容的条款。若海上旅客运输合同中规定的承运人对旅客的人身伤亡或者行李的灭失、损坏的赔偿责任限额低于我国《海商法》第117条所规定的标准,此条款无效。但承运人和旅客可以书面约定高于所规定标准的赔偿责任限额。此项强制性规定也及于海上旅客运输合同中不得含有与我国《海商法》第118条规定的承运人及其受雇人、代理人不得援用限制赔偿责任相反的规定。

(3)含有“对本章规定的举证责任作出相反约定”内容的条款。这主要是针对不得排除本应由承运人及其受雇人、代理人承担举证责任的情形而言。

(4)含有“限制旅客提出赔偿请求的权利”内容的条款。这些条款主要表现为海上旅客运输合同中规定旅客不能向实际承运人提出索赔,而只能向承运人索赔;还可以表现为承运人与实际承运人均负有赔偿责任的,海上旅客运输合同中规定两者不负连带责任,其一是缩短旅客按照我国《海商法》第119条的规定提交行李灭失、损坏书面通知的期限,其二是将该条规定的此种书面通知的法律效力从初步证据变为最终证据,不允许旅客在其后提出反证,等等。

根据我国《海商法》的规定,上述合同条款的无效,不影响合同其他条款的效力,此类无效条款将被该法相应的规定所替代。

二、承运人的主要权利

(一)运费请求权

这里的运费即客票票款。作为运送旅客及其行李的代价,承运人有权请求旅客交付客票上规定的票款。

(二)留置权

如旅客未付或未付足票款、行李费、承运人为旅客垫付的款项或其他应付费用的,承运人有权对旅客交运的行李行使留置权。

(三)船舶的按时开航权

旅客在起运港或船舶中途挂靠港,不在约定时间内登船时,船长有权将船舶按时开航或继航,并且承运人不退还票款。

(四)维持船舶安全的权利

承运人或船长有权禁止旅客携带或托运可能危及人身和财产安全的违禁品和危险品。为此,有权实施检查。同时,有权制止旅客的违法犯罪行为,直至采取有效措施防止违法犯罪行为的发生。

(五)免责及赔偿责任限制的权利

承运人对旅客的人身伤亡,或行李的灭失或损坏负有赔偿责任时,可依法援引责任限制。我国《海商法》第117条关于国际海上旅客运输中承运人赔偿责任限制的规定,与1974年《雅典公约》的规定相同。我国《海商法》第118条规定了承运人丧失责任限制权利的情况,即旅客的人身伤亡或者行李的灭失、损坏是由于承运人的故意或明知可能造成损害而轻率地作为或者不作为造成时,承运人不得援用前述赔偿责任限制。

三、旅客的主要权利和义务

旅客的主要权利就是承运人的主要义务,即旅客在支付票款后,有权要求承运人将其安全运送至目的港,免费携带一定数量的行李,以及对其遭受的伤害或其行李的灭损向承运人索赔等。

除上述主要权利以及支付票款义务外,旅客还应承担下列义务:

(1)在船期间,应遵守客运规章,服从船长的指挥和管理;

(2)不得擅自携带或在行李中夹带违禁品或危险品,如旅客违反此项义务并因此造成船舶损害或承运人的其他损害,应负赔偿责任。对于旅客擅自携带或者在行李中夹带的违禁品或危险品,承运人可以在任何时候和地点将其卸下、销毁或者使之不能为害,或者送交有关部门,而不负赔偿责任;

(3)提交行李灭失或者损坏的通知。

四、承运人的受雇人、代理人、实际承运人及其受雇人、代理人的权利属性

当旅客的人身伤亡或者行李灭损的赔偿请求是向承运人的受雇人或代理人提出,或者向实际承运人的受雇人或代理人提出时,如果该受雇人或代理人能证明其行为是在受雇或者受委托的范围之内,便有权援引承运人的抗辩理由和赔偿责任限制。但是,当旅客的人身伤亡或者行李的灭失、损坏是由于该受雇人或代理人的故意或者明知可能造成损害而轻率地作为或者不作为造成时,他便丧失赔偿责任限制的权利。

当旅客的人身伤亡或者行李的灭失、损坏的赔偿请求,分别向承运人、实际承运人及其受雇人、代理人提出时,赔偿总额不得超过承运人的责任限额,除非被索赔的人中有的丧失赔偿责任限制的权利。

第三节　有关海上旅客运输的国际公约

为了统一各国有关海上旅客运输的法律,国际海事组织(IMO)于1974年12月在希腊雅典通过了《海上旅客及其行李运输雅典公约》(1974)(*Athens Convention Relating to the Carriage of Passengers and Their Luggages by Sea*,1974)(简称《1974年雅典公约》)。该公约于1987年4月28日生效。我国于1994年3月5日,经第八届全国人民代表大会常务委员会第六次会议通过决定,加入该公约。《1974年雅典公约》经1976年、1990年和2002年三次修改,特别是后两个议定书,对其进行了实质性修改,大幅度提高了赔偿限额。三个议定书,除《1974年雅典公约的1976年议定书》已于1989年4月30日生效,我国于1994年3月5日加入该议定书外,其余两个议定书至今尚未生效。

一、《1974年雅典公约》产生的背景

为统一各国有关海上旅客运输的法律,1957年10月10日在比利时布鲁塞尔第十届海洋法会议上,通过了《统一海上旅客运输若干法律规则的国际公约》(1957)。在此公约基础上,1961年4月在布鲁塞尔第十一届海洋法会议上又通过了《1961年统一海上旅客运输若干规则的国际公约》(1961)。1967年5月27日在布鲁塞尔又通过了《统一海上旅客行李运输的国际公约》(1967)。由于《统一海上旅客运输若干规则的国际公约》(1961)规定的承运人对旅客人身伤亡赔偿责任限额过低等原因,该公约收效甚微。为此,国际海事委员会于1969年又通过一个公约草案,并在此基础上,原政府间海事协商组织(IMCO)于1974年12月2日至13日在希腊雅典召开的海上旅客及其行李运输国际法律会议上,通过了《1974年雅典公约》。该公约于1987年4月28日生效。参加该公约的有阿根廷、巴哈马、比利时、中

国、埃及、希腊、利比里亚、波兰、西班牙、瑞典、英国等十几个国家。

二、《1974 年雅典公约》的主要内容

该公约中关于承运人的责任与免责、旅客贵重物品灭失或者损坏、承运人的受雇人、代理人、履约承运人(Performing carrier)及其受雇人、代理人的法律地位、行李灭失或者损坏的通知等规定,与《海商法》的规定相同。此外,公约还包括如下主要内容。

1. 承运人赔偿责任限制

根据该公约第 7 条和第 8 条规定,承运人对每名旅客的伤亡应承担的赔偿责任,每次运输不超过 700 000 金法郎,但各缔约国可在国内法中,为其本国的承运人规定高于此数额的责任限额。承运人对旅客自带行李灭失或者损坏的赔偿责任限额为每一旅客每次运输 12 500 金法郎;承运人对车辆及车上所载行李的灭失或者损坏的赔偿责任限额为每一车辆每次运输 50 000 金法郎;承运人对旅客其他行李灭失或者损坏的赔偿责任限额为每一旅客每次运输 18 000 金法郎。承运人可就其赔偿责任与旅客约定免赔额,但每一车辆的灭失或者损坏的免赔额不得超过 1 750 金法郎,其他行李的灭失或者损坏的免赔额,不超过每一旅客 200 金法郎。承运人赔偿责任限制权利的丧失条件亦与《海商法》的规定相同。

2. 诉讼时效

根据该公约第 16 条规定,旅客人身伤亡或者行李灭失或者损坏赔偿的诉讼时效为 2 年。就旅客伤害而言,自旅客离船或者本应离船之日起算;如旅客在运输期间受到伤害并导致离船后死亡,则自死亡之日起算,但不超过自离船之日起 3 年。旅客的行李灭失或者损坏,上述时效期间自行李离船或者本应离船之日起算,以较晚者为准。公约允许承运人书面声明延长上述时效期间或者在诉因发生后,双方书面协议延长。

3. 公约的适用范围

该公约第 2 条规定,公约适用于国际海上旅客运输,即合同规定的起运港和目的港位于不同国家,或者中途港位于不同国家的情况,其条件是:船舶悬挂公约缔约国的旗帜,或者在缔约国登记,或者,运输合同在缔约国订立,或者合同规定的起运港或者目的港位于缔约国内。

4. 管辖权

公约第 17 条规定,对于争议的诉讼,原告有权选择位于缔约国的下列法院之一提起诉讼,即(1)被告永久居住地或者主要营业所所在国法院;(2)运输合同规定的起运港或者目的港所在国法院;(3)原告住所地或者永久居住地所在国法院,但被告在该国须设有营业所,并受该国管辖。此外,在造成损害的事故发生后,双方可以约定赔偿案件诉讼的法院,或者将案件提交仲裁。

三、《1974 年雅典公约的 1976 年议定书》

1976 年 11 月 19 日,原政府间海事协商组织通过了《1974 年雅典公约的 1976 年议定书》。该议定书于 1989 午 4 月 30 日生效。参加该议定书的有阿根廷、巴哈马、比利时、中国、埃及、希腊、利比里亚、波兰、西班牙、瑞典、英国等十几个国家。

该议定书第Ⅱ条将《1974 年雅典公约》第 7 条和第 8 条中有关承运人赔偿责任限制和免赔额所使用的金法郎,修改为国际货币基金组织规定的特别提款权(SDR),并按照 1 特别提款权等于 15 金法郎计算。议定书的旅客人身伤亡、自带行李、车辆及车上所载行李,以及

其他行李的灭失或者损坏的赔偿责任限额同《海商法》的规定。

四、《1974 年雅典公约的 1990 年议定书》

1987 年 3 月 6 日,英国汤森·托普森公司所属的“自由企业先驱”号渡船,在比利时泽布吕赫港附近倾覆,致使 188 人丧生。这一事故在英国公众中引起很大反响。英国在其国内法中将旅客人身伤亡的赔偿限额从 70 万金法郎(46 667 特别提款权)提高到 152.5 万金法郎(100 000 特别提款权),并强烈要求国际海事组织修订《1974 年雅典公约》。英国的这一要求得到北美一些国家的支持。为此,国际海事组织在 1987 年 10 月 12 日至 16 日举行的第五十八届会议上,开始讨论对《1974 年雅典公约》的进一步修订,以较大幅度提高旅客伤亡的赔偿限额。经过两年四次会议的讨论,形成一议定书草案,在国际海事组织于 1990 年 3 月 26 日至 30 日在伦敦召开的修订《1974 年雅典公约》的外交大会上,审议并通过了《1974 年雅典公约的 1990 年议定书》。该议定书的生效条件为 10 个国家参加,至今尚未生效。

该议定书将承运人对旅客人身伤亡的赔偿责任限额提高到每名旅客每次运输 175 000 特别提款权;承运人对旅客自带行李、其他行李和车辆的赔偿限额分别提高到 1 800,2 700 和 10 000 特别提款权。此外,承运人对旅客自带行李以外的其他行李和车辆损失的免赔额分别规定为 135 和 300 特别提款权。如果至少有 6 个国家提议,可以对承运人的赔偿限额作进一步修订。

五、《1974 年雅典公约的 2002 年议定书》

2002 年 11 月 1 日,国际海事组织在伦敦召开的修订《海上旅客及其行李运输雅典公约》(1974)的外交大会上,通过了《修订 1974 年海上旅客及其行李运输雅典公约的 2002 年议定书》,简称《1974 年雅典公约的 2002 年议定书》。经该议定书修订的《1974 年雅典公约》,称为《海上旅客及其行李运输雅典公约》(2002),简称《2002 年雅典公约》。该议定书的生效条件为 10 个国家参加,至今尚未生效。

该议定书取代《1974 年雅典公约的 1990 年议定书》,并对《1974 年雅典公约》作了全面修改,修改的核心内容是借鉴国际油污损害赔偿责任制度中的严格责任原则、强制责任保险机制,加重承运人责任。

1. 承运人的责任基础由过错责任原则修改为严格责任原则和过错责任原则并用

该议定书规定,承运人对因船舶航行事故(Shipping incident)造成的旅客人身伤亡,对每名旅客在每一事故中的赔偿责任在 250 000 特别提款权的限额内,实行严格责任,即除非承运人证明事故是由于战争行为、敌对行为、内战、暴乱或者异常的、不可避免和不可抗拒的自然现象所致,或者,完全由于第三者有意造成事故的行为或者不为所致,承运人应承担赔偿责任;超出上述限额,实行过失责任,即如果承运人不能证明,其本人,或其受雇人或者代理人在受雇或受委托范围内的行为没有过失,应进一步承担赔偿责任,但是最高不超过 400 000 特别提款权;承运人对于非因船舶航行事故造成的旅客人身伤亡的赔偿责任,亦实行过失责任,但举证责任由索赔方承担。船舶航行事故是指船舶沉没、碰撞、搁浅、火灾或者船舶的缺陷。

承运人对旅客的行李的灭失或者损坏的赔偿责任,仍能实行过失责任,并且是推定过失。

2. 大幅度提高承运人对旅客人身伤亡、行李灭失或者损坏的赔偿责任限额

如上所述,《1974 年雅典公约的 2002 年议定书》将旅客人身伤亡赔偿限额分别提高到 250 000(严格责任)和 400 000(过失责任)特别提款权。同时,该议定书订有“宣布放弃选择权条款”(Opt-out Clause),规定参加国可以在其国内法中明确作出高于此限额的规定。

《1974 年雅典公约的 2002 年议定书》将承运人对旅客自带行李灭失或者损坏的赔偿责任限额提高到每名旅客每次运输 2 250 特别提款权,对车辆包括车辆上所载的所有行李的灭失或者损坏的赔偿责任限额提高到每一车辆每次运输 12 700 特别提款权,对其他行李灭失或者损坏的赔偿责任限额提高到每名旅客每次运输 3 375 特别提款权。承运人和旅客可以约定承运人对行李灭失或者损坏的免赔额,但每一车辆的免赔额不超过 330 特别提款权,其他行李灭失或者损坏的免赔额不超过 149 特别提款权。

3. 强制保险和直接诉讼

《1974 年雅典公约的 2002 年议定书》规定了承运人对其旅客人身伤亡责任实行强制保险制度,或者提供财务担保。承运人或者履约承运人投保责任保险保额,或者提供财务担保的金额,以每名旅客每一事故为 250 000 特别提款权计算。同时,船上应随时携带有效的保险或者财务担保证书。

旅客人身伤亡的索赔人可对责任保险人或者财务保证人直接提出索赔诉讼,责任保险人或者财务保证人有权援引《1974 年雅典公约的 2002 年议定书》赋予承运人的免责事由和赔偿责任限制,即使承运人或者履约承运人丧失赔偿责任限制和抗辩事由的权利。此外,责任保险人或者财务保证人可援引旅客人身伤亡系被保险人或者被保证人有意的不当行为造成的抗辩。责任保险人或者财务保证人还有权要求承运人和履约承运人参加诉讼。

第六章

海上拖航合同

第一节　海上拖航合同概述

一、海上拖航合同的概念和种类

（一）海上拖航合同的概念

海上拖航合同，也称海上拖带合同，根据我国《海商法》第155条的规定，是指承拖方用拖轮将被拖物经海路从一地拖至另一地，而由被拖方支付拖航费的合同。

海上拖航是由海商法所调整的一种独立的海上作业行为。海上拖航发生的原因主要有以下几种：因港口的规定；船舶修理或航行中的船舶发生机器故障而无法行驶；非机动船为了加速航行或无动力的驳船、石油钻井平台或其他海上漂浮物体需要移动；因船舶遇难而使船舶无法安全行驶；因船舶碰撞而使相碰撞的船舶失去航行能力等。①

作为双务合同，海上拖航合同的当事人为承拖方和被拖方。承拖方是指用其自己所有、经营或承租的船舶，为他人提供海上拖航服务的人。通常情况下，承拖方是专业的从事海上拖航的企业或专业的打捞救助公司，实践中也经常有非专业拖轮承担拖带业务的情况。用于拖带被拖物的船舶一般称为拖轮，即专门为拖带自身无动力或丧失动力的其他船舶或物体而设计的船舶。专业拖轮不同于一般的运输船，应具有特定的拖带能力和设备，一般拖轮的拖带能力均在4 400千瓦以上。被拖方是指接受承拖方拖带的被拖物的所有人或其他利害关系人。被拖物通常包括驳船或者其他无动力的船舶、钻井平台、浮码头、浮船坞、浮吊等海上漂浮装置以及失去动力的船舶等。随着海运业和海上石油开发的发展，促进了海上拖航业的发展，很多航运国家都成立了专业海上拖航企业，如我国的中国拖轮公司和中国海洋工程服务有限公司、日本的协同株式会社、荷兰的斯密特国际远洋拖航救助公司等。

在拖航实践中，海上拖航的方法有吊拖、旁拖和顶推三种。吊拖是指拖船位于被拖物前面，用拖缆与被拖物连接的拖航方式。旁拖是指拖船位于被拖物的一侧并紧靠被拖物，以拖缆与被拖物连接的拖航方式。顶推是指拖船位于被拖物之后并顶住被拖物，用拖缆或特殊的装置与被拖物连接的拖航方式。

（二）海上拖航合同的种类

根据不同的标准，海上拖航合同可以分为不同的种类。

1. 沿海拖航合同和国际海上拖航合同

根据起拖地和目的地的不同，海上拖航合同可分为沿海拖航合同和国际海上拖航合同。

① 王玫黎等著，《海商法学》，武汉大学出版社2010年版，第156页。

沿海拖航合同，是指起拖地和目的地均位于一国境内的海上拖航合同。与沿海货物运输一样，作为一项传统的航运保护政策，不少国家的法律规定沿海拖航只能由悬挂本国国旗的拖船经营。根据我国《海商法》第 4 条第 2 款规定，我国港口之间的海上拖航由悬挂我国国旗的船舶经营，但法律、行政法规另有规定的除外；非经国务院交通主管部门批准，外国籍船舶不得经营位于我国港口之间的拖航。而且沿海拖航不具有涉外因素，完全由我国司法机关管辖，并适用我国法律。国际海上拖航合同也称为远洋拖航合同，是指起拖地与目的地不在同一国家境内的海上拖航合同。该合同具有涉外因素，或者是被拖物可能位于外国或被拖往外国，或者是拖航关系的产生、变更和消灭可能发生于外国，而且该合同会涉及不同国家的司法管辖权的冲突和法律适用的冲突问题，因此，合同中最好规定有效的争议解决条款和法律适用条款。

2. 日租型海上拖航合同和承包型海上拖航合同

根据拖航费的计收方式划分，海上拖航合同可分为日租型海上拖航合同和承包型海上拖航合同。

日租型海上拖航合同是指在海上拖航期间，拖航费按双方约定的拖航日租金率或服务费率来计收的海上拖航合同。承包型海上拖航合同是指拖航费为双方约定的一笔固定金额的海上拖航合同。

3. 单一拖航合同、共同拖航合同和连接拖航合同

根据拖轮的数量不同，海上拖航合同可分为单一拖航合同、共同拖航合同和连接拖航合同。

单一拖航合同是指由一艘拖轮拖带一个或几个被拖物的拖航合同。共同拖航合同是指两艘或多艘拖轮并行地拖带一个或几个被拖物的拖航合同，也称平行拖航合同，在这种方式下，数艘拖轮的动力分别直接加于被拖物。连接拖航合同是指两艘或多艘拖轮前后连续衔接，拖带一个或几个或一连串被拖物的拖航合同，又称相继拖航合同，在这种方式下，一艘拖轮提供动力经由另一艘拖轮并会同该拖轮之动力，一并加于被拖物，从而共同拖带被拖物航行。[①]

二、海上拖航合同的性质——与海上货物运输合同和海难救助合同的比较

当前关于海上拖航合同法律性质的争论主要集中在它的独立性上，即海上拖航合同是一种独立的合同还是从属于某一种合同类型如海上货物运输合同或海难救助合同。现代海商法理论一般认为，在海商法领域，海上拖航合同是一种独立的合同。它不同于海上货物运输合同，也不同于海难救助合同。但是，在理论上和实践中，海上拖航合同确实又与这两种海商合同有着密切的联系。

（一）海上拖航合同与海上货物运输合同的关系

海上拖航合同和海上货物运输合同的区别其实很明显，主要表现为（1）合同目的不同。海上拖航合同的目的是承拖方通过自己提供动力，拖带被拖物，完成被拖物的空间位移；而海上货物运输合同是由承运人将托运人的货物装载于船上并完成货物的空间位移。（2）合同标的物和行为方式不同。海上拖航合同的标的物是被拖物且不装载于拖轮之上，而是与拖轮用索具或其他特定装置连接；而海上货物运输合同的标的物是货物，而货物是装载于船

① 王玫黎等著，《海商法学》，武汉大学出版社 2010 年版，第 158 页。

舶上的。(3)合同义务内容不同。海上拖航合同的承拖方一般只负责提供拖带力,对被拖物及其上所载的货物的接受、装载、搬移、运送、保管、照料等环节不负责任;而海上货物运输合同的承运人不但要为货物运输提供动力,还要承担管货义务,即负责货物的装载、搬移、积载、运输、保管、照料、卸货等义务。

海上拖航合同与海上货物运输合同在实践中也是经常结合在一起的,联系也比较密切。

(1)二者都是由合同一方当事人通过海路使合同标的物发生空间位移,另一方当事人支付对价。在这一意义上看,海上拖航合同的性质与海上货物运输合同是相同的,具有海上运输合同的特定和表现,是海上运输合同的特殊形式。

(2)如果拖船所有人、经营人或者承租人拖带其自己所有、经营或承租的驳船,根据与货主订立的合同,在驳船上载运他人的货物,则驳船所有人、经营人或承租人与驳船上所载货物的货主之间是一种运输合同关系,而不是拖航关系。为此,《海商法》第 164 条规定,拖轮所有人拖带其所有的或经营的驳船载运货物,经海路由一港运至另一港的,视为海上货物运输。这种合同被称为拖驳运输合同。当拖船与被拖的驳船属于不同的人所有、经营或承租时,拖船所有人、经营人或承租人与驳船所有人、经营人或承租人之间属于拖航合同关系,而驳船所有人、经营人或承租人与驳船所载货物的所有人之间属于运输合同关系。

(二)海上拖航合同与海难救助合同的关系

与海难救助合同进行比较,主要是指海上雇佣救助合同,因为这种合同也属于海上服务性质的合同,与海上拖航合同具有很多相似之处,当然也有区别,也不能将二者简单地等同。

二者的相同之处有:(1)二者都是海上服务性质的合同,都是一方为另一方提供海上专业服务,另一方支付报酬的合同;(2)海上雇佣救助的表现形式常常包括海上拖航行为,通常救助方救助被救物体使之脱险之后,往往还要将被救物拖带到安全地点,所以说通常海上拖航行为都是海难救助行为的一种表现形式;(3)二者通常都是按拖船的功率和使用时间来计算报酬的。

二者的不同之处有:(1)目的不同。海上拖航合同的目的是拖航,使失去动力的被拖物完成空间位移;而海上雇佣救助合同的目的是为了救助处于危险之中的被救物,使之脱离危险并用拖带使之完成空间位移。(2)行为对象不同。海上拖航的对象是不处于危险之中的船舶或者其他物体;而海上雇佣救助的对象是处于危险之中的船舶或其他物体。

三、海上拖航合同的订立、变更与解除

(一)海上拖航合同的订立

海上拖航合同是双务有偿、诺成、要式合同。各国对合同形式的规定不同,基本上都可采用书面和口头两种形式。我国《海商法》第 156 条规定,海上拖航合同应当书面订立。书面形式除了合同文本外,还可以包括电报、电传、传真、往来信函等形式。在海上拖航实践中,很多国家的拖航企业都采用标准拖航合同格式,简化了拖航合同当事人之间的订立合同的程序,节约了订立合同的时间。而且很多大型公司的标准合同格式经过多年的实践检验,在内容和形式上已经非常成熟,也受到海运业者的信赖。代表性拖航合同格式有很多,如中国海洋工程服务有限公司拖航合同(承包)格式(代号为 CHINATOW)、中国拖航公司拖航合同(日租)格式、国际救助同盟、欧洲拖船所有人协会和波罗的海国际航运公会联合推荐的国际远洋拖航协议(日租)格式(代号为 TOWHIRE)和(承包)格式(代号为 TOWCON),还有日本航运交易所制定的拖航合同格式(代号为 NIPPONTOW)。

根据我国《海商法》第156条规定及海上拖航实践,海上拖航合同的主要内容包括:承拖方和被拖方的名称和住所、拖船和被拖物的名称和主要尺度、拖船马力、起拖地和目的地、起拖日期、解约日、拖航费及其支付方式,以及其他有关事项,包括拖轮的适航与适拖、安全港口的保证、留置权、绕航、救助、滞期和共同海损、对第三人的损害赔偿、港口费、免责、合同解除、法律适用等内容。

(二)海上拖航合同的变更

除承拖方和被拖方协商一致或者因法律规定的合同变更的其他一般情形外,我国《海商法》第159条规定了海上拖航合同变更的一种特殊情况,即"因不可抗力或者其他不能归责于双方的原因,致使被拖物不能拖至目的地的,除合同另有约定外,承拖方可以在目的地的临近地点或者拖船船长选定的安全港口或者锚泊地,将被拖物移交给被拖方或者其代理人,视为已经履行合同。"

(三)海上拖航合同的解除

除承拖方和被拖方协商一致解除合同外,海上拖航合同的解除主要有以下两种情形。

1. 因当事人一方违反合同而解除

如果承拖方未能在合同规定的解约日之前,在约定的地点提供约定的拖轮,并使之处于适航、适拖状态,被拖方有权解除合同。被拖方未能在合同规定的解约日之前,在约定的地点使被拖物处于适拖状态,承拖方有权解除合同。承拖方或者被拖方由其他违约行为,致使不能实现合同的目的时,根据法律的规定,如我国《合同法》第94条第4项的规定,另一方可以解除合同。违反合同的一方当事人对另一方当事人因此遭受的损失,除依法律或合同约定可以免责外,应负赔偿责任。

2. 非因双方当事人应负责的原因而解除

在拖航合同履行过程中,经常会出现一些当事人无法预见、无法控制也无法克服的原因导致合同无法继续履行下去,如战争、罢工、地震等事件,这时,法律规定,双方当事人都有权要求解除合同,因为这种情况下合同没有继续履行的必要,原则上双方也互不承担责任。

《海商法》第158条规定了起拖前发生合同无法继续履行的情况下导致合同解除的情形,即起拖前,因不可抗力或其他不能归责于双方的原因致使合同不能继续履行的,双方均可以解除合同,并互相不负赔偿责任。除合同另有约定外,拖航费已经支付的,则承拖方应当退还该拖航费给被拖方。

《海商法》第159条规定了起拖后合同解除的情形,即起拖后,因不可抗力或者其他不能归责于双方的原因致使合同不能履行或者不能继续履行时,双方均可以解除合同,并互相不负赔偿责任。但是,本条中没有规定拖航费的问题。158条规定起拖前解除合同可以返还已支付的拖航费。那么起拖后合同解除,如果合同中有关于拖航费返还的约定,按照合同约定来处理剩余的拖航费的归属;如果合同中没有关于如何处理拖航费的约定,一般不退还已收取的全部拖航费。[①]

① 王玫黎等著,《海商法学》,武汉大学出版社2010年版,第173页。

第二节　海上拖航合同当事人的主要权利和义务

一、承拖方的主要义务和权利

(一)承拖方的主要义务

1. 提供约定的拖轮并使之适航、适拖

根据《海商法》第157条第1款规定,承拖方在起拖前和起拖当时,应当谨慎处理,使拖船处于适航、适拖状态,包括具有足够的拖带力、能够抵御航次中通常出现的或者能合理预见的风险;妥善配备船员、装备拖船、配置拖船索具、配备供应品以及该航次所需的其他设备和装置。

2. 在约定的起拖日起拖

起拖日期是双方当事人协商后在海上拖航合同中明确约定的,承拖方应当严格遵守合同约定的起拖日起拖。实践中一般的做法是,根据海上拖航合同的规定,承拖方的拖船船长应当在合同约定的起拖日期之前的24小时以前向被拖方或其代理人递交"准备就绪通知书",告知被拖方按照约定地点交付准备就绪的被拖物,以便按时起拖,如果由于承拖方的原因未能在合同约定的起拖日期前做好拖航准备,或迟延起拖,或因拖船不适航、不适拖而无法起拖的,承拖方应承担违约责任。①

3. 负责拖航作业的指挥

在拖航实践中,一般情况下,除了拖船在港区内协助船舶靠离码头或其他作业外,海上拖航作业一般是由承拖方负责指挥的,包括负责拖船与被拖物之间的接拖和解拖以及保证拖航作业的安全。根据《海商法》第186条的规定,在拖航过程中,如果拖船与被拖物相脱离,拖船应守护被拖物,尽力重新接拖,救援被拖物,并且不得请求救助报酬,除非拖船的服务超出合同约定的范围。

合同通常约定,海上拖航中,当承拖方或拖船船长认为有必要寻求第三者进行救助时,被拖方应保证承拖方、其代理人或受雇人和拖船船长具有代理被拖方以合理的条件接收救助服务的权利。

4. 合理尽速,正当航行,不得进行不正当绕航

在履行拖航合同过程中,除了为救助或者企图救助海上人命或财产,以及为了拖航安全而避台风等合理情况外,承拖方应合理尽快地在合同约定的时间内,按照合同约定的或通常的或地理上的航线完成拖航作业,不得有不合理的绕航和延误。

5. 交付被拖物

根据《海商法》第160条的规定,一般情况下,承拖方完成拖航作业,应在合同约定的地点,按时将被拖物交付给被拖方。为此,承拖方应在将被拖物拖至目的地前,向被拖方或其代理人告知预计到达的时间,或在被拖物到达目的地后,向被拖方或其代理人发出交付通知,按照合同约定的条件交付被拖物。在特殊情况下,因不可抗力或其他不能归责于双方的原因致使被拖物不能拖至目的地的,除合同另有约定外,承拖方可以在目的地的临近地点或者拖轮船长选定的安全港口或锚泊地,将被拖物移交给被拖方或者其代理人,视为已经履行

---

① 贾林青著,《海商法》(第三版),中国人民大学出版社2008年版,第197~198页。

合同。

6. 承担拖轮营运费用

通常,作为拖航作业的主要承担者,承拖方要承担与拖航作业有关的各项费用,包括拖船船员的工资、伙食费用、拖船的燃料费、保险费、引航费、代理费、税收、港口费、运河通行费等与拖船营运有关的费用。

(二)承拖方的主要权利

1. 拖航费及其他约定费用的请求权

海上拖航合同是双务有偿合同,作为特征性履行行为的主要承担者,承拖方履行了合同约定的拖航义务之后,有权利向被拖方请求支付拖航费用以及其他一些约定的费用作为拖航作业的报酬。其他约定的费用主要包括未包括在拖航费内,按照约定应当由被拖方向承拖方支付的费用,如承拖方配备的被拖船上随船船员的费用、拖船的燃油和润滑油的费用以及拖船的滞期费、承拖方为被拖方垫付的款项等。

2. 对被拖物的留置权

根据《海商法》第 161 条,当被拖方不按约定支付拖航费、滞期费、承拖方为被拖方垫付的款项以及其他被拖方应向承拖方支付的费用时,承拖方可对处于其占有之下的被拖物进行留置。

3. 免责权

当承拖方在履行海上拖航合同义务的过程中,对被拖方造成的损失符合约定或法定的免责事由时,承拖方依据合同或法律的规定,享有免除赔偿责任的权利。例如《海商法》第 162 条规定,如承拖方证明,被拖方的损失是由下列原因造成时,承拖方可以免责:(1)拖船船长、船员、引航员或者承拖方的其他受雇人、代理人在驾驶拖船或者管理拖船中的过失;(2)拖船在海上救助或者企图救助人命或财产时的过失。

二、被拖方的主要义务和权利

(一)被拖方的主要义务

1. 提供被拖物并使之适拖

与承拖方承担提供拖轮并使之适航适拖的义务相对应,被拖方要履行提供适拖物的义务。这项义务是被拖方的首要义务。根据《海商法》第 157 条第 2 款规定,被拖方在起拖前和起拖当时,应当做好被拖物的拖航准备,谨慎处理,使被拖物处于适拖状态,并向承拖方如实说明被拖物的情况,提供有关检验机构签发的被拖物适合拖航的证书和有关文件。

2. 配合拖航,服从拖船船长的指挥

在拖航过程中,被拖物上被拖方的船员或其他人员应接受拖船船长的指挥,并给予拖船必要的配合,并应随时将被拖物的情况告知拖船船长。

3. 保证港口的安全

因为拖航是一种海上服务,承拖方是应被拖方要求来为其提供拖带业务的,因此,拖带过程中涉及的起拖港、中途港和目的港都是由被拖方来确定的,因此被拖方应保证这些港口的安全。实践中港口安全是指港口在地理意义上的安全和在政治意义上的安全,例如保证这些港口不论在任何潮汐情况下,拖船和被拖物都能安全进出和浮泊,保证这些港口没有战争、罢工、扣押等影响正常航行的情况。如果由于被拖方确定的港口不安全而导致承拖方损失的,被拖方应当承担违约责任。

4. 接受被拖物

被拖方在目的地接到承拖方发出的准备交付被拖物的通知后，应当及时接受被拖物。当承拖方因不可抗力或其他不能归责于其的原因致使被拖物不能拖至指定目的地而在临近目的地的地点或选定的安全港口或锚泊地点支付被拖物的，被拖方也应按约定履行及时接受被拖物的义务。如果被拖方违反此约定，应按合同约定的费率向承拖方支付拖船的滞期费或者其他额外赔偿费用，除非被拖方未及时接受被拖物是由于天气原因或其他可以免责的原因所致。

5. 支付拖航费及其他费用

被拖方应按合同约定的费率或者金额以及支付的时间、地点和方式，支付拖航费。这一义务也是被拖方履行双务合同的一个主要义务。除了拖航费以外，其他费用主要包括因被拖物而发生的港口费用、引航费、代理费、税款、运河通行费、保险费、第三方责任保险费以及与被拖物有关的其他费用，均应由被拖方支付。

(二)被拖方的主要权利——拖航请求权

在拖航合同履行过程中，被拖方的主要权利就是接受承拖方的拖带。被拖方签订海上拖航合同的目的就是要通过承拖方提供的拖航服务，实现被拖物的空间位移，这一空间位移行为是由承拖方来完成的，作为双务合同来讲，相对于承拖方的主要义务，这正是被拖方的主要权利。因此，被拖方有权要求承拖方按照约定的拖航条件，提供拖航服务，完成拖航作业，在约定的目的地交付被拖物。如果承拖方未能按照约定提供拖航服务，或因承拖方的原因而未完成拖航作业的，被拖方有权拒付拖航费，并要求承拖方承担违约责任。

三、海上拖航过程中的损害赔偿责任问题

在海上拖航过程中，经常会由于各种原因导致合同履行出现瑕疵，进而导致人身伤亡和损失。这些使合同无法正常履行的原因有不可抗力、自然灾害、意外事故等原因，也有当事人的过错，也有非拖航当事人的过错等原因。而且这些损害后果既有可能在承拖方与被拖方二者之间发生，也有可能涉及到二者以外的第三人。因此，海上拖航过程中涉及到的损害赔偿责任包括两大类：一是发生在承拖方与被拖方之间的损害赔偿责任；二是发生在承拖方、被拖方与第三人之间的损害赔偿责任，其中，前者是违约责任，后者是侵权责任。

(一)承拖方与被拖方之间的损害赔偿责任——违约责任

作为拖航合同的双方当事人，在履行合同过程中由于一方或双方的原因导致合同履行瑕疵，并导致了一方或双方的损失，有过错一方要根据合同约定承担损害赔偿的违约责任。

综观各国的拖航立法和实践，承拖方与被拖方之间承担损害赔偿责任的原则大致可归纳为三种：指挥原则、被拖方承担风险原则和过失原则。我国拖航立法和实践中采纳第三个原则即过失原则。

根据我国《海商法》第162条的规定，在海上拖航过程中，承拖方或者被拖方遭受的损失，由一方的过失造成的，有过失的一方应负赔偿责任；损害由双方过失造成时，双方按各自过失程度的比例负赔偿责任。但是，如承拖方证明，被拖方的损失是由下列原因造成时，承拖方可以免责：(1)拖船船长、船员、引航员或者承拖方的其他受雇人、代理人在驾驶拖船或者管理拖船中的过失；(2)拖船在海上救助或者企图救助人命或财产时的过失。但是，上述规定不是强制性的，仅在海上拖航合同没有约定或者没有不同约定时适用。

我国《海商法》在确定承拖方与被拖方之间的损害赔偿责任问题时，虽然采用过失原

则,即对于损害有过失才承担责任,没有过失不承担责任。但是第 162 条又规定了承拖方的免责事项,所以其实实质上我国法律实行的是不完全的过失责任。

(二)承拖方、被拖方与第三人之间的损害赔偿责任——侵权责任

与承拖方和被拖方在拖航过程中导致的损害赔偿责任不同,如果在拖航过程中,导致了第三人的损害,这种损害赔偿责任就不能在拖航合同范围内承担违约责任,而是要在侵权法上寻找赔偿依据了,也就是说,发生拖航过程中第三人的损害时,海上拖航合同的双方当事人要共同向受损害的第三人承担侵权责任。

关于海上拖航合同当事人对第三人的损害赔偿责任问题,各国立法、标准合同文本和司法实践均采用"将承拖方与被拖方视为一个整体"的原则,在拖航过程中造成第三人的人身伤亡或财产损失时,承拖方和被拖方要承担连带责任。这样做的目的是为了保护合同当事人之外的第三人的利益。因为,在海上拖航过程中,不论采用何种拖航方式,即无论采用旁拖、顶拖还是吊拖,承拖方与被拖方都是由索具或其他拖航设备连接在一起的,互相牵连,如果与第三人的船舶发生碰撞导致第三人的损害,第三人是很难分辨是承拖方船舶还是被拖方船舶的过失导致的碰撞损害。因此,各国司法实践中,通常情况下是将其二者视为一个整体,是一艘船,强调拖航中拖船和被拖物的不可分性,这样就保证了第三人的损失能得到赔偿,在确定与第三人的损害赔偿责任时,把承拖方和被拖方作为一方当事人,把第三人作为另一方当事人。当然,承拖方和被拖方之间的连带赔偿责任是对第三人而言的,这种外部连带责任并不排除在承拖方与被拖方内部,按照过失程度比例划分各自的责任。

我国《海商法》第 163 条规定:"在海上拖航过程中,由于承拖方或者被拖方的过失,造成第三人人身伤亡或者财产损失的,承拖方和被拖方对第三人负连带赔偿责任。除合同另有约定外,一方连带支付的赔偿超过其应当承担的比例的,对另一方有追偿权。"

第七章

船舶租用合同

第一节　船舶租用合同概述

船舶作为一种财产，可以为船舶所有人自己使用，通过承揽货物运输或其他经营业务，获取运费等收益；也可以出租给其他非所有人使用，获取租金收益。在实践中，由于不同地区对运力的需求不同，在航运企业之间经常通过船舶租赁来调配运力，从而使船舶能得到充分的利用。

一、船舶租用合同的概念

船舶租用合同是指船舶出租人向承租人提供约定的由出租人配备或不配备船员的船舶，由承租人在约定期间内按照约定用途使用，并支付约定租金的行为。在船舶租用关系中涉及两方当事人，即船舶出租人（Shipowner）和承租人（Charterer）。其中，船舶出租人可能是船舶所有人，也可能是得到船舶所有人授权而出租或转租的船舶经营人或承租人，但在租船合同中并不探究他们的真实身份，而是一概称为 Shipowner（船东、船舶所有人）。

二、船舶租用合同的分类

船舶租用主要可分两种情况，即定期租船（Time charter）和光船租赁（Bareboat charter）。二者最大的区别在于，定期租船所租用的船舶是配备船员的，而光船租赁则不配备船员，船员需由承租人自行雇佣。因此，在定期租船情况下，船员由出租人雇佣，出租人实际上仍保留对船舶的占有和控制，在司法实践中，一般视出租人为实际承运人。而光船租赁则是由承租人占有和控制船舶。

船舶租金一般按租用时间的长短和约定的租金率计算，租期长的可达三年，短的则可能是几个星期。

船舶租用涉及财产价值巨大，关系到双方当事人的切身利益，因此要求合同条款必须周全严密。为此，国际航运组织、货主组织等当事人团体拟订了各种格式合同，供当事人使用。出租人和承租人只需对格式合同中的条款按照双方需要进行变更、添加、删除即可，从而大大简化了谈判过程。

根据我国《海商法》第 12 条的规定，船舶租用合同，包括定期租船合同和光船租赁合同，均应当采用书面形式订立。

我国《海商法》中存在“船舶租用合同”专章，但根据其中第 127 条的规定，该章关于出租人和承租人之间权利义务的规定，仅在船舶租用合同没有约定或没有不同约定时适用。因此，《海商法》中有关船舶租用合同当事人权利、义务的规定均为任意性条款，并非强制适用,取决于当事人的约定。

第二节 定期租船合同

一、定期租船合同的概念与特点

定期租船合同,也称期租合同,根据《海商法》第129条,是指"船舶出租人向承租人提供约定的由出租人配备船员的船舶,由承租人在约定的期间内按照约定的用途使用,并支付租金的合同"。

定期租船合同的特点在于:

(1)出租人负责配备船长和船员,负责船舶的航行和内部管理,并承担船舶固定费用、船员工资、伙食以及船舶的维修保养、物料和供应品等。此处出租人仅指船舶所有人、经营人和光船承租人,定期承租人又通过定期租船合同将船舶转租的,该定期承租人(同时也是第二个合同的出租人)实际上并不承担以上义务,而仍由船舶所有人、经营人和光船承租人承担。

(2)承租人在租期内有权使用船舶,安排船舶营运,船长应听从承租人指示。船舶的燃油费、港口使用费、货物装卸费等营运费用由承租人承担。

(3)在租期内,如果合同没有限制性规定,承租人可以将船舶通过航次或定期租船方式转租,无须出租人同意,但应将转租情况及时通知出租人。

对于定期租船合同的性质,存在较多争议。有学者认为,财产租赁合同的法律特征之一是合同标的物的占有和使用权从出租人转移至承租人,但定期租船合同情况下,船舶在租期内仍由出租人通过其雇佣的船长、船员占有,由于占有权未转移,因此定期租船合同不是财产租赁合同。在绝大多数情况下,定期租船合同中主要是关于货物运输的规定,如载货能力、载货种类、出租人的货损责任、适航性等,从而它具有海上货物运输合同的特征。而更多学者则认为,定期租船合同具有财产租赁合同和海上货物运输合同的双重性质。

二、常用定期租船合同的格式

在国际航运市场上,有多种定期租船合同标准格式供当事人选择使用。目前,国际航运界常用的定期租船合同格式有:

(1)《统一定期租船合同》(*Uniform Time Charter*),租约代号"巴尔的摩"(BALTIME)。由成立于1905年的国际性的商业航运组织——波罗的海国际航运公会(简称BIMCO)于1909年制定,经过1911年、1912年、1920年、1939年、1950年、1974年和2001年的修订。目前经常使用的是2001年的格式。由于波罗的海国际航运公会是船东的组织,所以,其制定的该格式也较倾向维护船东(出租人)的利益。

(2)《定期租船合同》(*Time Charter*),租约代号"土产格式"(Produce form),常简称为"纽约土产(格式)"。由美国纽约土产交易所(简称NYPE)于1913年制定,后经过1921年、1931年、1946年、1981年和1993年的修订。目前适用的是经1993年修订后的格式。该合同格式比较公平地维护了出租人和承租人双方的权益,故为目前最为广泛的定期租船标准合同。但对双方权利义务的规定不如"巴尔的摩"格式明确。

除以上两种常用格式外,实践中还使用其他多种合同格式,如英国伦敦壳牌石油公司制定的液体货物定期租船合同(Shell time);中国租船公司于1980年制定的《定期租船合同》(*Time Charter Party*),该合同的租约代号为“中租1980”(SINOTIME 1980)。

三、定期租船合同的主要内容

《海商法》第130条规定:“定期租船合同的内容,主要包括出租人和承租人的名称、船名、船籍、船级、吨位、容积、船速、燃料消耗、航区、用途、租船期间、交船和还船的时间和地点以及条件、租金及其支付,以及其他有关事项。”

如上所述,在定期租船合同格式中,“纽约土产”是当前采用最为广泛的一种。下面就以“纽约土产”的主要内容为主线,并结合我国《海商法》的相关规定,介绍定期租船合同的主要内容。

(一)船舶说明(Description of vessel)

船舶说明记载有关船舶的细称情况,主要内容有:

(1)船舶名称。如果出租人提供的船舶不是租船合同中规定的船舶,即使是姐妹船,承租人也有权拒绝接受。

(2)船籍。船籍是船舶的国籍。租船人在选定所租的船舶时,船籍是一项考虑的重要因素,提供与租船人要求的国籍不同的船舶可能影响租船人对船舶的使用。

(3)船级。船舶如果不能达到约定的船级,承租人有权拒绝接受船舶。船级也有可能在订约以后发生变化,例如船级社要求老龄船退级,或转入其他的船级社等情况。

(4)吨位和容积。承租人通常是根据准备承运的货物来选择船舶的吨位和容积。吨位主要包括净登记吨、总登记吨、总载重吨。船舶的容积主要指船舶的总舱容。如船舶的吨位和容积达不到合同的约定,出租人就会面临承租人以削减租金等形式的索赔。

(5)航速和燃油消耗。在定期租船合同下,营运所需的燃料是由租船人负责的,租方希望所租船舶的耗油量较低,因而很关心有关耗油量的规定。如所耗燃油量超过了规定的耗量,租方可以向船方索赔。由于在船舶使用中加油是租方进行的,如油的质量不好,不但会增加燃油耗量,而且还会造成机器的损坏,船东为了保护自己,常常在租船合同中加入“燃油质量条款”。这样,如果船舶机器因油的质量低劣而受损,船方可以向租方索赔。航速如达不到合同的规定,即构成误述,租船人有权向船方提出索赔。

(6)有关船舶的其他描述。除上述事项以外,租船人要求的有关船舶的描述还包括船高、船舶的建造日期、船舶的船舱数、各舱的长宽高、舱内有无妨碍物、吊杆的外展程度等内容。各种特殊的要求主要是为了适应不同货物或运往不同地区的特定要求。

(二)交船(Delivery of vessel)

交船指出租人将处于适航状态的船舶,在租船合同中规定的期间、地点,交给租船人使用的行为。出租人应在租船合同中规定的期间内将船舶交给租船人使用,否则租船人有解除合同的权利。交船上的纠纷主要表现在交船时的船舶状态、交船的时间及交船的地点等几个方面。

(1)交船时的船舶状态。依租船合同,船方将船舶交付租船方时,船舶的状态应符合租船合同的规定,否则租方可以不接受该船。由此而引起的时间损失由船方承担。交船时船舶的状态一般需满足下列条件:

①船舶在各方面应适于预定航次。

②货舱已准备就绪。在对货舱的要求上,一般认为除非合同另有特别的要求,货舱应该

适于装载一般的货物和合法货物。

③船上所剩燃油的数量应符合合同的约定。

我国《海商法》132 条规定,出租人交付船舶时,应谨慎处理,使船舶适航,适于约定的用途。否则承租人有权解除合同,并有权就由此引发的损失索赔。

(2)交船的时间。“纽约土产”增加了预计交船日期的通知的规定。依该规定,出租人在约定日期之前应向承租人发出预计交船日期的通知,以便于承租人联系泊位及办理其他事宜。如出租人发出通知有误并影响了承租人对船舶的及时使用,有可能导致承租人提出损害索赔。另外,“纽约土产”对此还增加了有关延期解约的规定:当出租人未能在合同约定的交船期的最后一日(解约日)将符合约定的船舶交与承租人时,可以向承租人发出关于船舶不能如期到达的通知,并要求承租人在一定时间内宣布是否解除合同。

我国《海商法》第 131 条也对延迟交船进行了规定,依该条的规定,出租人应按合同约定的时间交船。出租人违反上述规定的,承租人有权解除合同。在出租人将船舶延误情况和船舶预期抵达交船港的日期通知承租人后,承租人应自接到通知时起 48 小时内,将解除合同或继续租用船舶的决定通知出租人。因出租人过失延误提供船舶致使承租人遭受损失的,出租人应负赔偿责任。依该规定,船方不能在解约日前抵达实际上有两种情况,当出租人没有过失时,例如出租人由于不可抗力而延误,租船人可以解除合同,但不能要求损害赔偿;当出租人有过失时,承租人既可以解除合同,又可以提出损害赔偿。

(3)交船的地点。交船地点一般指约定的某一港口或港口中的某一地点。约定地点为复数时,由承租人于交船前进行选择。合同规定的交船地点不明确或双方对交船的地点的理解不同,均可能导致双方的争议。关于交船地点,通常有以下几种表述方法:

①在指定港口的港区交船。港区的概念在定期租船中并不像航次租船中对港区的解释那样严格,因为定期租船合同中规定“到达港区”是为了将船交给租船人供其使用,而航次租船“到达港区”是为了确定装卸时间的开始。

②在安全泊位交船。这样规定对租方比较有利,因为船舶需到达指定泊位才能交船。有些港口比较拥挤,而租方又坚持要在该港口交船,此时船方有时可能需要在港外等待数天才能靠泊。船方为了避免因不能靠泊而造成自己的时间损失,可以在泊位前加上“可靠泊的”的字样,以便将不能及时靠泊的时间损失转嫁给租船人。在交船的泊位前加上“可靠泊的”的字样后,租方就有责任安排一个“可靠泊的”泊位交船。

③到达领航站交船(on Arrival Pilot Station,简称 APS)。到达领航站交船对船方比较有利,因为,领航站通常都在外港,外港一般离港区还有一段距离。但是,有的港口没有领航站,租方在订明交船地点为领航站交船时就要特别注意。

④领航员登船交船(on Taking Inward Pilot,简称 TIP)。该种交船与上一种的区别在于,只要领航员由于种种原因不能登船,船舶就不算交到租船人手中。领航员不能登船可能是由于天气原因、人为的原因或由于港口拥挤等原因。实际上以往的案例在判领航员登船交船的案子时,并不是机械地只看领航员是否登船这一简单的事实,是将领航员不能登船这一事实与造成领航员不能登船的原因结合在一起认定的。

(三)租期(Period of hire)

租期是租船人使用船舶的期限。定期租船情况下,租期通常用日、月或年来表示。由于租期届满很难与租船人安排的最后航次的结束时间相吻合,常常会出现“超期”还船的现象。因此在合同中一般还规定有“宽限期”。

（四）航行区域与安全港（Trading limit and safe ports）

由于此项条款涉及承租人对船长的指示以及指示不当所造成的对出租人的赔偿问题，故又称“租船人指示条款”或“受雇及赔偿条款”。一般来讲，租船人的指示只能是在合同规定的范围内发出的与船舶营运有关的指示。

我国《海商法》第134条规定，承租人应保证船舶在约定航区内的安全港口或地点从事约定的海上运输，否则，出租人有权解除合同，并有权就因此遭受的损失索赔。同时，《海商法》第136条亦规定，承租人有权就船舶的营运向船长发出指示，但是不得违反定期租船合同的约定。

（五）运送合法货物（Cargo）

定期租船合同中规定可以装运的货物被称为合法货物。不准装运的货物又称除外货物，通常由双方在合同中列明除外。对于租船人要求装运除外货物的命令，船长可以拒绝。我国《海商法》第135条规定，承租人应保证船舶用于运输约定的合法货物，如承租人将船舶用于运输活动物或危险货物的，应事先征得出租人的同意，否则承租人应对违反上述规定而使出租人遭受的损失负责。

（六）租金与撤船（Payment of hire and withdraw of vessel）

1993“纽约土产”第10条规定，已订明租金可按日或按月结算，由双方选择一种计算方式。如果合同没作出选择的话，应按日历月结算。如最后一期租金不足一个月，则以每日结算租金。

租船人须准时、如数支付租金，“纽约土产”要求租方应半个月“预付”一次，如果租方不能准时支付租金，则出租人有权撤回船舶。实践中，租船人为了避免出租人以未准时付租为由随便撤船，常在合同中附加“反技术条款”，约定出租人在撤船前应向租船人发出在一定期间内（例如96小时）予以弥补的通知，这一期间又被称为“警告期”，在该期间内租船人仍未付租，出租人才可以撤船。1993“纽约土产”第11条(b)款将该实践纳入了条文，规定当由于租船人或其银行的过失或疏忽而未能准时支付租金时，船舶所有人应给租船人一个宽限期间。

我国《海商法》第140条规定，承租人未按合同约定支付租金的，出租人有权解除合同，并有权要求赔偿因此遭受的损失。这里的解除合同实际上就是撤船。

（七）留置权（Lien）

“纽约土产”第18条规定：“船舶所有人为了得到本租船合同规定应付的任何款项，包括共同海损分摊，对所有货物和所有转租船舶的运费享有留置权。”这里的“货物”为所有的货物，也包括了非承租人的货物，因而常常受到批评。我国《海商法》第141条规定的可留置的货物仅限于属于承租人的货物。此外，我国《海商法》还允许留置属于承租人的财产和转租收入。属于承租人的财产在这里主要指属于承租人的燃油，因为在定期租船下，燃油是由承租人负责的。此种留置只有在船舶所有人撤船时才会发生。转租收入是指当租船人将船转租时所取得的租金或运费收入。此种留置权是通过对租船人、托运人、收货人发出通知来行使的。通知要求上述人将需留置的运费付给船舶所有人。一般来说这些人是会将运费付给船舶所有人的，否则，他可能面临再付一次运费的危险。

（八）停租（Off - hire）

停租条款是指在租期内，非因承租人的原因使其不能依合同使用船舶的，对此期间承租人不付租金的约定。

可以停付租金的事项由双方协商决定,通常包括的事项有:(1)船体、机器及设备的故障或损坏。(2)因碰撞、搁浅等海损事故而引起的延滞。这里的延滞必须是海损事故的直接后果。(3)船员或物料不足,等待补充船长或船员或物料的期间。(4)船舶入坞修理。(5)其他事项。

关于停租,我国《海商法》第133条规定:"船舶在租期内不符合约定的适航状态或者其他状态,出租人应当采取可能采取的合理措施,使之尽快恢复。船舶不符合约定的适航状态或者其他状态而不能正常营运连续满24小时的,对因此而损失的营运时间,承租人不付租金,但是上述状态是由承租人造成的除外。"该规定只在合同对停租没有约定时适用。

(九)转租(Sublet)

转租条款是定期租船合同中规定租船人在合同期间可以将船舶转租他人的条款。在当今的租船业务中,转租的情况是很普遍的。例如,租船人完成了一个航次,为了避免浪费一个空放航次,就可能将船转租出去。租船人可将船舶按期租形式转租,也可按程租形式转租。租船人对于次租船人来说是"二船东",次租船人在索赔时只能向二船东提出,二船东是否能向原船东提出同样的索赔与他无关。因此,租船人在将船舶转租出去时应特别注意转租合同与原合同的一致性。

我国《海商法》第137条对转租进行了规定,依该规定,承租人可以将租用的船舶转租,但是应当将转租情况及时通知出租人。租用的船舶转租后,原租船合同约定的权利和义务不受影响。

(十)还船

租船人应于租期届满后,将船舶以良好状态交还出租人。"良好状态"指除自然损耗以外的与交船时基本相同的良好状态。为了比较交船与还船时的船舶状况,双方会在交船时进行一次交船检验,到还船时再进行一次还船检验。我国《海商法》第142条的规定,船舶未能保持与交船时相同的良好状态的,承租人应当负责修复或给予赔偿。

如果延期还船,还涉及到最后航次的合法与非法之分,它们分别具有不同的法律后果。

关于最后航次,我国《海商法》第143条进行了规定,依该条的规定,承租人经合理计算有权超期还船,以完成最后航次。这里的"合理计算"即要求最后航次为合法航次。对于超期期间的租金,该条规定,承租人应当按合同约定的租金率支付租金;但市场的租金率高于合同约定的租金率的,承租人应按市场租金率支付租金。

有时在租期还未届满,所余下的租期又不长,租方很难找到一笔符合最后航次的货物运输时,租方就会提早还船。此时,船方应当接受还船。因为与租方相比,船方有更多的机会来减少损失。因此,减少这种损失的责任一般是在船方的,当然,船方可以向租方索赔由于提早还船而造成的损失。

第三节 光船租赁合同

一、光船租赁合同的概念和特点

光船租赁合同,又称为光船租船合同或光租合同,我国《海商法》第六章第三节对光船租赁合同进行了专门规定。根据我国《海商法》第144条的规定:"光船租赁合同,是指船舶出租人向承租人提供不配备船员的船舶,在约定的期间内由承租人占有、使用和营运,并向出租人支付租金的合同。"

光船租赁合同的特点是：

(1)船长和船员由承租人配备，船舶由承租人占有和经营。船舶占有权由出租人转至承租人是光船租赁合同与定期租船合同最大的不同，在合同租期内，占有权和使用权由承租人行使，而出租人仅保留最终的处分权。

(2)由于出租人失去对船舶的占有，因此在租期内，未经出租人书面同意，承租人不得转让合同的权利和义务或者以光船租赁的方式将船舶进行转租。

(3)承租人根据光船租赁合同取得的光船租赁权具有物权性。根据我国《船舶登记条例》第6条规定，光船租赁权的设定、转移和消灭应向船舶登记机关登记；未经登记的，不得对抗第三人。在登记后，承租人的光船租赁权即取得对世效力，可排斥和对抗第三人的权利。

基于以上特点，光船租赁合同在性质上应是一种较典型的财产租赁合同，其创设的光船租赁权属于一种用益物权。

二、常用光船租赁合同的格式

目前在国际航运领域使用最广泛的光船租赁合同格式是波罗的海国际航运公会于1974年制定的《标准光船租赁合同》(*Standard Bareboat Charter*)，租约代号“贝尔康”(BARECON)，经过1989年和2001年两次修订。2001“贝尔康”，共有五部分，其中第一、二部分是合同基本条款，第三部分是关于新造船舶的专门规定，仅适用于通过抵押贷款进行建造的新船光船租赁，第四部分是关于光船租购的附加规定，第五部分是关于光船租赁合同登记的附加条款。

三、光船租赁合同的主要内容

光船租赁与定期租船的区别主要在于船舶占有问题，故而在合同条款上有许多相同或相近之处。我国《海商法》第145条规定：“光船租赁合同的内容，主要包括出租人和承租人的名称、船名、船籍、船级、吨位、容积、航区、用途、租船期间、交船和还船的时间和地点以及条件、船舶检验、船舶的保养维修、租金及其支付、船舶保险、合同解除的时间和条件，以及其他有关事项。”

由于出租人不负责配备船员，也不承担相应的项目和费用，因此光船租赁合同的内容比定期租船合同要简单。有关交船、还船、航行区域与安全港口、货物、租金、留置权、仲裁等条款内容与定期租船合同基本相同，而运输单证、承租人使用和赔偿条款由于船长由承租人雇佣，一般不会出现提单持有人向出租人索赔的情况，因此条款实际作用有限。光船租赁合同的特殊性主要体现在船舶的使用和维护、保险、出租人检查权利、船舶抵押、转租等方面。

(一)交船

《海商法》第146条规定，出租人应当在合同约定的港口或者地点，按照合同约定的时间，向承租人交付船舶以及船舶证书。交船时，出租人应当做到谨慎处理，使船舶适航。交付的船舶应当适于合同约定的用途。否则，承租人有权解除合同，并有权要求赔偿因此遭受的损失。有的合同还约定，在交船之前，承租人应向出租人提供由银行或第三人出具的保函，作为承租人履约的担保。

(二)船舶的维护

《海商法》第147条规定：“在光船租赁期间，承租人负责船舶的保养、维修。”具体而言，承租人的维护义务包括,租期内保持船舶及其设备处于良好状态,保持船级和船舶证书的有效性,对于船舶发生的损坏情况及时采取措施进行修复。如果承租人不履行其维护义务,出租人有权撤回船舶,解除合同,并请求损害赔偿。

(三)出租人的检查权利

在租期内出租人有权随时检查船舶状况,以确定承租人是否对船舶进行了适当的保养和维修。检查范围还包括各种船舶日志,出租人有权了解船舶使用情况以及船舶发生海损事故的情况。

(四)船舶保险

光船租赁合同一般规定,承租人应在租期内负责船舶保险并支付保险费。我国《海商法》第148条规定:"在光船租赁期间,承租人应当按照合同约定的船舶价值,以出租人同意的保险方式为船舶进行保险,并负担保险费用。"保险不仅包括船舶险、战争险等保险公司承保险种,还应包括保赔险。如果承租人不按照约定投保,出租人可行使撤船权利和索赔权利。对于承保范围内的船舶修理事宜,一般约定由承租人处理,并向保险人索赔。但对于船舶因承保风险导致的实际全损或推定全损,由于出租人是船舶所有人,因此保险赔偿应支付给出租人,然后再由出租人和承租人按照利益受损程度进行分配。

(五)船舶抵押

光船租赁合同一般规定,未经承租人书面同意,出租人不得在租期内将船舶抵押。我国《海商法》第151条也作了同样规定。这是因为在光船租赁情况下,船舶所有权和经营权分离,船舶抵押可能会影响到承租人的经营权利。如果出租人违反约定,承租人有权解除合同并请求赔偿。

(六)转租

光船租赁合同规定,在租期内,未经出租人书面同意,承租人不得转让合同的权利和义务或者以光船租赁的方式将船舶进行转租,以防止转租承租人经营管理船舶能力欠缺,影响到出租人利益,这与我国《海商法》第150条规定相同。但承租人仍可将船舶通过航次或定期租船方式转租。

(七)出租人利益的保护

光船租赁合同一般规定,承租人在租期内不得因为对船舶的占有、使用和经营而使出租人利益受到影响。例如因承租人债务导致船舶被扣押,承租人应及时提供担保或采取其他措施解除扣押,给出租人造成损失的,承租人应负责赔偿。

(八)承租人利益的保护

在租期内,由于出租人与第三人之间的船舶所有权争议或出租人所负债务致使船舶被扣押的,出租人应及时提供担保或采取其他措施解除扣押,给承租人造成损失的,出租人应负责赔偿。

第四节　光船租购合同

一、光船租购合同的概念及性质

光船租购是在光船租赁的基础上发展起来的一种船舶租用形式。在光船租购合同约定的期间内,承租人向出租人定期支付租金,当出租人收回融资成本并获得约定回报后,船舶所有权即转归承租人。由于承租人支付的租金包括船舶价款,因此其数额远高于一般的光船租赁租金。光船租购合同具有财产租赁的形式和买卖的实质,因此一般认为它具有财产租赁合同和买卖合同的双重性质。

二、光船租购合同的特别规定

光船租购合同一般是通过在光船租赁合同中订立租购条款形成的,如前述"贝尔康"格式的第四部分即关于光船租购的条款。光船租购条款中的特殊规定主要包括:

(1)船舶所有权与风险的转移。如果承租人在租期届满时履行了合同义务支付了全部租金,则船舶及其附属财产的所有权转移至承租人。我国《海商法》第154条规定:"订有租购条款的光船租赁合同,承租人按照合同约定向出租人付清租购费时,船舶所有权即归于承租人。"在承租人付清租购费之前,船舶风险由出租人承担,而在承租人付清租购费之后,由于所有权即发生转移,风险亦转由承租人承担。

(2)船舶无债务担保。出租人应保证在船舶所有权转归承租人时,船舶上不存在由船舶优先权或其他担保物权担保的债务,除非该债务系由于承租人原因产生或承租人已经知晓。

(3)税费承担。承租人应承担船舶买卖的税款、船舶所有权、国籍重新登记的费用,而出租人承担注销原登记的费用。

第八章

海难救助

第一节　海难救助概述

一、海难救助的概念

海难救助又称海上救助，是指在海上或与海相通的可航水域，对遇险的船舶和其他财产实施的救助行为。

我国《海商法》第九章专章规定了海难救助法律制度，其中第171条规定："本章规定适用于在海上或者与海相通的可航水域，对遇险的船舶和其他财产进行的救助。"我国《海商法》意义上的海难救助是指没有救助义务的外来力量在海上或与海相通的可航水域对遇险船舶、货物和人命实施的救助。实施救助的外来力量可以是专业从事救助工作的救助公司，也可以是过往的和邻近的其他船舶。

广义的救助，也包括对海上人命的救助，但在不严重危及船舶和船上人员安全的情况下，船舶救助海上人命及履行法定义务的行为，不产生报酬请求权，只是在救助船舶和其他财产的同时救助了人命的情况下，人命救助才可以分享救助报酬中的合理份额。因此，救助海上人命是一种道义行为，原则上是无偿救助，救助人没有救助报酬请求权，救助人命在性质上不属于典型的商行为，①与在海上对遇险财产的救助不同。狭义的海难救助只指对海上遇险财产的救助，是可以产生救助报酬请求权的商行为，是受各国海商立法中的救助法律和国际救助公约调整的。而人命救助多由统一的国际公约如《1974年国际海上人命安全公约》《1979年海上搜寻救助公约》来调整。

在大陆法系，海难救助往往有救助和救捞之分。救助是指当船舶或其他财产尚在原占有人的控制之下而由第三方前来救援使其脱离危险的行为；而救捞是指船舶或其他财产已经脱离原占有人的控制，行将沉没或漂流，而由第三方实施救援使其脱离危险的行为。二者只是形式上、程度上的差异，并无实质上的不同。这种划分在海商法上不具有实质的法律意义，因此英美法系国家不作这种划分，我国也不作这种划分，国际救助公约也把二者统一处理，统称海难救助。

海难救助是海商法特有的一项古老的法律制度，这一法律制度的巨大社会价值，很早就为人们所认识。最早可以追溯到罗马万民法，在古希腊和腓尼基人的法律中，曾多次出现零散的海上救助法例。罗德法中曾有这样的规定："为了救助一艘船舶而需要支付费用，这些

---

① 韦经建编著，《海商法》，吉林人民出版社1996年版，第292～293页。

费用应以船的整体来负责。”①这里所称的费用,就应包括救助报酬,体现了限定救助报酬范围的思想。现代意义上的海难救助立法,是在中世纪首先从欧洲开始的。② 当时的海事习惯法已经规定应将被救船舶和财产分成三份,救助人取得一份,被公认为海难救助制度的萌芽。法国路易十四1681年颁布的《海事条例》则开始以国家立法的形式,规范和调整海难救助活动,并被《法国商法典》所完善。此后,欧洲各国纷纷效仿法国,将海难救助和救助报酬制度列入其商法典中。当然,早期的海难救助大多属于救助人自愿提供的纯救助,并非现在普遍采用的合同救助形式。19世纪后期,出现了专业的海上救助公司,用救助合同确定了救助方和被救方之间的权利和义务关系,逐步确立了“无效果,无报酬”原则。同时,各救助公司和民间组织所指定的标准救助合同格式在海难救助中被广泛使用。伴随着各国海商法的发展,海难救助立法也逐渐规范化,但是各国立法逐渐出现冲突现象,因此,20世纪初开始,国际社会开始统一海难救助立法的工作,相继出现了数个有关海难救助的国际公约,使海难救助立法逐步实现了国际统一。

海难救助作为一项法律制度,应基于公平原则,合理配置救助法律关系当事人的权利和义务,有效地鼓励人们积极参与海难救助,并进而促进航海事业的发展。

二、海难救助的种类

海难救助是从纯救助开始的,后来发展成为合同救助。③

(一)纯救助

纯救助是指船舶遇险后,未经订立救助合同,救助方自行实施的救助。如果救助取得效果,救助方就有权取得救助报酬,否则就无权获得救助报酬,即纯救助奉行“无效果,无报酬”原则。古代的救助就采用纯救助的形式,海上救助是从纯救助发展而来的。但因为这种救助方式不签订救助合同,常常引发当事人之间在救助报酬是否可以获得或者数额方面的争议,现在已经很少采用这种救助形式了。但是,由纯救助而产生的“无效果,无报酬”原则却在当下的海难救助中流传下来,被许多海难救助格式合同奉为救助行为的基本原则,作为救助方救助之后能否获得救助报酬请求权的依据。

(二)合同救助

与纯救助不同,合同救助是指救助方依据海难救助合同而实施的救助。在合同救助场合,救助合同对当事人的权利义务规定明确,只要公平合理,一般都能得到当事人的自觉履行,较少发生争议。所以可以说,与纯救助相比,合同救助是海难救助的高级形式,已为现代海难救助实践所广泛采用。从传统海商法意义上来说,合同救助主要有两种形式:“无效果,无报酬”救助合同和实际费用救助合同。

1.“无效果,无报酬”救助合同

所谓“无效果,无报酬”救助合同,是指以“无效果,无报酬”为原则的救助协议进行的救助,这是当前海上救助中最普遍应用的救助形式,也是大多数国家海商立法主要调整的救助形式。“无效果,无报酬”原则是海难救助中最古老和最重要的法则,当前各国普遍采用的

---

① 司玉琢主编,《海商法》(第二版),法律出版社2007年版,第281页。

② 韦经建编著,《海商法》,吉林人民出版社1996年版,第294页;司玉琢主编,《海商法》(第二版),法律出版社2007年版,第281页。

③ 司玉琢主编,《海商法》(第二版),法律出版社2007年版,第281页。

标准救助合同格式中,大都印有"无效果,无报酬"的字样。《1910 年救助公约》正式确认了这一原则。这一原则同样也适用于口头救助合同中,只要当事人双方达成协议。

当前世界上最著名的海难救助标准合同格式是英国劳合社制定的"劳氏救助标准合同格式",该合同格式以"无效果,无报酬"原则作为约束救助方和被救方之间权利义务的条件。中国海事仲裁委员会的格式救助合同与劳氏救助合同格式没有什么原则上的差异,也采用"无效果,无报酬"原则。

2. 实际费用救助合同

实际费用救助合同,也称为雇佣救助合同,是指以救助作业实际所花的费用、时间和努力程度为依据计算救助报酬的救助合同。实际费用救助合同中,救助方能否获取救助报酬不以救助是否取得效果为必要前提,救助作业即使未取得任何效果,救助方也有权获得约定的报酬。实际费用救助合同的指挥权往往在被救方,而"无效果,无报酬"救助合同的指挥权在救助方。与"无效果,无报酬"合同相比,雇佣救助的救助方所承担的风险较小,救助费用也相对较低。实际上,就实际费用救助合同的性质而言,其更多地体现为海上雇佣劳务合同的性质,因此有学者认为不应将其列为海难救助的范畴,而应将其划归为海上服务合同更合适。[①] 但是我们之所以将实际费用救助合同列入海难救助合同的范畴,主要是从表现形式上看,不管是雇佣救助,还是以"无效果,无报酬"原则为依据的合同救助,救助方实施的都是使被救方脱离危险的救助行为,采用的救助方式也大致相同,都是要采用拖带、打捞、起浮脱浅、援助等方式,即使该合同不采用救助效果来作为救助方是否能获得救助报酬的标准,但是被雇佣进行救助的救助方仍然实施的是使遇险船脱险的救助行为。而且我国《海商法》关于海难救助的规定中也并未明确将雇佣救助排除在海难救助合同之外,除了"无效果,无报酬"原则和特别补偿条款不适应于雇佣救助外,《海商法》第九章中的其他条款均应适用于雇佣救助。[②]

三、海难救助的性质之争论

海难救助的法律性质是指作为一种法律行为,海难救助在商法调整的各种法律行为中的属性。在海商法领域,海难救助是发生在救助方和被救助方之间的法律关系,这种法律关系的性质在理论界众说纷纭。由于海难救助可以分为纯救助和合同救助,关于合同救助的性质没有争议,属于合同行为;但是关于纯救助的法律性质,学者们有不同的观点,主要有无因管理说、准契约说、不当得利说、特殊事件说等四种。其中,无因管理说获得普遍认同。但是海难救助的无因管理与民法中的无因管理不同。民法中的无因管理不存在报酬请求权,财产所有人有义务向无因管理人支付必要的管理费用或因管理事务而遭受的财产损失;而海难救助的无因管理一旦取得效果,就可能取得报酬请求权。海难救助法律关系的性质之所以找不到恰当的法学理论予以解释,原因在于海难救助的法律制度来自于实践,不是基于某种理论。[③]

关于合同救助的法律性质是合同行为虽然争议不大,但是从前述合同救助的分类来看,

① 持此观点的学者很多,参见韦经建编著,《海商法》,吉林人民出版社 1996 年版,第 308 页;司玉琢主编,《海商法》(第二版),法律出版社 2007 年版,第 283 页;王玫黎等著,《海商法学》,武汉大学出版社 2010 年版,第 202 页等。

② 司玉琢主编,《海商法》,中国人民大学出版社 2008 年版,第 257~258 页。

③ 司玉琢主编,《海商法》(第二版),法律出版社 2007 年版,第 281 页。

合同救助包括“无效果，无报酬”合同和实际费用合同(或称为雇佣救助合同)两类，不同类型的合同救助具有不同的法律属性。我们认为，“无效果，无报酬”救助合同本质上属于射幸合同；实际费用救助合同本质上属于海上服务合同。①

第二节　海难救助的成立要件

实施海难救助并获得救助报酬，必须符合一定的条件，根据我国《海商法》和其他有关法律规定，海难救助必须具备以下几个成立要件。

一、救助标的必须符合法律规定

首先要明确的是，海难救助的标的是物，不包括单纯对人命的救助，因为单纯的人命救助在国际法上属于道义义务，无救助报酬请求权，只有当救助财产的同时也救助了人命才可以从救助财产的报酬中适当分得相应的救助人命的报酬；另外，并非针对所有遇险财产的救助，都可以产生救助报酬请求权，只有针对符合法律规定的遇险财产实施的救助作业，才能构成有效的海难救助。因此，成为海难救助客体的被救物必须是法律所认可的船舶和其他财产，如我国《海商法》第 171 条规定的有效的海难救助行为的客体只能是“遇险船舶和其他财产”。其中船舶不包括用于军事或政府公务的船艇；其他财产是指包括有风险的运费在内的非永久地和非有意地依附于岸线的任何财产。《海商法》第 172 条规定，海难救助中的船舶是指本法第三条所称的船舶和与其发生救助关系的任何其他非用于军事的或者政府公务的船舶。即救助客体排除了军事或政府公务船艇。《1910 年救助公约》规定的救助标的是“海船、船上财产和客货运费”，而且“不适用于军舰和政府公务船”；《1967 年救助公约》在《1910 年救助公约》的基础上，将军舰和政府公务船确认为救助标的；《1989 年国际救助公约》将救助标的的范围继续扩大，包括“船舶或非永久性和非有意地依附于岸线的任何财产，包括有风险的运费”，但排除了军舰和政府公务船的适用。另外《海商法》第 173 条以及《1989 年国际救助公约》还排除了海上已经就位的从事海底矿物资源的勘探、开发或者生产的固定式、浮动式平台和移动式近海钻井装置。

二、救助标的必须处于危险之中

海上危险的存在是救助行为得以产生的前提条件，危险程度对于救助报酬的确定具有重要的法律意义。但是对于何种危险可以构成产生海难救助的危险，国际公约没有统一规定，我国《海商法》也没有明确规定。一般认为，要理解海上危险，应从以下几方面来看：

(1)危险必须发生在海上或与海相通的可航水域。我国《海商法》第 171 条明确规定了海商法意义上的海难救助适用于在海上或与海相通的可航水域对遇险船舶和其他财产进行的救助。《1989 年国际救助公约》也有类似的规定，即救助作业是指在可航水域或任何其他水域发生的为救助处于危险中的船舶或任何其他财产而采取的行为或活动。这样的规定就限定了海难救助关系发生的地域范围，即海难救助中的危险必须是发生在海上或与其他海

① 更多的关于海难救助的法律性质的不同观点，参见韦经建编著，《海商法》，吉林人民出版社 1996 年版，第 299 页；贾林青著，《海商法》，中国人民大学出版社 2008 年版，第 234 页；司玉琢主编，《海商法》(第二版)，法律出版社 2007 年版，第 281 页；王玫黎等著，《海商法学》，武汉大学出版社 2010 年版，第 201 页等。

相通的可航水域，发生在岸上、修理厂等地的危险不属于海难救助关系中的危险。

（2）危险必须是真正的。救助标的只有面临可能造成毁损或灭失的真正危险，才有对其进行救助的必要，主观臆断的或已经过去的或仅仅存在发生危险的可能性的危险，都不是真正存在的危险。一般认为真正存在的危险必须是真实存在的危险和虽未发生但其发生不可避免的危险。另外，海难救助中的危险虽然要求是真正的危险，但不需考虑危险的大小，只要存在真实的危险且该危险对救助标的造成威胁或损害，有救助的必要，就成立海难救助中的危险。当然，危险程度的大小在确定救助报酬时是应当考虑的一个主要因素。

（3）危险要件不考虑起因，不要求对船货必须是共同的。海难救助的危险范围很大，既包括海上发生的自然灾害、以外事故，也包括救助标的的潜在缺陷所导致的危险，有时危险甚至是由被救方的过失或故意造成的危险，但这些都不会影响海难救助法律关系的成立，也不影响救助方请求救助报酬的权利。但是，一方先行行为使另一方财产处于危险境地，然后进行救助是个例外。[①] 另外，还应明确的是，与共同海损所要求的危险不同，海难救助不要求危险对船货是共同的，只要有危险存在，不论威胁船舶还是货物或者是二者共同面临的危险，都能构成海难救助中的危险。

三、救助必须是救助方非履行义务的自愿行为

自愿原则历来是海难救助法律关系中的重要原则。在海难救助中，自愿救助是指救助方或被救助方在发生救助法律关系时，其作为或不作为完全出于自愿，完全取决于其自由意志，不受外界的束缚。而且，这种自愿是双方的自愿，即救助方有权选择是否实施救助，而被救助方也有权选择是否接受救助。因为，不管在海商法理论上还是海事实践中，救助方并不是负有义务而进行救助的，其对救助标的实施救助完全出于自愿，如果不予救助也不承担任何法律责任。当然，如果救助方对被救方的救助是由于其具有法律约束的义务，则救助方就要履行其救助义务，有时也无法请求报酬，例如对人命的救助、碰撞后当事船船长的救助、遇难船船长和船员对本船的救助、引航员在履行其职责范围内的救助等。

广义的自愿原则还包括被救助方拥有选择是否接受救助的权利，体现为被救助方既有请求救助的权利，还有拒绝接受救助的权利。此项权利可以在救助作业开始前或开始后的任何时间行使，但是为了防止因被救助方行使该权利给救助方或第三人带来不公正的效果，法律往往要求被救助方拒绝接受救助的意思表示必须要明确而合理。如《海商法》第 182 条第 2 款规定，不顾遇险船的船长、船舶所有人或者其他财产所有人明确的和合理的拒绝，仍然进行救助的，无权获得救助款项。因此，在实践中，如果被救助方没有明确而合理的拒绝救助，就视为其默示接受救助，即使未签订救助合同，一旦救助取得效果，救助方就有权获得救助报酬；但如果救助方明确而合理地拒绝救助，但救助方仍然进行救助的，即使取得效果，也不成立救助关系，救助方也无权获得救助报酬。

四、救助行为一般须有效果

自古以来，“无效果，无报酬”原则就是海难救助法律关系普遍遵循的基本原则，已经在很多国家的海商立法和国际公约甚至许多救助公司的救助合同格式条款中得到体现。所谓救助效果，一般是指救助人通过实施救助行为，使遇险船舶、货物或其他财产脱离危险，免于

---

① 司玉琢主编，《海商法》（第二版），法律出版社 2007 年版，第 285 页。

全部或部分遇难而得以保全。在“无效果,无报酬”原则下,救助取得效果,救助方得以请求救助报酬;救助无效果,救助报酬则无权获得。我国《海商法》第179条规定:“救助方对遇险的船舶和其他财产的救助,取得效果的,有权获得救助报酬;救助未取得效果的,除本法第182条或者其他法律另有规定或者合同另有约定外,无权获得救助款项。”这一规定既确定了“无效果,无报酬”原则在海难救助中的原则性地位,同时又对这一原则的适用做了必要的限制,即规定一些不适用“无效果,无报酬”原则的例外,作为该原则的补充。

需要明确的是,“救助要有效果”是构成救助方享有救助报酬请求权的必要条件,但对于海难救助法律关系的构成,却不需要以有无效果为必要条件。[①] 因为如果救助没有效果,仅仅是救助方没有救助报酬请求权,而救助法律关系是已经存在的。因此,可以说,不管是纯救助还是合同救助,救助法律关系的成立并不依赖于最终的救助效果。从传统的海难救助法律来看,救助效果是救助方获得救助报酬的必要条件,但是从《1989年国际救助公约》生效后,“救助要有效果”这一因素不仅对于救助关系的成立,而且对于救助报酬的获得都不能视为一项必要条件了,因为该公约规定了特别补偿制度作为对产生海洋环境污染的船舶进行救助的救助方的奖励措施,即使救助没有取得任何效果(包括防止环境污染的效果),救助方也可以获得一定数额的特别补偿。随着海上救助行业的发展,越来越多的专业救助公司参与到海难救助中来,很多救助都是签订实际费用救助合同来确立救助关系,这种合同是以救助方所使用的人力和设备按时计付报酬的,不以救助效果为条件。实际费用救助合同的出现,也打破了传统海商法以救助效果来判断救助方是否能获得救助报酬的做法。

第三节　救助报酬

救助报酬,是指被救助方依照法律规定或者合同约定,应当向救助方支付的任何救助酬金和补偿金。为获得救助报酬或特别补偿,海难救助必须符合其构成要件,相关数额应当考虑诸多因素确定。

一、确定救助报酬的原则

根据现行国际公约和各国海商法的规定,救助报酬的确定通常遵循如下两个原则:

(1)救助报酬金额不得超过获救财产的价值。我国《海商法》第180条和第181条规定,救助报酬不得超过船舶和其他财产的获救价值。获救价值是指获救的船舶、船上货物和其他财产在当时当地的估价,或者出卖所得的金额,其中应当扣除有关税款和海关、检疫、检验费用以及进行卸载、保管、估价、出卖而产生的费用。获救船员的私人物品和旅客行李不构成获救财产的价值。船员物品和旅客行李不分摊救助报酬,是由于这些财产性质特殊,数量也很小,不构成救助的主要标的。

(2)救助方有过失,报酬将予以减免,以承担赔偿责任。我国《海商法》第187条规定:“由于救助方的过失致使救助作业成为必须或者更加困难,或者救助方有欺诈或者其他不诚实行为的,应当取消或者减少向救助方支付的救助款项。”《1976年海事赔偿责任限制公约》规定了救助方有过失,造成被救助方更大损失时,被救助方是否可以侵权诉救助方并请

① 司玉琢主编,《海商法》(第二版),法律出版社2007年版,第287~288页;司玉琢主编,《海商法》,中国人民大学出版社2008年版,第269页。

求赔偿的问题,并规定救助方可以享受责任限制,当救助方不在救助船上进行救助时,其责任限制按船舶总吨位 1 500 吨计算。我国《海商法》第 210 条作出了与公约相同的规定。

二、救助报酬请求权的双方当事人

救助报酬请求权的当事人是指救助报酬请求权的债权人和债务人。

1. 债权人

救助报酬请求权的债权人是实施海难救助的人。施救人为多个人时,便发生报酬分配问题。对于姊妹船救助,我国《海商法》第 191 条规定:"同一船舶所有人的船舶之间进行的救助,救助方获得救助款项的权利适用本章规定。"各国海商法也做了类似的规定。原因是:(1)尽管两船同属一人所有,但两船都是独立的船舶,一般涉及不同的保险人,如船上有货物,还涉及货物保险人,彼此间并不存在救助义务;(2)参与救助的船长及其他船员享有对救助报酬的请求权,这种权利不因被救船舶系属于同一船舶所有人而被剥夺。

2. 债务人

根据现行法律,债务人为被救助船舶的所有人、货物、运费的所有人或其他海上获救财产的所有人。对此项债务,被救助船舶的所有人不享有责任限制,这是国际公约和多数海运国家一致接受的,但少数国家和地区规定,船舶所有人对救助报酬负有限责任。救助报酬的债权人享有船舶优先权和船舶留置权,在这一点上,国际公约和各国海商法的规定都是一致的。

三、救助报酬金额的确定

救助报酬通常都是以金钱支付,其数额应由救助方和被救助方协议确定,协议不成时,可提请仲裁庭或法院裁判。法庭或仲裁庭在确定救助报酬时,应根据《海商法》第 180 条或《1989 年救助公约》的第 13 条规定的十项因素确定数额的高低。例如我国《海商法》第 180 条规定的确定救助报酬时应综合考虑下列因素:(1)船舶和其他财产的获救价值;(2)救助方在防止或减少环境污染损害方面的技能和努力;(3)救助方的救助成效;(4)危险的性质和程度;(5)救助方在救助船舶、其他财产和人命方面的技能和努力;(6)救助方所用的时间、支出的费用和遭受的损失;(7)救助方或者救助设备所冒的责任风险和其他风险;(8)救助方提供救助服务的及时性;(9)用于救助作业的船舶和其他设备的可用性和使用情况;(10)救助设备的备用情况、效能和设备的价值。

有时,在实施救助作业之前,当事人就已经约定了报酬金额,因为该数额是在紧急情况下约定的,难免出现不公平或对客观形势估计不足的情况。为了保护救助当事方,特别是被救助方的利益,我国《海商法》第 176 条规定有下列情形之一,经一方当事人起诉或者双方当事人协议仲裁的,受理争议的法院或者仲裁机构可以判决或裁决变更救助合同:(1)合同在不正当的或者危险情况的影响下订立,合同条款显失公平的;(2)根据合同支付的救助款项明显过高或者过低于实际提供的救助服务的。

国际公约和各国海商法都有类似规定,如果合同是在受到威胁或者处于危险情况下订立,合同条款显失公平的,法院或者仲裁机构可以宣告救助合同无效;如果合同约定的救助报酬与实际提供的救助服务相比,明显过高或者过低的,法院或者仲裁机构可以变更合同。

四、被救船船长在救助作业中的特殊地位

发生海难,作为被救船的船长,应当明确自己所处的地位和应注意的事项。

1. 船长有权代表船、货双方签订救助合同,并应及时签订救助合同

我国《海商法》第175条明确规定:"遇险船舶的船长有权代表船舶所有人订立救助合同。遇险船舶的船长或者船舶所有人有权代表船上财产所有人订立救助合同。"船长明确自己有签订救助合同的权利,当遇海难时,特别是情况紧急,应及时签订救助合同,避免贻误时机。

2. 船长的救助义务

船舶发生事故,危及船上人员和财产安全时,船长应当组织船员和旅客尽力施救。船长认为船舶的沉没、毁灭不可避免,可以作出弃船决定;但是,除紧急情况外,应当将弃船决定报经船舶所有人同意。弃船时,船长必须采取一切措施,首先组织旅客安全离船,然后安排船员离船。在离船以前,船长应当指挥船员尽力抢救航海日志、机舱日志、有类记录簿、无线电台日志、本航次使用过的海图和文件以及贵重物品、邮件和现金等。许多国家的海商法规定,船长违反上述义务应承担法律责任。此外,发生海难事故时,船长应当采取一切可能的措施,防止损失扩大,并制成海损事故报告书。

3. 对救助方要有所选择

在情况不是十分紧急的情况下,多数是由船舶所有人选择救助方;情况紧急,需要船长签订救助合同时,船长应注意选择救助方。选择救助方应考虑技术水平、报酬高低、信誉情况以及友善关系等。

4. 注意与确定报酬金额有关的因素

船长应当注意与确定救助报酬有关的诸因素;做好记录,这是对日后仲裁或诉讼有重要意义的证据材料。

第四节　有关海难救助的国际公约

一、《1910年救助公约》及其主要内容

海上救助的原则虽已被世界各国海商法所确认,但因某些具体规定不尽相同,经常发生争议。为此,国际海事委员会于1910年通过了《1910年统一海上援助与救助的若干法律规定的公约》。该公约不仅体现了海上救助的传统原则,而且在国际上统一了各国有关海上救助的法律和实践,从而获得了广泛的承认和接受。到目前为止,其成员国共有93个,包括很少加入国际公约的美国。我国不是公约的成员国,但我国是按照该公约的精神和原则来处理救助问题的。中国海事仲裁委员会制定的救助合同格式的主要内容也参考了该公约的规定。该公约主要体现了如下原则:

(1)以人道主义救助人命原则。公约规定,对于海上遭受危险的人,即使是敌人,每个船长均需施救,只要对其船舶、船员和旅客不致造成严重危险。救助人命者对被救助人不得请求报酬,但国内法另有规定者除外。参与救助人命者可以参与因救助船舶、货物及附属品可获报酬的公平分配。

(2)"无效果,无报酬"原则。公约规定,救助无效果者无权要求任何报酬;救助行为有

效果者有权获得公平的报酬。在任何情况下,报酬不得超过被救助财产的价值。

(3)救助合同的公平原则。公约规定,在危险期间,并在危险威胁下订立的任何救助合同,经当事人一方请求,如果法院认为合同条款不公平,可以认定合同无效,或变更合同。在任何情况下,如合同存有欺诈或隐瞒,或所付的报酬与救助效果相比,显然过多或过少,经利害关系人请求,法院可以认定合同无效,或变更合同。

(4)救助报酬确定的原则。根据公约的规定,救助报酬金额由当事人协议确定。协议不成,由法院确定。确定救助报酬时,应考虑救助效果、被救助财产的价值等因素。

《1910年救助公约》不适用于军用船舶或专门用于公务的政府船舶。这给公约的适用带来了不便。于是,国际海事委员会于1967年通过了修正公约的议定书,将公约适用范围扩大至军舰或属于国家或其各部门所有、经营、租用的任何其他船舶,不论这些船舶是提供救助,还是接受救助。

二、《1989年国际救助公约》及其主要内容

《1910年救助公约》生效以来,在国际海上救助实践中起着十分重要的作用。但是,其无偿救助人命原则不利于鼓励救助人从事救助,因而被国际公约、法律和判例法修正,使人命救助者在多数情况下都能得到报酬。尤其是无效果无报酬原则同样适用于对油轮的救助,打击了救助人救助遇险油轮和防止海洋污染的积极性。因此,国际社会强烈要求修正现行救助制度,即广为采用的劳氏救助合同格式和《1910年救助公约》。为此,国际上1981年通过了《1981年救助公约草案》。该草案仅在1910年公约基础上增加了一些新内容,其中最为重要的是关于"特别补偿"的规定。该公约草案在生效之前,国际海事组织于1989年通过了《1989年国际救助公约》。该公约已于1996年7月14日起正式生效。截止1997年,正式批准或加入该公约的国家或地区有23个。我国于1995年申请了加入该公约。可以预见,公约将促进国际救助法律的统一,有利于国际海洋环境保护。

该公约最重要的目的是修改原公约关于救助作业的规定,以便更好地保护海洋环境和鼓励救助人对遇险油轮和其他海上财产的救助。与《1910年救助公约》相比,《1989年国际救助公约》对船舶、财产的概念和公约的适用范围等有较大变动,并增设了许多新条款,其中包括最引人注目的特别补偿条款。归纳起来,《1989年国际救助公约》在以下诸方面对《1910年救助公约》作了较大修改和补充。

1. 扩大了公约的适用范围

(1)救助案件范围扩大。《1989年国际救助公约》第2条规定:"本公约适用于在公约成员国提起的有关公约所辖事项的诉讼或仲裁。"其范围不限于救助船舶或被救助船舶属于缔约国所有的救助。(2)救助水域范围扩大。《1989年国际救助公约》规定的适用水域为"可航水域或任何其他水域"。这里的"任何其他水域"是指不与海相通的内陆水域。可见,其已不局限于海和与海相通的水域,其所称救助也不再限于海上救助。(3)救助标的范围扩大。《1989年国际救助公约》第1条(b)款规定:"船舶是指任何船只、船筏或任何能够航行的构造物。"可见,作为救助标的的船舶不受形状、吨位和用途的限制,从而不限于海船或内河船舶。《1989年国际救助公约》规定的作为救助标的的财产,不限于船上财产,还包括任何海上其他财产。(4)《1989年国际救助公约》对救助人未作任何限制。

2. 增设了特别补偿条款

《1989年国际救助公约》对遇险油轮和其他污染环境的船舶或货物的救助实行"无效

果,有报酬"的原则,在第 14 条就特别补偿规定了如下内容:(1)救助人如果救助了危及环境的船舶或货物,根据第 13 条规定获得的救助报酬低于救助人所花费用时,救助人有权获得由船舶所有人支付的相当于其他费用的特别补偿,即使救助不成功,或效果不明显,且未能防止或减少环境污染。(2)救助人的救助作业如果防止或减少了环境污染,船舶所有人向救助人支付的特别补偿可增加至救助费用的 130%。(3)法院或仲裁机构如果认为公平合理,并考虑第 13 条第 1 款中所列的有关因素,还可将特别补偿增加至费用的 200%。第 14 条不仅适用于油轮,而且也适用于任何对环境构成污染损害的船舶或货物。因此,危险和有毒货物、船上燃料等均属于适用的范围。

3. 增设了许多重要条款

(1)公约增加了定义条款,对"救助作业""船舶""财产""环境损害"和"支付款项"等术语下了明确的定义。

(2)救助当事人的义务条款。

(3)评定救助报酬的标准条款。

(4)船长有权代表船舶和船上财产所有人签订救助合同条款等。

第九章

海上保险合同

第一节 海上保险概述

一、海上保险的历史

在近代国际贸易发展史上,海上保险占有重要的地位,是产生最早的保险。

古巴比伦人利用推销采购人员赴国外从事贸易活动。他们把货物和金钱托付给推销人,推销人则以自己的财产和妻子儿女作为信用保证。如果贸易获得利润,双方均分。后来,海上盗贼活动日盛,劫掠情形时有发生,货物、金钱被劫的推销人不得不放弃妻子儿女,流落异乡。为了改善这种状况,双方又达成了新的协议。万一途中财物被掠夺,推销人只要没有串谋或疏忽,经宣誓说明真相后,就可以免除其对对方所负的债务。公元前 2250 年制订的《汉谟拉比法典》中就规定有类似条文。[①] 此后,这种做法传至腓尼基,再进一步推广至其他地区,适用于各种海上货物运输。

公元 400 年时,希腊人所使用的船舶抵押借款就是从古巴比伦人的这种传统做法发展而来的。在希腊人所创立的船舶抵押借款中,舶主或船长承运一批货物,所需资金以抵押船舶为条件,通过与出借人订立船舶抵押借款合同来取得,合同同时约定,船舶航行过程中遭遇海难沉没,借款人可以不归还借款;若船舶安全到达目的地,借款人应履行还本付息义务,否则,出借人可行使对抵押船舶的权利。这种做法可以算是海上保险的雏形。后来的货物抵押借款制度就是以此为基础发展起来的。

与今天海上保险制度类似的做法形成于 14 世纪。近代海上保险的第一张保单相传就是在 1347 年于意大利的热那亚为一艘名为“Sanfa Clara”的船提供保险保障的。15 世纪,西班牙巴塞罗那的地方长官于 1435 年公布了有关海上保险的承保规则和索赔手续,即世界上最古老的海上保险法《巴塞罗那法典》。

英国是近代海商最发达的国家,也是海上保险鼎盛的国家。英国首次有关货物的保单出现在 1555 年,1574 年英国女王伊丽莎白批准了一项组织“保险公会”的法案,1601 年又签署了一项成立“保险法庭”的法案,同年,英国历史上第一部保险立法 *An Act Concerning Matters of Assurances Used Among Merchants* 也由英国议院一次性通过。这部立法使得海上保险由商人作为副业经营逐步发展到由专业保险商经营。1769 年在劳埃德咖啡馆经营海上保险业务的保险商联合组成团体,制定共同遵守的规章制度,成为信誉卓著的保险社。劳埃

① 参见《汉谟拉比法典》第一〇〇条至第一〇三条,“塔木卡以银交与沙马鲁经营买卖,令其出发。……倘所运之一切于中途被敌人劫去,则沙马鲁应指神为誓,并免偿还责任。”

德船、货保险单于1779年经英国议会审核确认，合并成为“标准保险单”，即著名的S. G. Policy。1871年劳合社以“劳埃德公司”的名义向政府注册并取得法人资格，随后逐步发展为英国乃至世界海上保险业的垄断组织，同时在国际金融、国际贸易领域也发挥着举足轻重的影响和作用。1906年大法官Mackenzie Chalmers在以往2 000个海上保险判例的基础上编成了《英国海上保险法》，这部法律在附则一中就S. G. 保单的采用做了说明。1982年英国保险市场以一种全新的MAR Form保单替代了劳合社的标准S. G. 保单。并且随着贸易活动的发展，MAR Form保单越来越少的被用于承保个别航次的付运，名为Market Reform Contract或简称MRC的劳合社开口\预约标准格式保单被广为使用。①

二、海上保险合同的含义及特点

海上保险，俗称水险，是指保险人对与海上运输有关的保险标的遭受约定事故引起的损失和责任负责赔偿，而由被保险人向保险人支付保险费的保险。关于海上保险合同的定义各国不尽相同。英国《1906年海上保险法》第1条对海上保险所下的定义为“海上保险是一种合同，保险人按照约定的方式和范围对被保险人遭受的与航海有关的海上损失承担赔偿责任。”美国对海上保险所下的定义为“海上保险是被保险人按照约定向保险人支付保险费，保险人按照约定当被保险人所处在海上危险中的特定利益受到损失时承担赔偿的合同。”加拿大《1993年海上保险法》对海上保险所下的定义为“海上保险合同是保险人和被保险人之间订立的，约定如果发生下列损失，保险人将对被保险人按照合同约定的范围和险别赔偿损失。”我国《海商法》第216条规定：“海上保险合同是指保险人按照约定，对被保险人遭受保险事故造成保险标的损失和产生的责任负责赔偿，而由被保险人支付保险费的合同。”

我国海商法中的保险事故有特定的含义和理解：首先，保险事故须为海上事故，与海上航行无关的其他事故不在此列；其次，海上事故须由双方约定，任何具体的海上保险合同均由当事人双方自由协商确定，任何海上事故均有可能成为双方约定的保险事故的对象；最后，海上事故并不一定都发生在海上，也包括与海上航行有关的发生于内河或者陆上的事故，多式联运这一新的运输方式使得海上事故须作出扩大解释。

海上保险合同不同于一般的民事合同或商事合同，具有自己的特点。

（一）海上保险合同是双务有偿合同

海上保险合同不同于一般的双务有偿合同，其不具有商品交换的本质，被保险人以支付保险费为代价，将一定范围内的危险转嫁给保险人，而保险人再将危险平均分配给众多的其他被保险人。因此，海上保险本质上是一种分摊危险、平摊损失的措施，只不过采取了与商品交换形式相同的合同法律形式。海上保险合同的双务性在于就被保险人而言，是以支付保险费为义务而取得保险保障的权利；就保险人而言，是以履行损失补偿责任为义务而取得收取保险费的权利。双方的权利和义务是相互关联、互为条件的。但在海上保险合同中，被保险人交纳保险费的义务是确定的，即被保险人必须在支付保险费以后才能取得损害赔偿的索赔权。而保险人承担的义务是有条件的，即保险人承担的损失补偿责任是以货物在海上运输过程中发生损失为条件，否则保险人只有收取保险费的权利，而没有履行损失补偿的义务。

① 杨良宜主编，《海上货物保险》，法律出版社2010年，第1～2页。

（二）海上保险合同是要式合同

关于海上保险合同或保险合同是要式合同还是非要式合同，法学界颇有争议。一些学者认为，海上保险合同是要式合同，其形式及内容须满足法律规定的要求才有效。另有学者认为保险合同为非要式合同，即事实上保险合同的成立并不是在出具保险单时，在投保人提出投保要求，填具投保单，经与保险方商定交付保险费办法，并经保险方签章承保后，保险合同即告成立。可见，保险合同在保险单签发以前就已经成立，出具保险单仅是法律规定的保险人的义务。海上保险合同不同于一般的商事保险合同，大部分商事保险合同为诺成合同，而海上保险合同由于国际海上贸易惯例被大量适用和援引，早已形成以格式合同为主要形式的特殊合同类型，虽然其形式和缔结过程不为法律所强制要求，但受到从事海上保险活动的各类组织的规范与调整，且海上保险合同作为国际贸易中的惯例与实践早已有自己固定的形式和要求，因此，将其视为要式合同并无不可。

（三）海上保险合同是财产保险合同

作为一种财产保险合同，海上保险合同是为了弥补海上风险造成保险标的损失这一目的而订立的，不是为了营利目的。因此，补偿性是海上保险合同的主要特征，只有当保险标的因发生约定的保险事故而遭受损失时，保险人只负金钱赔偿责任，且这种赔偿责任的目的仅在于弥补被保险人的损失，其赔偿金额以保险金额或被保险人的实际损失为限。

（四）海上保险合同是射幸合同（Aleatory contract）

在海上保险合同中，保险人对被保险人的赔偿取决于保险事故的发生，赔偿与否具有偶然性，因此，海上保险合同是射幸合同。射幸合同是实定合同的对称。实定合同是指在合同订立时，双方的义务即确定地分别由各方承担。所谓射幸合同，是一方对于将来的或然性事件的发生与否作出预断，以其得到验证而取得另一方当事人一定金钱的合同。《法国民法典》第1105条规定："当事人各方根据不确定的事件而在取得利益或遭受损失方面存在偶然性时，此种合同称为射幸合同。"在海上保险合同中，导致保险人承担赔偿或给付义务的保险事故，为将来的或然性事件。如保险事故在保险合同约定的保险期间内发生，则保险人须赔偿或给付保险金，投保人事先只交纳了少量的保险费，却获得了巨额赔偿；如保险期间未发生保险事故，则保险人无偿取得投保人交付的保险费，而无须赔偿或给付保险金，因此，在保险合同订立时，对于保险人与投保人来说，都平等地存在侥幸，即射幸，因而保险合同属于射幸合同。保险的危险社会分担机制，正是以保险合同的射幸性质为基础的。

（五）海上保险合同是最大诚信合同（Contract of the utmost good faith）

海上保险合同也有人称其为对人合同，因为保险人主要依赖被保险人提供的情况来评估保险标的的风险，以决定是否接受承保及保险费率的高低。因此，最大诚信成为海上保险合同的订立原则，保险合同双方当事人必须本着最大诚意和信用来订立合同。任何合同的订立都必须以当事人的诚信为基础，如果一方当事人以欺诈手段诱使他方签订合同，一旦被发现，他方则可据此解除合同；如有损害并可要求对方予以赔偿。因此，被保险人在要求保险人对保险标的进行保险时，必须向保险人诚实地、毫不隐瞒地提供有关保险标的的各项资料，对保险人的询问必须如实陈述，并严格遵守合同条件；若被保险人没有履行最大诚信义务，故意隐瞒保险标的的有关情况，即使保险合同已经订立，保险人仍然可以解除合同。

（六）海上保险合同是附意合同（Contract of adhesion）

海上保险合同与一般保险合同相同，也是一种附意合同。附意合同又称格式条款合同，在一般情况下，保险人根据保险标的的性质和风险状况，对不同险种分别拟定若干保险条款,供被保险人选择。投保人与保险人在签订保险合同时,通常都是依照保险人事先制定好的和印就的投保申请书或保险单上规定的条款,表示同意投保或不投保,不能提出自己所需要的保险单,或修改其中内容,即使被保险人有某种特殊要求,也只能采用保险人事先准备的附加条款作为对原有条款的补充,或另附特别约定批单。海上保险合同的这种附意性使得被保险人处于一种较为被动的地位。

第二节　海上保险合同的基本内容

根据我国《海商法》第217条规定,海上保险合同的内容主要包括下列几项:保险人名称,被保险人名称,保险标的,保险价值,保险金额,保险责任和除外责任,保险期间,保险费。

一、海上保险合同的当事人

海上保险合同的当事人为保险人和被保险人。

(一)保险人

保险人是保险合同中收取保险费,并在合同约定的保险事故发生时,对被保险人因此而遭受的约定范围内的损失进行补偿的一方当事人。保险人是否拥有足够的资金实力和良好的信誉水平对于被保险人的利益乃至整个保险业的稳定均有重要影响,因此各国均对保险人的资格予以限定,并对其经营予以监督管理。我国《保险法》对保险公司的设立、变更、经营规则进行了明确规定,保险公司经金融监督管理部门批准方得设立,并且要符合保险法对公司的特殊要求。

保险人的最主要义务即承担保险赔偿责任,即在发生合同约定的保险事故造成损失后,保险人应当及时向被保险人支付保险赔偿,赔偿额以约定的保险金额为限。我国《海商法》规定了一些保险人的免责条款,在以下情况保险人可不负赔偿责任:

(1)被保险人故意造成的损失;

(2)航行延迟、交货延迟或行市变化造成的货物损失;

(3)货物的自然损耗、本身的缺陷和自然特性造成的货物损失;

(4)包装不当造成的货物损失;

(5)船舶开航时不适航造成保险船舶损失,但在船舶定期保险中被保险人不知道的除外;

(6)船舶自然磨损或者锈蚀造成的保险船舶损失。

(二)被保险人

被保险人是指以其船舶、货物等财产或其他利益向保险人投保并支付保险费,在保险事故发生后有权取得保险赔偿的人。在海上保险中,船舶所有人、光船承租人、货物所有人等,均可作为被保险人。被保险人既可以是自然人,也可以是法人,但必须对保险标的拥有保险利益。

被保险人主要有以下三项义务:

(1)及时支付保险费的义务。我国《海商法》第234条规定:"除合同另有约定外,被保险人应当在合同订立后立即支付保险费;被保险人支付保险费前,保险人可以拒绝签发保险单证。"

(2)信守保证义务。即被保险人应遵循最大诚信原则,严格履行作出的保证。

(3)及时通知义务和合理施救义务。我国《海商法》第 236 条规定:"一旦保险事故发生,被保险人应当立即通知保险人,并采取必要的合理措施,防止或者减少损失。被保险人收到保险人发出的有关采取防止或者减少损失的合理措施的特别通知的,应当按照保险人通知的要求处理。对于被保险人违反前款规定所造成的扩大的损失,保险人不负赔偿责任。"规定这项义务的目的在于加强被保险人对保险标的损失的责任感,防止被保险人片面依赖赔偿而导致损失扩大,损害保险人利益。

二、保险标的

保险标的是海上保险合同的客体,是构成保险关系的重要依据。保险标的是指作为保险对象的财产及其有关利益。在海上保险合同中,被保险人对保险标的应当拥有保险利益,当发生保险事故造成保险标的损失时,保险人须依约定支付给被保险人保险赔偿。因此,保险标的性质、范围、状况对海上保险合同双方当事人均很重要。

我国《海商法》第 218 条列明了可以作为保险标的种类范围:

(1)船舶,包括货船、客船、油轮、集装箱船等种类船舶;

(2)货物,包括贸易货物和非贸易的货物;

(3)船舶的营运收入,包括运费、租金、旅客票款等;

(4)货物预期利润;

(5)船员工资和其他报酬;

(6)对第三人的责任;

(7)由于发生保险事故可能受到损失的其他财产和产生的责任及费用;

(8)保险人承担的赔偿责任即保险人将其承保的责任分摊给其他保险人承担的再保险。

三、保险价值与保险金额

(一)保险价值

保险价值是保险人与被保险人约定的保险标的的价值,事先约定保险价值的保险称为定值保险(Valued policy)。未约定的,则根据保险责任开始时保险标的的实际价值和保险费的总和计算,此项保险被称为不定值保险(Unvalued policy)。保险人与被保险人约定的保险价值与保险标的的实际价值不符的,不影响该保险价值的法律效力。但是,被保险人故意隐瞒或欺诈的除外。

不定值保险在保险单中不注明保险标的的价值。依《海商法》第 219 条的规定,保险标的的保险价值由保险人与被保险人约定。双方未约定的,应依下列规定计算:

(1)船舶的保险价值,是保险责任开始时船舶的价值,包括船壳、机器、设备的价值,以及船上燃料、物料、索具、给养、淡水的价值和保险费的总和;

(2)货物的保险价值,是保险责任开始时货物在起运地的发票价格或者非贸易商品在起运地的实际价值以及运费和保险费的总和;

(3)运费的保险价值,是保险责任开始时承运人应收运费总额和保险费的总和;

(4)其他保险标的的保险价值,是保险责任开始时保险标的实际价值和保险费的总和。

上述保险价值均包括了保险费,这样被保险人在保险标的发生损失时,可以使随保险标的一起损失掉的保险费也能得到补偿。而一般的财产保险中,保险标的的保险价值则按照保险事故发生时保险标的的实际价值确定。

(二)保险金额

保险金额是在保险单上载明的发生约定的保险事故时保险人支付保险赔偿的最高限额。保险金额可以低于或等于保险价值,分别称为不足额保险和足额保险,需要注意的是保险金额不得超过保险价值,这是由海上保险合同的补偿性所决定的。若发生了被保险人超额投保的情况,尤其是重复保险的情形下,超过保险价值的部分无效。

保险价值是保险金额的基础,保险人赔偿保险事故造成的损失,以保险金额为限。保险金额低于保险价值的,在保险标的发生部分损失时,保险人按照保险金额与保险价值的比例负赔偿责任。

四、保险责任和除外责任

保险责任是保险人对保险合同中约定的危险事故造成的损失所承担的赔偿义务。"保险合同中约定的危险事故"就是保险人承保的风险。保险人承保的风险从形式上可以分为保险单上所列举的风险和附加条款加保的风险两大类,前者为主要险别承保的风险,是保险实践活动基础上总结出来的一些主要风险种类,如海上风险、军舰引起的损失、火灾、敌人、海盗、盗窃、投弃、执行搜捕令或反搜捕令、捕获、外国政府当局的拘管、禁制及扣留、船长和船员的不法行为、其他足以使保险标的物受到损害的风险。后者为附加险别承保的风险,须经合同双方特别约定保险人才承保的风险,这类保险一般不能单独投保,又可分为一般附加险、特别附加险和特殊附加险。

除外责任就是保险人不承保的风险,即根据法律或合同约定,保险人不承担责任的风险范围。如我国《海商法》第 242 条至 244 条的免责规定就属于此类除外责任。

五、保险期间

保险期间也就是保险责任的期间,是指保险人对保险标的承担保险责任的时间段。保险期间涉及到海上保险合同双方的具体利益,因此必须在保险合同中详细载明保险期间的起止时间或航次航程等有关情况。

六、保险费和保险费率

保险费率是计算保险费的百分率。保险费是投保人向保险人支付的费用。保险费等于保险金额乘保险费率。

七、海上保险合同的基本原则

(一)最大诚信原则

海上保险合同是诚信合同,《海商法》第 222 条规定:"合同订立前,被保险人应当将其知道的或者在通常业务中应当知道的有关影响保险人据以确定保险费率或者确定是否同意承保的重要情况,如实告知保险人"。《保险法》第 16 条规定了投保人如实说明的义务。

(二)保险利益原则

保险利益,即可保利益,是指被保险人对保险标的所具有的某种合法的利害关系。即被保险人因保险标的发生灭失或损害而遭受损失。我国《保险法》第 11 条对保险利益进行了规定:"投保人对保险标的应当具有保险利益。投保人对保险标的不具有保险利益的,保险合同无效。”

保险利益既包括所有利益，也包括期待利益。保险利益应具备下列条件：(1)保险利益必须是合法的。(2)保险利益应该是确定的。(3)保险利益必须是经济的利益。

(三)损失补偿原则

海上货物运输保险合同是一种损失补偿合同，财产保险的根本职能是补偿被保险人的经济损失，从被保险人的角度看，保险的目的是为了转移风险。海上保险合同的最根本原则是损失补偿原则。

(四)近因原则

近因原则作为一种确定海损原因的重要原则，已被各国保险界广泛采用。我国《海商法》和《保险法》对于近因原则都没有明文规定，但在我国保险实践中却广泛运用近因原则处理保险事故。近因是指主要的、决定性的、直接的原因。换句话说，近因是指造成保险标的损失的最主要、最有效的原因。而并不一定是与发生的损失在时间上最接近的原因。也就是说，保险事故的发生与损失事实的形成有直接因果关系。按照这一原则，当被保险人的损失是直接由于保险责任范围内的事故造成的，保险人才给予赔偿。这是因为现实中保险标的的损失是由多种风险事故同时或者连续发生造成的，而这些风险事故往往同时有被保风险、非保风险或除外风险。近因原则是判断保险人是否需要赔偿的标准。

八、保险标的的损失

保险标的发生保险事故后毁损或灭失属于保险标的的损失，包括全部损失和部分损失两种。其中全部损失又包括实际全损和推定全损，部分损失又分为共同海损和单独海损。

(一)货物的损失

在货物保险中，海上货物损失按损失的程度可分成全部损失和部分损失。

1. 全部损失

全部损失又称全损，指被保险货物的全部遭受损失，有实际全损和推定全损之分。实际全损根据《海商法》第 245 条规定，是指货物全部灭失或全部变质而不再有任何商业价值。推定全损根据《海商法》第 246 条规定，是指货物遭受风险后受损，尽管未达实际全损的程度，但实际全损已不可避免，或者为避免实际全损所支付的费用和继续将货物运抵目的地的费用之和超过了保险价值。推定全损需经保险人核查后认定。对于推定全损的情况，由于货物并未全部灭失，被保险人可以选择按全损或按部分损失索赔。若按全损处理，则被保险人应向保险人提交“委付通知”。把残余标的物的所有权交付保险人，经保险人接受后，可按全损得到赔偿。

2. 部分损失

《海商法》第 247 条规定，不属于实际全损和推定全损的损失，为部分损失。按照造成损失的原因可分为共同海损和单独海损，按照保险条例，不论担保何种险种，由于海上风险而造成的全部损失和共同海损均属保险人的承保范围。

(二)船舶的损失

在船舶保险中，实际全损根据《海商法》第 245 条规定，是指保险船舶发生保险事故后完全灭失或严重损坏，完全失去原有状态、效用，包括船舶失踪。《海商法》第 248 条规定了船舶失踪的含义，即“船舶在合理时间内未从被获知最后消息的地点抵达目的地，除合同另有约定外，满两个月后仍没有获知其消息的，为船舶失踪。船舶失踪视为实际全损。”船舶失踪必须同时具备以下三个条件:(1)船舶在航行中失踪;(2)船上船员和船舶同时失踪;(3)失踪时间必须满六个月以上。

船舶的推定全损根据《海商法》第246条规定,是指保险船舶发生保险事故后,保险当事人认为实际全损已经不可避免,或者为避免发生实际全损所需支付的费用将要超过船舶的保险价值而推论确定的全损。被保险人对案件作推定全损处理,首先需要被保险人提出委付,同时应递交委付申请书;保险人有权接受委付或拒绝接受委付。当保险人接受委付时,船舶所有权及所附带的权利和义务全部转移给保险人。当保险人拒绝接受委付时,不影响保险人对案件按推定全损进行处理。按推定全损赔付后,保险人的保险责任解除。

九、代位求偿权与委付

(一)代位求偿权

根据《海商法》第252条的规定,如果保险标的的损失是由于第三者的疏忽或过失造成的,在保险人依保险合同向被保险人支付了约定的赔偿后,即取得了由被保险人转让的对第三者的损害赔偿请求权,也就是代位求偿权。代位求偿权的成立需具备两个条件,其一是保险人已向被保险人进行了实际的赔付;其二是被保险人有向责任方索赔的权利。实际上,保险公司赔付后,其相当一部分的赔额可以通过代位求偿向有责任的第三方索回。

(二)委付

委付发生在保险标的出现推定全损的情况下,根据《海商法》第249条和250条的规定,当保险标的出现推定全损时,被保险人可以选择按部分损失求偿或按全部损失求偿。当被保险人选择后者时,则由被保险人将保险标的物的所有权转让给保险人,而由保险人赔付全部的保险金额。这种作法就称为委付。委付须由被保险人向保险人作出委付通知。保险人接到委付通知后,可以接受委付,也可以不接受委付,但应当在合理的时间内将接受委付或不接受委付的决定通知被保险人。

第三节　海上货物运输保险

海上货物运输保险是由保险人承保的当海上运输的货物因遭遇各种海上风险而受到损失时负责赔偿的保险。中国人民保险公司承保的海洋运输货物保险的主要险别包括平安险、水渍险和一切险,附加险别包括一般附加险、特别附加险和特殊附加险。

一、主要险别

主要险别指可以独立承保,不必附加在其他险别项下的险别。中国人民保险公司海洋运输货物保险的主要险别有三种,即平安险、水渍险和一切险。

(一)平安险(Free from particular average,简称FPA)

平安险的英文意思为"单独海损不赔"。该险以前的保障范围是只赔全部损失,经过长期的实践,该险经过不断地修改和补充,其责任范围已经超出了全部损失的限制。该险的责任范围主要包括:

(1)被保险货物在运输途中由于恶劣气候、雷电、海啸、地震、洪水等自然灾害造成的整批货物的全部损失或推定全损。

(2)由于运输工具遭受搁浅、触礁、沉没、互撞、与流冰或其他物体碰撞以及失火、爆炸意外事故造成货物的全部或部分损失。

(3)在运输工具已经发生搁浅、触礁、沉没、焚毁意外事故的情况下,货物在此前后又在海上遭受恶劣气候、雷电、海啸等自然灾害所造成的部分损失。

(4)在装卸或转运时由于一件或数件整件货物落海造成的全部或部分损失。

(5)被保险人对遭受承保责任内危险的货物采取抢救、防止或减少货损的措施而支付的合理费用,但以不超过该批被救货物的保险金额为限。

(6)运输工具遭遇海难后,在避难港由于卸货所引起的损失以及在中途港、避难港由于卸货、存仓以及运送货物所产生的特别费用。

(7)共同海损的牺牲、分摊和救助费用。

(8)运输合同中订有船舶互撞责任条款,根据该条款规定应由货方偿还船方的损失。

(二)水渍险(With particular average,简称 WA)

与平安险相对,水渍险的原本意思为"单独海损要赔"。该险的责任范围除平安险的各项责任外,还负责被保险货物由于恶劣气候、雷电、海啸、地震、洪水等自然灾害所造成的部分损失。

(三)一切险(All risks)

一切险该险除包括水渍险的责任范围外,还负责赔偿被保险货物在运输途中由于外来原因所致的全部或部分损失。外来原因指偷窃、提货不着、淡水雨淋、短量、混杂沾污、渗漏、串味异味、受潮受热、包装破裂、钩损、碰损破碎、锈损等原因。

二、除外责任

除外责任是保险单中规定的保险人不负责赔偿的海洋运输货物损失。中国人民保险公司海洋运输货物的除外责任包括:

(1)被保险人的故意行为或过失所造成的损失;

(2)属于发货人责任引起的损失;

(3)在保险责任开始前,被保险货物已存在的品质不良或数量短差所造成的损失;

(4)被保险货物的自然损耗、本质缺陷、特性以及市价跌落、运输延迟引起的损失和费用。

(5)海洋运输货物战争险条款和货物运输罢工险条款规定的责任范围和除外责任。

三、附加险别

海上货物运输的附加险别是投保人在投保主要险时,为保障主要险范围以外可能发生的某些危险所附加的保险。附加险又可分为一般附加险、特别附加险和特殊附加险三类。

(一)一般附加险

一般附加险承保各种外来原因造成的货物全损或部分损失,是保险人在主要责任范围基础上扩展的责任。"外来原因"指与海上的自然因素或运输工具没有联系的原因。一般附加险包括:

(1)偷窃提货不着险。保险有效期内,保险货物被偷走或窃走,以及货物运抵目的地以后,整件未交的损失,由保险公司负责赔偿。

(2)淡水雨淋险。货物在运输中,由于淡水、雨水以至雪溶所造成的损失,保险公司都应负责赔偿。淡水包括船上淡水舱、水管漏水以及汗等。

(3)短量险。负责保险货物数量短少和质量的损失。通常包装货物的短少,保险公司必须要查清外包装是否发生异常现象,如破口、破袋、扯缝等。

(4)混杂、沾污险。保险货物在运输过程中,混进了杂质所造成的损害。例如矿石等混进了泥土、草屑等因而使质量受到影响。此外保险货物因为和其他物质接触而被沾污,例如布匹、食物、服装等被油类或带色的物质污染因而引起的经济损失。

(5)渗漏险。流质、半流质的液体物质和在运输过程中因为容器损坏而引起的渗漏损坏。如以液体装存的湿肠衣,因为液体渗漏而使肠发生腐烂、变质等损失,均由保险公司负责赔偿。

(6)碰损、破碎险。碰损主要是对金属、木质等货物来说的,破碎则主要是对易碎性物质来说的。前者是指在运输途中,因为受到震动、颠簸、挤压而造成货物本身的损失;后者是在运输途中由于装卸野蛮、粗鲁、运输工具的颠震造成货物本身的破裂、断碎的损失。

(7)串味险。例如,茶叶、香料、在运输途中受到一起堆储的皮革、樟脑等异味的影响使品质受到损失。

(8)受热、受潮险。例如,船舶在航行途中,由于气温骤变,或者因为船上通风设备失灵等使舱内水气凝结、发潮、发热引起货物的损失。

(9)钩损险。保险货物在装卸过程中因为使用手钩、吊钩等工具所造成的损失,例如粮食包装袋因吊钩钩坏而造成粮食外漏所造成的损失,保险公司在承保该险的情况下,应予赔偿。

(10)包装破裂险。因为包装破裂造成物资的短少、沾污等损失。此外,对于因保险货物运输过程中续运安全需要而产生的候补包装、调换包装所支付的费用,保险公司也应负责。

(11)锈损险。保险公司负责保险货物在运输过程中因为生锈造成的损失。不过这种生锈必须在保险期内发生,如原装运时就已生锈,保险公司不负责任。

上述11种附加险,不能独立承保,它必须附属于主要险种。但投保一切险后,上述险别均包括在内。

(二)特别附加险

特别附加险也必须附属于主要险别项下,此种附加险对因特殊风险造成的保险标的的损失负赔偿责任。特别附加险与一般附加险的区别在于,一般附加险属于一切险的范围,保了一切险,就不必再附加任何一般附加险;而特别附加险所承保的责任已超出了一切险的范围,其致损原因往往与政治、行政等人为因素及一些特别的因素联系在一起。特别附加险包括:进口关税险、舱面险、拒收险、黄曲霉素险、虫损险等。

(三)特殊附加险

特殊附加险包括战争险和罢工险。

第四节　船舶保险

一、船舶保险的险别

船舶保险承保各类船舶因自然灾害、意外事故及船长、船员疏忽造成的船舶的损失或引起的碰撞责任。中国人民保险公司承保的船舶保险的主要险别为全损险和一切险。附加险有战争、罢工险。

(一)全损险

根据中国人民保险公司船舶保险条款规定,我国船舶保险中的全损险承保由于下列原因所造成的被保险船舶的全损:(1)地震、火山爆发、闪电或其他自然灾害。(2)搁浅、碰撞、触碰任何固定或浮动物体或其他物体或其他海上灾害。(3)火灾或爆炸。(4)来自船外的暴力盗窃或海盗行为。(5)抛弃货物。(6)核装置或核反应堆发生的故障或意外事故。(7)由于下列原因所造成的被保险船舶的全损:①装卸或移动货物或燃料时发生的意外事故;②船舶机件或船壳的潜在缺陷;③船长、船员有意损害被保险人利益的行为;④船长、船员和引水员、修船人员及租船人的疏忽行为;⑤任何政府当局,为防止或减轻因承保风险造成被保险船舶损坏引起的污染所采取的行为。但第七项的5种损失原因应不是由于被保险人、船东或管理人未恪尽职责所造成的。

全损险承担的是由于上述原因造成的全部损失,全部损失包括实际全损和推定全损两种形式。

(二)一切险

一切险的责任范围除了全损险的各项责任外,还负责由于上述原因引起的部分损失,以及由同样原因引起的下列责任和费用:

(1)共同海损的牺牲、分摊;

(2)在发生碰撞事故时,被保险船舶应负的碰撞责任;

(3)救助费用和施救费用;

(4)向第三者追偿的费用。

从损失形态上,一切险既赔全部损失,又赔部分损失。

二、除外责任

船舶保险的除外责任有:

(1)由于被保险船舶不具备适航条件造成的损失。

(2)由于船东及其代表的疏忽和船长的故意行为造成的损失。

(3)被保险船舶的船壳和机件的正常维修、油漆费用及本身的磨损或锈蚀。

(4)船舶战争险条款规定的承保责任和除外责任。此类损失是船舶战争险负责赔偿的损失,不是船舶一切险的责任范围。

(5)滞期损失和间接损失。

(6)清理航道的费用。

三、船舶保险的保险期限

船舶保险的保险期限分为定期与航次两种。定期保险的最长期限为一年,起止时间以保险单规定为准。被保险船舶在保险期限内出售或转让时,除非保险人同意,保险责任得立即终止。被保险船舶在航程途中出售或转让,保险责任可以延长至航程终了时止。航次保险的保险期限以保险单订明的航次为准。该期间的起止对于不载货的船舶,应自起运港解缆或起锚时开始,至目的港抛锚或系缆完毕时为止。对于载货船应自起运港装货时开始至目的港卸货完毕时为止。为了防止由于港口拥挤等原因而无法卸货,造成保险人的责任过大,航次保险又规定当船舶抵达目的港后三十日内仍未卸货完毕的,保险责任亦终止。

四、船舶战争险

船舶战争险承保因战争和敌对行为及各种常规武器等造成的被保险船舶的损失、费用和责任。船舶战争险是船舶保险的一种附加险。船舶战争险的责任范围为由于下列原因造成的被保险船舶的损失、费用和责任：

(1)战争、敌对行为或武装冲突。

(2)由于上述第(1)条引起的扣留、扣押、没收或封锁,但是这种赔案必须从发生日起满六个月后才受理。

(3)各种常规武器包括水雷、鱼雷或炸弹。

船舶战争险的除外责任为：

(1)被保险人的国家政府对保险船舶的征用、征购、扣留或没收。

(2)原子、氢弹或核武器。

第五节 保赔保险

海上风险是多种多样的,但由于种种原因,保险人不可能对所有的风险均予以承保。为了减轻船舶所有人自己所承担的这部分风险,船舶所有人自己组织起来,于1855年成立"船东相互保障会社",即最早的船东互保协会。由参加协会的各船舶所有人各自出资,建立保险基金,共同分担保险人不承保的损失。

一、保赔保险所承保的风险范围

保赔保险是保障与赔偿保险(Protection and indemnity insurance,简称P&I)的简称,保赔保险的承保范围随着船东责任的加重和船东互保协会的发展越来越广。具体的承保风险依各保赔协会各自的章程而定,尽管各保赔协会所规定的承保风险有所区别,但其内容都大同小异,概括起来有下列几大类:(1)人身伤亡的赔偿;(2)四分之一的碰撞责任;(3)码头及其他固定或浮动建筑物的损坏赔偿;(4)清除残骸的费用;(5)油污赔偿费用及罚款;(6)共同海损的货物分摊额;(7)为处理难民及偷渡者所支出的费用;(8)海运承运人应承担责任的损失或费用;(9)各种罚款;(10)诉讼费用;(11)检疫费用。

二、保赔保险的保险费

保赔协会保险费的支付通常采用预付保费和固定保费两种方式。前者指在年初依商定的保险费率计收100%的保险费,即每位会员在年初交清依其费率计算的一笔保险费。在财务年度结束时,依每位会员赔付率的高低再增收一定百分比的保险费。后者指保险费的支付为一次付清,以后再不追加的方式。依固定保费的方式,当会员的赔付率很低时,其支付的保险费就会高于以预付保费方式支付的保险费。

第三编　海事侵权

第十章

船舶碰撞

船舶碰撞是海事侵权行为之一，它严重危及到船舶及所载货物、人员的安全和环境保护。现代航海技术的进步，并未彻底消除船舶碰撞的危险；相反，对技术设备的依赖，却往往产生麻痹大意，致使悲剧发生。因此，各国都制定相应法律严格规制，国际上也有很多有关船舶航行和碰撞的公约。

第一节　船舶碰撞概述

一、船舶碰撞的概念及构成要件

(一)船舶碰撞的概念

船舶碰撞，是指船舶在海上或者与海相通的可航水域发生接触造成船舶本身或船上人员、财产以及船外人员、财产损伤或损害的事故。

传统的船舶碰撞概念，有广义和狭义之分。①

广义的船舶碰撞，即两艘或两艘以上船舶的某一部位同时占据同一空间，致使一方或几方发生损害的物理状态。狭义的船舶碰撞，或称海商法意义上的船舶碰撞，是指对碰撞的船舶给予特别限定的碰撞。对此，国际公约及各国海商法的规定不尽一致。

狭义和广义的船舶碰撞主要区别在于：狭义的船舶碰撞适用的船舶范围小于广义的，限于海商法意义上的船舶，我国《海商法》第 3 条规定，本法所称船舶，是指海船和其他海上移动式装置，但是用于军事的、政府公务的船舶和 20 总吨以下的小型船艇除外；狭义的船舶碰撞适用的水域范围小于广义的，限于海上或与海相通的可航水域。

随着航海业的发展和海上活动的多样化，船舶碰撞的传统概念已不能科学地反映船舶碰撞的客观所在，过错责任原则的立法意图不能完全体现出来，传统的船舶碰撞的概念有了新的突破。主要体现为(1)船舶碰撞不再要求有实际接触。(2)扩大"船舶"概念的外延。船舶碰撞中的"船舶"，不限于可航船舶，还包括了不可航的机器、井架和平台，而且，船舶也不限于一方必须是海船，军事或公务舰艇也不再被排除在外。为了完善海商法律体系的具

① 司玉琢等编著，《新编海商法学》，大连海事大学出版社 2001 年版，第 315 页。

体内容,国际海事委员会(CMI)于1987年起草的《船舶碰撞损害赔偿国际公约草案》(简称《里斯本规则》)确立了船舶碰撞的新概念。

《里斯本规则》第1条对船舶碰撞作了两个定义:定义一,船舶碰撞系指船舶间即使没有实际接触,发生的造成灭失或损害的任何事故;定义二,船舶碰撞系指一船或几船的过失造成两船或多船间的相互作用所引起的灭失或损害,而不论船舶间是否发生接触。

我国《海商法》第165条对船舶碰撞的概念作了基本的界定:"船舶碰撞是指船舶在海上或者与海相通的可航水域发生接触造成损害的事故。前款所称船舶,包括与本法第3条所指船舶碰撞的任何其他非用于军事的或者政府公务的船舶。"此外《海商法》第170条还规定:"船舶因操纵不当或者不遵守航行规章,虽然实际上没有同其他船舶发生碰撞,但是使其他船舶以及船上的人员、货物或者其他财产遭受损失的,适用本章的规定。"

可以看出,我国《海商法》规定的船舶碰撞概念主要建立在传统的狭义的船舶碰撞概念的基础上,同时又融合了《里斯本规则》中一些较为先进的立法规定,因而属于传统概念和新概念的折中。

(二)船舶碰撞的构成要件

根据我国《海商法》中船舶碰撞的定义,船舶碰撞的构成要件包括:

(1)船舶碰撞必须发生在海上或其他与海相通的可航水域。

(2)船舶碰撞必须是船舶之间的相撞,其中至少一方为海船。即碰撞是海船与海船,或海船与其他任何非用于军事的或政府公务的船艇。因而,内河船舶之间的碰撞,或者船舶与码头、桥墩、灯塔以及其他水上和水下固体物质的相撞,都不属于海商法意义上的船舶碰撞的范围。

(3)船舶之间必须发生接触,才能构成碰撞。船舶接触包括直接接触和间接接触两种。所谓直接接触,是指两船或多船的某部位在物理上的实际接触,同时占据一定空间的物理状态。间接接触包括浪损和间接碰撞。浪损是因一船或多船的航行速度过快等原因所掀起的大浪使其他船舶受损。间接碰撞是指因一船或多船的过失而致其他两船或多船相撞的事故。

(4)船舶碰撞必须造成损害。船舶碰撞法律制度的最终目的是解决船舶碰撞损害赔偿的责任问题,而没有损害事实,损害赔偿责任也就无从谈起。

二、船舶碰撞的种类

(一)直接碰撞和间接碰撞

依船舶在碰撞时是否直接接触,有直接碰撞和间接碰撞之分。

(1)直接碰撞是指两船或多船的某部分在物理上的实际接触,同时占据一定空间的物理状态。

(2)间接碰撞是指两船或多船并未实际接触,但因一船或多船的过失致使其他船舶遭受损害的事故。

区分直接碰撞和间接碰撞的意义在于:多数国家均首先将船舶碰撞限定为直接碰撞,然后再扩及于间接碰撞,间接碰撞的损害赔偿比照直接碰撞的规定处理。

(二)过错碰撞与无过错碰撞

船舶碰撞依碰撞船舶的主观心理状态可以分为过错碰撞与无过错碰撞。

(1)过错碰撞是因一船或多船的故意或过失而发生的船舶碰撞,包括故意碰撞、单方过失碰撞和多方过失碰撞。

(2)非过错碰撞是指船舶碰撞的损害事实不能归责于任何一船舶的故意或过失,一般因不可抗力或意外事故所致。

区分过错碰撞与非过错碰撞的意义在于确定船舶侵害方是否应承担责任以及承担何种程度的赔偿责任。一般而言,在过错碰撞中,由过错方单独或按过错比例承担责任;在非过错碰撞中,由受害方自行承担责任。

(三)过失碰撞、不可抗力或意外事故碰撞和故意碰撞

从碰撞的起因分,船舶碰撞可以分为三种:过失碰撞、不可抗力或意外事故碰撞以及故意碰撞。

(1)过失碰撞是船舶碰撞的主要原因,英美法称之为"疏忽碰撞"。司法解释和实践中很少将过失与疏忽加以区别。我国《海商法》使用的是"过失",因为在我国的民法中,过失的概念也包含着疏忽。[①] 过失碰撞包括单方过失碰撞和双方互有过失碰撞。对此,将会在本章下一节详细阐述。

(2)不可抗力或意外事故碰撞。不可抗力造成的船舶碰撞,是指无法预见、无法避免和无法克服的自然外力和社会因素,如台风、海啸、战争、暴乱等,导致船舶碰撞。所谓意外事故造成的船舶碰撞是指船方已经做到了通常的谨慎和技术要求,仍不能避免的船舶碰撞。

(3)故意碰撞。因故意引起的碰撞非常罕见。如果船员或引航员故意碰撞他船或者其他海上财产,除承担全部赔偿责任外,还可能构成刑事犯罪。

(四)单方过失责任、双方过失责任和双方无过失责任的碰撞

在过失碰撞中,根据过失责任方的不同,可以分为如下三种过失碰撞:

(1)单方过失责任的碰撞。单方过失责任引起的船舶碰撞,应由过失方承担损害赔偿,如果波及第三方,过失方还应承担第三方的损害赔偿。通常是在航船碰撞锚泊或停在泊位上的船舶,或系泊浮筒的船舶以及浪损等。在航船之间的碰撞,极少由单方过失引起。过失包括船舶所有人管理上的过失和船舶驾驶上的过失。我国《海商法》第 168 条规定,船舶发生碰撞,是由于一船的过失造成的,由有过失的船舶负赔偿责任。

(2)双方过失责任的碰撞。船舶碰撞一般都是由于双方都有责任的过失造成的,这种双方共有过失的碰撞事故,双方均有不同程度的损失,确定赔偿责任应首先确定各方过失的责任比例,再按过失责任比例承担赔偿责任。如果双方过失的比例相当或比例无法确定,则各承担 50% 的碰撞责任。美国就是典型的采取"平分过失原则"确定船舶碰撞责任的国家。大部分国家都采取"比例过失原则"来确定船舶碰撞责任。我国《海商法》第 169 条规定,船舶发生碰撞,碰撞的船舶互有过失的,各船按照过失程度的比例负赔偿责任;过失程度相当或者过失程度的比例无法判定的,平均负赔偿责任。

(3)双方无过失责任的碰撞。无过失责任的船舶碰撞,是指不存在人为的因素,完全是因为客观原因或不明原因造成的船舶碰撞。其处理原则为相互不负赔偿责任,损失由各方自己承担。根据《海商法》第 167 条的规定,无过错的船舶碰撞,包括由于不可抗力、其他不能归责于任何一方的原因或无法查明的原因造成的船舶碰撞。

---

① 司玉琢主编,《海商法》,法律出版社 2008 年版,第 264 页。

第二节 过失碰撞问题

一、海商法中过失的含义

在民法理论中,过失是指行为人并不存在希望损害发生的意图,但对损害的发生应该或能够预见的却没有或没能预见,而导致损害的发生。民法中对过失的判断标准是行为人能否预见行为的损害结果。在理论和实践中,有主观和客观两种判断标准。

在海商法中,船舶碰撞的过失标准采用的是客观标准,即在驾驶或管理船舶过程中,具有通常技术和谨慎从事的航海人员,应当预见碰撞损害的发生而没有预见,或者应该防止碰撞损害而没有防止损害的发生或扩大,在此种情况下所作出的行为或不行为,即构成船舶碰撞中的过失。缺乏通常的技术和谨慎是构成碰撞过失的客观标准。这一标准,不仅适用于通常情况下,而且也适用于特殊情况下,即要求航海人员在特殊情况下,要履行适应特殊情况的通常技术和谨慎。①

二、确定船舶碰撞过失的原则

船舶碰撞是海商法范围内的一种常见的侵权行为,必然引起船舶碰撞所致损害的赔偿责任。基于海上航行活动和船舶本身的特殊性,船舶碰撞的构成要件有别于一般的民事侵权行为,损害赔偿责任也不同于一般的民事侵权责任。如前所述,船舶碰撞的发生虽然有很多原因,但绝大多数碰撞都是过失碰撞,或者单方过失,或者双方过失。作为侵权行为,船舶碰撞损害赔偿的归责原则遵循过错责任原则,在具体的碰撞类型中,确定过失的原则有所不同。在不同国家,适用的情况也有所不同。船舶碰撞民事责任的基础与一般民事侵权责任的基础一样,均采取过错责任原则,即行为人只有在主观上对自己的行为及其损害结果存在过错,才承担民事责任。在民法中,对过错的判定标准有主观标准和客观标准两种。在船舶侵权行为法中,各国的立法与司法实践在确定过错时采取客观标准,而确定方法则是综合的和多元的,针对不同的案件事实确定是否存在过错,谁的过错及过错大小。

(一)确定碰撞过失的一般原则

在过失导致的船舶碰撞中,确定过失的一般原则是船舶碰撞方是否具有合理的技术与谨慎。这一标准是在船舶侵权责任中判定船舶所有人及其受雇人是否存在过错的基础性标准,它包括两个方面,即船舶所有人是否具有合理的技术与谨慎以及船舶所有人的受雇人是否具有合理的技术与谨慎。船舶所有人是否具有合理的技术与谨慎是指船舶所有人是否依法使船舶适航并在每一个航次中保持有效的安全状态。在通常情况下,船舶碰撞法并不要求船员具有非凡的技术和超凡的谨慎,但是船员必须具备良好的船艺,良好的船艺亦称海员通常做法、海员式做法或海员式的行动等。根据《1972 年国际海上避碰规则》第 2 条和《美国内河航行规则》第 2 条之规定,良好的船艺是指海员通常做法可能要求的或当时特殊情况可能要求的任何戒备。该规定实际上要求海员应当具备一个合格的船员所通常具有的知识和技术,而不是期望该船员去预见并防止每一次事故。若遵守避碰规则仍不足以避免碰撞时,该海员应像一位具有通常技术和知识的海员在该情形下所应采取的行为一样去避让

① 转引自司玉琢主编,《海商法》,法律出版社 2008 年版,第 265 页。

他船。

船舶过失所引起的碰撞,多由过失船舶违反驾驶或避碰规则、航行规章或海事惯例所致。例如,船舶在港口或航道内违章行驶、违章或违反惯例泊船、船长或船上人员违章驾驶船舶等作为和不作为均可以导致碰撞事故的发生。一般情况下,过失分为驾驶船舶的过失和管理船舶的过失。

驾驶船舶的过失的判断,一般原则是把碰撞的过程分为会遇、构成碰撞危险、形成紧迫局面、出现紧迫危险和碰撞几个阶段,每一阶段中都以船员是否体现了良好的船艺以及是否遵守了船舶航行的规则为标准来判断船员是否具有航海过失导致碰撞发生。但由于碰撞的发生是一个连续的过程,因此要在这一过程中判断船员是否具有驾驶过失。

管理船舶的过失的判断,基本原则是作为一名合格船员在管理船舶过程中是否已尽合理谨慎和技能。

(二)确定碰撞过失的特殊原则

1. 最后机会原则

所谓最后机会原则,是指船舶碰撞中,有最后机会避免船舶碰撞发生的船舶,由于其过失未能避免时,则应认定该船舶对损失负全部责任。该原则在英国司法实践中影响深远,常常成为判案的依据。根据该原则,如果一方确实观察到或经过仔细观察可以发现另一方有疏忽行为,并有充分的时间采取避碰措施却没有采取合理的行为,则应承担责任。但是,最后机会原则往往成为过失方逃避责任的借口,因为即使其存在过失,只要能证明对方有避碰的最后机会,则可免责。正因如此,英国法院也逐渐放弃了该原则,认为较公平的原则不是看是谁有最后机会避碰,而是分清谁的过失导致碰撞的发生。

2. 法律推定过错原则即宾夕法尼亚规则

这一标准是指当一船违反法定航行规则(包括国际性或地方性规则)时,除非该船舶能证明在当时情况下背离航行规则是必要的,或者违反该规则在当时情况下不可能导致碰撞的发生,否则,法律便推定违反航行规则的船舶犯有过失。法律推定过失原则必须由法律明确规定。该原则最早源于英国。由于该原则在理论上和事实上背离了碰撞事故中过错与损害事实之间应存在因果关系的原则,大多数国家均相继抛弃该原则。目前,只有美国在该领域仍坚持法律推定过错原则,即所谓的“宾夕法尼亚规则”(Pemsylvania Rule)。依据该规则,被认定有过失的船舶若要解脱责任,不仅要证明其过错不是碰撞的原因,而且还要证明该过失也不可能导致碰撞,其目的是为了强调应绝对严格遵守航行规则。这一规则产生于1874年美国最高法院对“宾夕法尼亚”案所做的判决。1869年在新泽西州的Sandy Hook附近海域,两条悬挂英国国旗的船舶“MaryTroop”号帆船和“Pennsylvania”宾夕法尼亚轮在雾中航行相撞。经证实宾夕法尼亚轮雾中行驶速度过快,明显是碰撞的重要原因。宾夕法尼亚规则因此得名。该规则的实质是法律推定过失,也称之为起因推定,即一旦船舶违反航行规则,就推定此行为是造成碰撞的原因,违章船舶要解脱责任,必须证明此违章不是碰撞的原因。现在在美国,这一规则也开始受到批评,其作用在逐渐减弱。但尽管如此,该规则在美国仍占据主导地位。[①]

3. 双方疏忽等效原则

指碰撞当事各方的疏忽一直持续到碰撞时刻,且每一方的疏忽都能导致碰撞的发生,此

① 转引自司玉琢主编,《海商法》,法律出版社2008年版,第269页。

时应各自承担50%的责任,因为此种情况下难以区分谁的过失为主。我国海商法理论和司法实践都承认该原则。

我国法律对判定过失的标准未予规定,即使有一些规定,如“合理”“谨慎”等含糊标准,也不具操作性,通常由法院或仲裁机构进行个案确定。我们认为,判定船舶碰撞中的过失,应以船舶所有人、经营人、船员是否应当注意,能否注意为依据,并根据他们行为的时间、地点和其他客观环境因素综合判断。

三、特殊作业中的过失责任认定

特殊作业中的过失主要包括沉船所有人安装沉船标志或者打捞沉船中的过失,以及拖带、引航和救助作业中的过失造成船舶碰撞的情形。特殊作业中的碰撞过失责任的认定方法如下。

(一)沉船船舶所有人的过失导致的碰撞责任

沉船船舶所有人在得知船舶沉没后,有义务在合理时间内设置沉船标志。如果由于船舶所有人没有及时履行这一义务,其他船舶与沉船发生碰撞,认为沉船所有人有过失,应承担碰撞责任。至于合理时间如何确定,这是一个事实问题,应视具体案情而定。[①] 沉船船舶所有人的碰撞过失责任的基础是其对船舶的所有权,当其丧失对沉船的所有权时,如转让沉船或将沉船委付给保险人,其碰撞责任也就终止了。

(二)拖航作业中的过失碰撞责任

拖航作业中发生的碰撞责任,除拖航合同另有规定外,应当根据拖航作业的具体情况,判断碰撞发生时拖船与被拖船是否为一体,来确定碰撞过失责任;还要判断是拖船与被拖船发生碰撞,还是拖船、被拖船与第三船相撞。在拖航作业中发生碰撞,如果是拖船与被拖船发生碰撞,双方要根据合同或者根据碰撞具体情形来判断过失责任;如果是在拖航过程中发生拖船和被拖船与第三方船舶碰撞的情况,如果拖船与被拖船是一体的,则对碰撞要承担连带责任。

(三)引航作业中的过失碰撞责任

引航员的引领过失造成船舶碰撞,与船长的过失造成的碰撞一样,其船舶所有人应对碰撞损害负责,即使强制引航也是如此。这一原则被多数国家所接受。少数国家引航当局对此给予象征性的损害赔偿。有的国家海商法规定,引航员本人要承担经济责任,但赔偿数额不应超过应收取的引航费。[②]

(四)救助作业中的过失碰撞责任

救助方在救助作业中的过失导致的船舶碰撞,救助方要承担赔偿责任。这种事例并不多见。在救助作业中,救助方要对救助作用负责,由于其过失导致船舶碰撞,可能会造成被救方的损失或加大原有的损失,或增加救助作业的难度,其结果都是由救助方承担责任,或者减免救助报酬,或者反过来对被救方进行赔偿。

---

① 司玉琢主编,《海商法》(第二版),法律出版社2008年版,第270页。

② 贾林青主编,《海商法》,中国人民大学出版社2004年版,第179页。

第三节 船舶碰撞损害赔偿

船舶碰撞在本质上属于民事侵权行为范畴,因此船舶碰撞所引起的损害赔偿原则、范围和计算方法等应适用民事侵权损害赔偿的一般规定。但与一般的民事侵权行为相比,船舶碰撞又具有特殊性和复杂性,所以各国对船舶碰撞损害赔偿原则、范围和计算方法等又有特殊规定。国际海事委员会为了解决船舶碰撞损害赔偿问题,在1985年第35届会议上提出了《确定海事碰撞损害赔偿国际公约草案》(简称《1985年碰撞损害公约草案》),并在此基础上于1987年制定并通过了《船舶碰撞损害赔偿的里斯本规则》。上述《草案》和《规则》对船舶碰撞的损失范围作出了原则性的规定。我国最高人民法院于1995年参照上述《草案》和《规则》制定了《关于审理船舶碰撞和触碰案件财产损害赔偿的规定》(简称《碰撞损害赔偿规定》),该《规定》填补了我国海商法在此领域内的空白,为船舶碰撞案件的审理提供了依据。

一、船舶碰撞损害赔偿的基本原则

(一)恢复原状原则

恢复原状一直是各国民事侵权法普遍采用的确定财产损害赔偿的范围和数额的赔偿原则,本意是恢复到原来的状况,是指加害人通过赔偿使受害人的财产或经济地位尽可能恢复到如果他没有遭受损害而本应具有的财产或经济地位。《民法通则》第117条第2款规定的"损坏国家、集体和他人的财产应当恢复原状",是我国民事侵权赔偿责任的恢复原状原则的基本规定。《1985年碰撞损害公约草案》第3条规定:"碰撞损害赔偿应当使索赔方尽量接近索赔事故发生之前的状况。"这一原则长期以来被各国处理船舶碰撞案件所遵循。我国最高法院《碰撞损害赔偿规定》第2条规定:"赔偿应当尽量达到恢复原状,不能恢复原状的折价赔偿。"这一恢复原状不只是物质形态的恢复原状,船舶碰撞案件的恢复原状多数体现为碰撞责任方对受害方的金钱补偿。可见,海商法中对于海事侵权行为引起的财产损失的恢复原状原则与普通民事侵权法的响应规定并不完全一致,海事侵权要求碰撞责任方要"尽量恢复原状",即尽可能地恢复到未受损失时应有的状况。[①]

(二)直接损失赔偿原则

我国《碰撞损害赔偿规定》第1条第1款规定:"请求人可以请求赔偿对船舶碰撞或者触碰造成的财产损失,船舶碰撞或触碰后相继发生的有关费用和损失,为避免或者减少损害而产生的合理费用和损失,以及预期可得利益的损失。"该条明确了直接损失的范围。《1985年碰撞损害公约草案》第5条规定:"除本公约另有规定外,碰撞直接造成的损害方可追偿。"该条明确了能得到赔偿的损害必须是碰撞的直接后果。

判断一项损失是否属于直接碰撞损失,要符合以下几点:第一,损失必须是碰撞的直接后果;第二,损失必须是相继碰撞事故之后立即发生的后果;第三,损失必须是伴随碰撞事故的发生可合理预见的后果。

(三)受损方应尽力避免损失扩大原则

船舶碰撞损害赔偿的基本作用是保护无过失受害方,要求过失加害方赔偿其损失。但

---

① 韦经建编著,《海商法》(修订版),吉林人民出版社1996年版,第365页。

有时为了防止无过失受害方为了多获得赔偿而为非善意行为,法律上要求无过失受害方负有采取一切合理措施减少过失方对其造成的损失的义务。我国民法、海商法都将无过失受害方负有减少损失的义务作为财产损害赔偿的一项原则。依此原则,无过失受害方必须采取合理措施减少损失的发生,不得故意扩大损失,不合理扩大的损失不赔偿。[①] 依此原则,当受害方遭受损害时,应就当时的情况采取力所能及的措施以减轻原有的损害或避免新的损害,即使受害方在受到严重损害后,也有此义务。《1985 年碰撞损害公约草案》第 4 条规定:“索赔方尽合理谨慎就会避免或减少的损害不得追偿。”《碰撞损害赔偿规定》第 1 条第 2 款规定:“因请求人的过程造成的损失或者使损失的扩大部分,不予赔偿。”因此,当发生船舶碰撞后,受害方应尽力采取合理措施,将损失控制在最小范围内。其标准是,作为一个谨慎的船舶所有人,当船舶发生碰撞后,是否会采取同样的措施。

二、船舶碰撞损害赔偿的范围及计算方法

船舶碰撞损害赔偿的范围包括船舶本身的损害,船上所载货物、财产的损失,以及船上旅客和船员的人身伤亡损害。

(一)船舶的损害赔偿

船舶损失包括全损和部分损失,两者具体的赔偿或补救方式亦有差异。

船舶全损包括实际全损和推定全损,两者在确定船舶全损赔偿的范围和计算标准方面并无实质差别。船舶全损是指因碰撞事故使船舶完全损坏,或者受到损坏的程度相当严重,不能回复原来的状态或原有效用的情况。例如,因船舶碰撞致使船舶起火爆炸或沉没通常属于实际全损。推定全损是指因碰撞,船舶虽未达到完全毁坏的程度,但施救费用和修理费用的任何一项或两项之和,估计要达到或超过修复后的船舶价值的情况。如果船舶碰撞造成船舶局部损毁,则为部分损失。

船舶全损的赔偿范围包括船舶的价值损失、合理的船期损失、船员工资和遣返费以及合理的救助费用及其他合理费用。船舶发生部分损失后,赔偿范围一般包括对船舶合理的修理费用和附带费用、合理的船期损失、因碰撞而产生的合理拖航费及救助款项和共同海损分摊等费用。

在海事碰撞案件中,确定船舶价值公认的习惯做法通常为采用船舶灭失时碰撞发生地类似船舶的市价确定;碰撞发生地无类似船舶市价的,以船舶船籍港类似船舶的市价确定;或者以其他地区类似船舶市价的平均价确定;没有市价的,以原船舶的造价或者购置价,扣除折旧计算;折旧后没有价值的,按残值计算。[②]

合理的船期损失是指船舶遭到全损后,受害方在未找到替代船舶之前因丧失船舶使用、受益权而遭受的损失,但该项损失应以找到替代船所需的合理时间为限。船期损失的计算,船舶全损的,以找到替代船所需的合理时间为限,在我国,这个合理期限最长不超过 2 个月。船舶部分损害的修船期限,以实际修复所需的合理时间为限,其中包括联系、住坞、验船等所需的合理时间;渔船的船期损失,要扣除休渔期。

(二)船上货物和其他财产的损害赔偿

因船舶碰撞造成的船上货物和其他财产的损失赔偿的范围包括货物或其他财产灭失或

---

① 张湘兰等著,《海商法论》,武汉大学出版社 1997 年版,第 191 页。

② 王玫黎等著,《海商法学》,武汉大学出版社 2010 年版,第 194 页。

损害导致的价值损失、货物迟延交付的损失、渔船捕捞的渔货、渔具损失、旅客行李、物品的损失以及船员的个人生活必需品的损失等。对船载货物的损失,也因全损或部分损失而致其损害赔偿方式不同。若船载货物发生全部损失,过失方应按货物处于完好状态下到达目的港的市价赔偿货方的损失。若没有市价,可按起运地货物的成本加运费为标准来确定过失方的损害赔偿额。若货物为部分损失,则按目的地的完好价格减去受损后的价格余额作为过失方的赔偿额。

如果承运人或船东对货物运输适用不完全过失责任制,对碰撞引起的本船货物损害不予赔偿;若为互有过失的碰撞,则应以过失比例对他船货损赔偿;若为其单方过失碰撞,则应对他船货损全部赔偿。

(三)船上人员人身伤亡的损害赔偿

因船舶碰撞造成的船上人员人身伤亡,包括致本船在船人员伤亡,或他方当事船在船人员伤亡,或第三方船舶上的人员伤亡。对人身伤亡,负有过失的一方负赔偿责任,若为互有过失碰撞,则由过失船舶承担连带赔偿责任。

《1910 年碰撞公约》第 4 条第 3 款规定:"对于人身伤亡所造成的损害,各过失船舶对第三者负连带责任。但这并不影响已经支付较本条第 1 款规定其最终所应赔偿数额为多的船舶向其他过失船舶取得摊款的权利。"我国《海商法》第 169 条第 3 款规定:"互有过失的船舶,对造成的第三人的人身伤亡,负连带赔偿责任。一船连带支付的赔偿超过本条第 1 款规定的比例的,有权向其他有过失的船舶追偿。"

根据最高法院 1991 年通过的《关于审理涉外海上人身伤亡损害赔偿的具体规定(试行)》的规定,人身伤亡的赔偿范围包括伤残赔偿和死亡赔偿两大类。其中,伤残赔偿范围包括收入损失、医疗护理费、安抚费及其他必要费用。收入损失是根据伤残者因船舶碰撞而受伤之前的实际收入水平计算的。对受伤致残而丧失劳动能力的,其收入损失按受伤、致残之前的实际收入的全额赔偿;因受伤致残丧失部分劳动能力的,按受伤致残前后的实际收入的差额赔偿。受伤者的收入损失,计算到伤愈为止;致残者的收入损失,计算到 70 岁。医疗费包括挂号费、检查诊断费、治疗医药费、住院费等;护理费包括住院期间必须陪护人的合理费用和出院后生活不能自理所雇请的护理人的费用。安抚费是指对受伤致残者的精神损失所给予的补偿。其他费用包括伤残人员的交通费、食宿费、伤愈前的营养费、补救性治疗费、残疾用具费、医疗期间陪护家属的交通费、食宿费等支出。

因死亡而对死者家属所进行的赔付包括收入损失、医疗费、护理费、安抚费、丧葬费及其他必要的费用。死者的收入损失是根据死者生前的综合收入水平计算的,公式为:(年收入－年个人生活费)×死亡时起至退休的年数＋退休收入×10。其中,死者的个人生活费应占其年收入的 25%～30%。这里的安抚费是对死者遗属的精神损失所给予的经济补偿。

三、互有过失的船舶碰撞的损害赔偿计算

在船舶故意或单方过失碰撞场合,由故意方或过失方承担损害赔偿责任,故不存在理算问题。在互有过失碰撞场合,应由各责任方依过失程度按比例分担损害赔偿责任。由于船长、船员、引航员或承运人的其他受雇人在驾驶或管理船舶过程中的过失导致的船上货物发生灭失或损坏,承运人不负赔偿责任,因此,船舶对货物的损害赔偿,一般不包括对所载货物的赔偿。但是,对于对方船舶所载货物的损失,应按过失比例负赔偿责任。各方对对方船舶和货物的损害赔偿金额确定后,按照《1985 年碰撞损害赔偿国际公约》,一般采取冲销的方

法来结算各方的赔偿额。①

例如，甲乙两船相撞，甲船负四分之一的过失责任，乙船负四分之三的过失责任（假设两船都不涉及海事赔偿责任限制）。

甲船损失（包括船舶和所载货物损失）　2 000 000 元

乙船损失（包括船舶和所载货物损失）　1 500 000 元

甲乙两船共损失　3 500 000 元

损害赔偿计算方法：

甲船负有四分之一的过失责任，应赔偿乙船损失为

1 500 000 × 1/4 = 375 000 元

乙船负有四分之三的过失责任，应赔偿甲船损失为

2 000 000 × 3/4 = 1 500 000 元

双方所承担的赔偿对方船舶损失的数额采用相互冲销的方法计算，则乙船实际赔付甲船的赔偿额为

1 500 000 - 375 000 = 1 125 000 元

对于人身伤亡损害赔偿，公约规定：在发生人身伤亡损害赔偿的情况下，受害人或其家属可以向互有过失的任何一方要求 100% 的赔偿。然后赔付方转向对方追偿其应承担的责任比例部分。

但是，上述人身伤亡赔付方的追偿权利，有可能受到国内法有关规定的制约。例如，在海上旅客运输中，有的国家承认承运人对旅客人身伤亡的免责权，如果适用该国法律的船舶发生旅客人身伤亡，受害人不能向本船承运人提出索赔。根据碰撞公约的规定，对人身伤亡，过失方负连带责任，可向对方请求 100% 的损害赔偿，对方船舶赔付后，因无法追偿，只好负全部责任。再如，有的国家法律规定，本国船舶船员的人身伤亡如果是船上人员过失行为的结果，船舶所有人也可以免责。在这种情况下，另一过失方有可能按连带责任原则承担全部责任。

在美国，因共同侵权发生两船碰撞，致使货物遭受损害，法律规定互有过失的责任方对此损害也要负连带责任。例如，甲船货主损失 50 万元，他从乙船方取得 50 万元的赔偿，但是，按照美国法律，乙船只负 50% 的赔偿责任，所以乙船船舶所有人可将 50 万元的 50% 即 25 万元，加在乙船船舶损失上向甲船追偿。这样，甲船等于间接地赔付了甲船货主损失的 50%。同样，乙船货主也可以用同样的方法，从甲船船方取得 100% 的货损赔偿，乙船最终间接地赔偿了乙船货主损失的 50%。

美国对于碰撞损失赔偿的这种处理办法，既不符合《1910 年碰撞公约》规定的精神，也不符合承运人与货主签订的运输合同上有关航海过失免责条款的规定。所以，为了解决这个问题，自 1951 年以来，凡是去往美国的载货船舶都在其租船合同或提单上订入“双方有责碰撞条款”（Both to Blame Collision Clause）。订入该条款的目的在于使载货船舶所有人有权向本船货主追回其本应免责，但却间接地赔付了的 50% 的货物损害。②

① 韦经建编著，《海商法》，吉林人民出版社 1996 年版，第 369 页。

② 司玉琢主编，《海商法》，法律出版社 2008 年版，第 276 页。

第四节 有关船舶碰撞的国际公约

为了统一船舶碰撞法律规则,国际组织制定了若干有关船舶碰撞的国际公约。主要有《1910 年统一船舶碰撞若干法律规定的国际公约》(以下简称《1910 年碰撞公约》)《1972 年国际海上避碰规则》(以下简称《1972 年避碰规则》)《1952 年船舶碰撞中民事管辖权方面若干规定的国际公约》(以下简称《1952 年民事管辖权公约》)《1952 年统一船舶碰撞或其他航行事故中刑事管辖权方面若干规定的国际公约》(以下简称《1952 年刑事管辖权公约》)。

一、《1910 年碰撞公约》

该公约于 1910 年 9 月 23 日在比利时召开的第三次海洋法外交会议上通过,自 1913 年 3 月 1 日起生效,是有关船舶碰撞最重要的国际公约。该公约得到世界上除美国以外的大多数国家的承认和接受,因而在很大程度上统一了各国法律有关船舶碰撞的法律规定。我国于 1994 年 3 月 5 日加入了该公约,除了船舶碰撞的适用水域有所不同外,《海商法》中关于船舶碰撞的规定很多都是参考该公约制定的。其主要内容如下。

(一)适用范围

公约第 1 条规定,在海船之间或海船与内河船舶之间发生碰撞,使船舶或船上财物、人员人身遭受损害所引起的赔偿,不论碰撞发生在任何水域,应按本公约的规定处理。第 11 条的规定,公约不适用于军事船艇和专门用于公务的政府船舶。此外,公约第 12 条还规定,如果在某一案件中,有关的船舶都属于缔约国,或者在本国法律所规定的任何其他情况下,本公约的规定适用于全体利害关系人。但是,第一,对于属于非缔约国的利害关系人,每一个缔约国可以在互惠条件下适用本公约的规定;第二,如果全体利害关系人和受理案件的法律属于同一个国家,应该适用国内法,而不适用本公约。同时,公约第 13 条还规定,本公约扩大适用于一船由于进行或者不进行某种操纵,或者由于不遵守规则,而给他船或者任一船上的货物或者人员造成的损害的赔偿,即使碰撞实际上未曾发生。

(二)船舶碰撞责任的确定原则

该公约最重要的意义在于它确立了过错责任的归责原则,并规定了各种情况的碰撞责任。公约在确认碰撞责任原则问题上,规定了各种情形下碰撞责任的划分,具体包括如下情形:

(1)无过失碰撞。公约第 2 条规定,如果船舶碰撞的发生是由于意外事故或不可抗力或原因不明造成的,其损害应由遭受损害者承担。

(2)单方过失碰撞。公约第 3 条规定,如果碰撞是由于一船的过失所引起的,损害赔偿的责任应由该过失船舶承担。

(3)多方过失碰撞。公约第 4 条规定,如果两艘或两艘以上的船舶互有过失发生碰撞,各船应按过失比例分担责任。如果不能确定各船所犯过失的程度,或者看来过失程度相等,应平均分担。船舶对财产的损害,由过失船舶按上述比例承担。但是,对于人身伤亡的损害,各过失船舶对第三人要负连带责任,但是一船所付出的人身伤亡赔偿超过其应承担的部分的,有权向其他过失船舶追偿。

该公约最重要的贡献是在两个问题上促成了国际范围内的统一:第一,按过失的比例确定碰撞责任,废除了平分过失原则;第二,关于赔偿责任的认定,适用实际过失原则和事实推定过失原则，废除了一切法律推定过失原则。①

(三)诉讼时效

公约第7条第1款规定，船舶碰撞损害赔偿请求权的时效为2年，从事故发生之日起计算。有关人身伤亡赔偿的追偿权，自给付全部赔偿金额之日起算，必须在1年内提出。上述时效期间可能终止或中断的事由，由审理该案件的法院所在地法确定。公约第7条第4款还规定，如果在上述时效期间内不可能在原告的住所或主要营业地所在国家的领水内扣留被告船舶，各缔约国可按照本国法律规定，延长时效期间。

(四)碰撞后船长的救助责任

公约第8条规定，两船发生碰撞后，各船船长在不致对本船及其船员和旅客造成严重危险的情况下，必须尽力救助其他船舶及其船员和旅客。如违反这一规定，应负刑事责任。公约还规定，如果船长违反这一规定，船舶所有人一般不负责任。

二、《1972年避碰规则》

1948年，在伦敦召开的国际海上人命安全会议上，通过了《1948年国际海上人命安全公约》，同时通过了《1948年国际海上避碰规则》。针对如何使用雷达协助避碰问题，原政府间海事协商组织(IMCO)于1960年在伦敦组织召开了一次海上人命安全会议，对1948年避碰规则进行了修订。修订后的规则被称为《1960年国际海上避碰规则》。该规则后来被《1972年国际海上避碰规则》所取代。

为了海上的航行安全，联合国政府间海事协商组织于1972年10月4日在伦敦召开的国际会议上通过了《1972年避碰规则》，该规则于1977年7月15日生效。《1972年避碰规则》产生后，曾经于1981年、1987年、1989年和1993年进行过四次修订，最新的一次修正于1995年生效。我国政府于1980年正式接受该规则，但做了关于属于我国的非机动船不受规则约束的保留。1972年避碰规则与以往不同，其法律理念重在帮助驾驶员进行避碰而非使法院能判定责任。因此，它将需要强调和引起海员注意的问题和要求列为专门条款并置于优先地位，而对号灯和与海员无直接关系的技术细节置于规则后面或作为附录。该规则的主要内容如下。

(一)适用范围

规则规定的适用范围十分广泛，适用于在公海和连接公海而可供海船航行的一切水域中的一切船舶，即用做或者能够用做水上运输工具的各类水上船筏，包括非排水船和水上飞机。

(二)驾驶和航行规则

规则规定了海上航行的船舶应遵守的五项规则，要求船舶应当做到：

(1)保持正规瞭望。每一船舶应当经常使用视觉、听觉以及适合当时环境和情况的一切有效手段保持正常瞭望，以便对局面和碰撞危险作出充分的估计。它要求驾驶员在任何情况下都必须高度警戒。

(2)使用安全航速。规则要求船舶在任何情况下都必须充分考虑各种因素，决定并使用安全航速，以便采取适当而有效的避碰行动，在适合当时环境下情况的距离内将船停住，避免碰撞发生。

① 贾林青著，《海商法》，中国人民大学出版社2008年版，第214页。

(3)给他船让路。根据规则第 12 条、第 13 条、第 14 条、第 15 条和第 18 条的规定,在航船舶应当根据不同情况给他船让路。

(4)正确显示号灯和号型。根据规则第 20 条,所有船舶不论在航和锚泊,不论天气好坏,不论白天夜晚,均应按该规则附录一的规定显示正确的号灯和号型,以便他船明确本船的行动或情况。规则第 23 条至第 30 条明确规定了各类在航船舶和各种状态的船舶应当显示的号灯和号型。

(5)正确使用声号和灯号。规则第 34 条、第 35 条和第 36 条对在不同情况和状态下的船舶如何正确使用声号和灯号作了明确规定。

三、《1952 年民事管辖权公约》

《1952 年民事管辖权公约》是由国际海事委员会主持于 1952 年 5 月 10 日在布鲁塞尔召开的第九届海洋法外交会议上通过的,是大陆法系和英美法系管辖制度相互妥协的产物。我国尚未加入该公约。

该公约统一了船舶碰撞案件的司法管辖权。关于司法管辖权,公约规定(1)原告只能向下述法院提出诉讼:被告经常居住地或营业所在地法院;扣押过失船舶或得依法扣押属于被告的任何其他船舶的扣押地法院,或提供担保金或其他担保地法院;碰撞发生于港口或内河水域地,则为碰撞发生地法院。(2)原告有权选择向上述任何一国法院提起诉讼,但原告在未撤销已提起的诉讼之前,不得就同一事实对同一被告在另一管辖区域内提起诉讼。

但是,上述关于司法管辖权的规定,在任何情况下都不妨碍当事人双方通过协议向其选择的法院就碰撞提起诉讼或提交仲裁的权利。

为弥补《1910 年碰撞公约》和《1952 年民事管辖权公约》的不足,并统一船舶碰撞的民事管辖权、法律适用以及判决的承认与执行问题,国际海事委员会于 1977 年通过了《统一船舶碰撞中有关民事管辖权、法律适用和盘踞的承认与执行方面若干规定的国际公约(草案)》。该公约草案至今未生效,但其中的基本原则已为大多数国家所接受。

四、《1952 年刑事管辖权公约》

《1952 年刑事管辖权公约》是与《1952 年民事管辖权公约》同时通过的,是相互配套的公约。公约于 1955 年 11 月 20 日生效。其主要内容有:

(1)船舶在公海上发生碰撞或其他航行事故,以致船长或船上其他船员涉及刑事诉讼或纪律处分的案件,只能交由当事船的船旗国司法机关或行政机关处理,除船旗国有关当局外,任何其他国家的有关当局,无权扣押当事船,即使是为了调查。

(2)一国有权对在其领海内因船舶碰撞或其他航海事故而发生的刑事案件采取措施,或对其本国人在他国船上的违法行为提出控告。

(3)公约不适用于在港口或内河水域发生的碰撞或其他航行事故。

第十一章

船舶污染损害赔偿

21世纪是海洋的世纪,已逐渐成为人们的共识。随着陆地资源的迅速消耗,人类将目光转向了海洋,向海洋索要资源。随着全球化的发展,国家之间的经济交往与合作愈发频繁,而绝大多数国际经济贸易都是依靠海上运输来完成,船舶作为海上运输的主要载体,其地位越来越重要。二战后,随着国际贸易的发展,造船技术不断提高,海上运输也越来越繁忙,运输的货物种类也越来越多,如石油、化学品、有毒有害物质、核物质等。国际贸易繁荣带来的严重后果就是船舶运输过程中对海洋的污染问题,船舶污染是海洋环境污染的主要来源之一,是一种新型的特殊海上侵权行为。这是随着20世纪50年代以后的石油工业、化工工业的发展以及油类、有毒货物海运量的大大增加而逐渐成为当代危害沿岸各国居民身体健康、损害财产和资源、危害海洋环境、破坏海洋生态平衡、威胁人类的主要污染源之一的。据统计,现代海洋环境污染中有35%的污染为船舶污染。因此,自20世纪60年代开始,国际上、区域内和各沿海国国内都为防止和减少船舶污染损害作出了不懈的努力和各方面的尝试,逐步建立、完善了防止船舶污染和船舶污染损害赔偿责任的法律制度。

第一节　概　　述

一、船舶污染损害概述

(一)船舶污染损害的概念和特征

海洋环境污染由多方面原因造成,就污染源而言,主要有陆源污染、船舶污染、海洋石油勘探与开发污染、海岸工程污染、倾倒废弃物和大气污染。其中,船舶污染是最重要的类型之一。船舶在海上运输或作业过程中,会因碰撞、触礁、搁浅、火灾或爆炸等引起海难事故,造成海洋环境的污染。

船舶污染损害,又称船舶造成的海洋环境污染损害,是指船舶直接或间接把船载货油、燃油以及船载有毒有害物质倾注到海洋,产生损害海洋生物资源、危害人体健康、妨害渔业和其他海上经济活动、损害海水使用质量、减损环境质量等有害影响。船舶污染损害包括船载货物、船舶燃油以及船载有毒有害物质造成的海洋或其他水域的污染损害。①

在性质上,船舶污染损害是一种侵权行为,与船舶碰撞共同构成海上侵权的主要内容,但是船舶污染损害侵权是船舶所有人或其他责任人通过船舶这种运输工具对海洋环境的一种损害。而船舶碰撞侵权是指两艘或两艘以上船舶发生的直接或间接的接触而导致的船舶、船上财产的损害或人身伤亡损害,有些碰撞会导致燃油泄漏情形,会对海洋环境构成污

① 司玉琢主编,《海商法》,中国人民大学出版社2008年版,第373页。

染损害。船舶碰撞属于一般海上侵权行为,责任人承担过错责任;船舶污染损害属于特殊的海上侵权行为,责任人承担无过错责任。

船舶污染损害有以下几个方面的基本特征:

第一,船舶污染损害必须是船舶泄漏或排放污染物于海洋,而不是通过船舶专门将陆上有害物质倾倒于海洋。这一特点强调污染物是从船舶中排放或溢出,亦即污染物来自于营运过程中的船舶,有别于通过船舶将陆上产生的污染物倾倒于海洋的行为。

第二,船舶污染损害的污染物质通常是运输中的油类物质、有毒有害物质和船舶清除垃圾、船上人员生活污水,但主要是油类物质。来自船舶的石油污染是海洋环境污染损害的主要来源。

第三,船舶污染是一种特殊的海上侵权行为。侵权人承担侵权责任的基础为无过失责任原则,换言之,船舶所有人对其船舶逸出或排放的油类所造成的损害,无论其本人、船长、船员或其他受雇人员是否有过错,均须承担赔偿责任。

第四,船舶污染损害具有跨国性或国际性,容易引发复杂的国家管辖问题。这一特点是船舶的移动性和海洋的自然流动性所决定的。如船舶污染行为发生在船舶上,应归船旗国管辖,而当船舶航行于另一国领海、专属经济区或停泊在另一国港口时,其污染行为或后果又会处于该国管辖范围内,这样就容易发生国家之间的管辖权冲突。

(二)船舶污染损害的分类

船舶污染损害的分类标准较多,但在法律上较有实质意义的分类则是按船舶污染海域的途径和方式以及污染物的标准进行分类。

1. 根据污染途径与方式,船舶污染损害可分为事故性污染损害和排放性污染损害

事故性污染损害是指运载石油或有毒有害物质的船舶在航行过程中因过失或疏忽或不可抗力、意外事故等原因导致发生触礁、碰撞、搁浅、爆炸、起火等海上危难事故后,船载货物泄漏进入海洋造成的污染损害。此种类型的船舶污染虽在所有船舶污染事件中所占比例相对较少,但因发生的时间地点及危害集中,损害后果往往非常严重,影响很大,对环境所造成的不利影响有时要持续几十年才能消除。

排放性污染损害亦称操作性污染损害,是指船舶有意地将船舶污染物排放于海洋,它分为正当排放和不正当排放两种。所谓正当排放是指船舶排放的污染物未超过防污标准或排放行为不被禁止或限制的轻微船舶污染行为。不正当排放是指船舶排放的污染物超过防污标准,或在禁排区内排放污染物而造成的污染。在不正当排放中,大量污染行为是排放油轮或油槽的压舱水、洗舱水以及舱底含油污水。由于船舶排放性污染发生的时间和地点极为分散,因而往往被人们所忽视,但实际上,它在排放到海洋的油类总量中占的比例也较大。

2. 根据船舶排放的污染物,船舶污染损害可分为油污损害和有毒有害物质污染损害

油污损害是指船舶逸出或排放油类货物或燃料油后,除船舶本身以外而对沿海或内陆水域或与其毗连区域的人类健康或海洋生物或资源造成实质性损害的污染行为。在海洋油类污染中,船舶是最重要的油类污染源。这里的油污是广义的,包括货物油污染和燃油污染两部分。

有毒有害物质涉及的范围很广,包括危险性的化学品、散装液体有害物质、散装液化气体,等等,按已生效的有关国际公约中列出的所有危险和有毒物质计算,约有几千种。应当说,有毒有害物质的海上运输量要远远小于油类货物的运输,但另一方面,有毒有害物质的毒害性要比油类货物大得多。

二、船舶污染损害赔偿概述

(一)船舶污染损害赔偿的概念和特点

船舶污染损害赔偿,是指污染损害责任人因船舶造成海洋污染损害而依法对污染受害人进行赔偿的法律制度。

船舶污染损害赔偿具有以下主要特点。

1. 责任主体的限定性

船舶污染损害赔偿的责任主体是由法律明确规定的。通常情况下,船舶污染损害赔偿的责任主体只能是肇事船舶的所有人,如《1992 年国际油污损害民事责任公约》(简称《1992 年民事责任公约》)第 3 条第 1 款、《2001 年燃油污染损害民事责任公约》(简称《2001 年燃油公约》)第 3 条第 1 款、《1996 年国际海上运输有毒有害物质损害责任及赔偿公约》(简称《1996 年 HNS 公约》)第 7 条第 1 款,都规定了船舶污染损害赔偿责任的主体是船舶所有人。这种主体的限定性,在一般情况下排除了污染受害人向其他行为人索赔的可能。但是,为了保障国际航运业的正常发展,各国海商立法和国际立法都规定了船舶所有人的责任限制制度,赋予肇事船舶的所有人可以享受赔偿责任限制。同时,为了保证受害人能获得及时有效的赔偿,还建立了强制保险和直接诉讼制度,以及由石油货主缴纳基金来保障船舶所有人责任限额无法赔偿的受害人的损失。

2. 责任基础是无过错责任

船舶污染损害事故中,责任主体承担的是严格责任。如上所述,船舶污染损害与船舶碰撞共同构成了海事侵权行为的范畴,但是船舶碰撞是一般的海事侵权行为,责任基础是过错责任;而船舶污染损害是特殊的海事侵权行为,是一种环境侵权行为,责任基础是无过错责任,即严格责任,无论责任主体对船舶污染损害事故的发生是否有过错,其都应向污染受害人承担赔偿责任。如《1992 年民事责任公约》第 3 条第 1 款、《2001 年燃油公约》第 3 条第 1 款、《1996 年 HNS 公约》第 7 条都规定了船舶污染损害的严格责任。我国《海洋环境保护法》第 90 条也规定了污染海洋环境的责任人要承担无过错赔偿责任。

3. 赔偿责任的限定性

国际公约和各国国内立法都赋予了船舶污染损害事故的责任人在向受害人承担损害赔偿时,可以将自己的赔偿数额限定在一定金额范围内。这样做的目的主要是为了保护航运业的正常发展。因此,为了公平以及保证受害人能得到适当的赔偿,辅以强制保险、直接诉讼和基金制度来补充,在一定程度上解决了责任人的赔偿限额不足导致的受害人损失无法得到补偿的问题。

4. 责任保险的强制性

为了保护海洋环境和船舶污染受害人的利益,各国际公约和国内立法都规定了船舶污染的强制保险制度,要求船舶所有人在航行前就其可能产生的污染损害赔偿责任向保险人强制保险或者取得其他财务保证,但是不同公约对船舶吨位要求不同。如《1992 年民事责任公约》第 7 条第 1 款规定,凡是载运 2 000 吨以上油类货物的国际航运船舶,必须进行船舶油污强制责任保险或者取得其他财务保证。《2001 年燃油公约》第 7 条第 1 款则规定,1 000 吨以上的船舶必须就其可能造成的船舶燃油污染损害进行强制保险和取得其他财务保证。《1996 年 HNS 公约》第 12 条第 1 款也规定了缔约国登记实际载运有毒有害物质船舶的所有人应当取得金额等于其根据第 9 条第 1 款享有的责任限额的保险或者其他财务保证，如银行保证或类似的财政证明，以担保其根据本公约应承担的污染责任。我国《海洋环境保护法》第66条明确了要建立船舶污染强制保险制度。我国于2010年实施的《防治船舶污染海洋环境管理条例》中，专章规定了船舶污染强制责任保险，其中第65条规定了船舶所有人的强制责任保险或取得其他财务担保的义务。2010年底实施的《船舶油污损害民事责任保险实施办法》详细规定了船舶污染强制责任保险制度的具体内容。

5. 直接诉讼

直接诉讼制度是与强制保险制度配套实施的。当船舶所有人对其可能导致的船舶污染损害进行强制保险或取得其他财务保证之后，一旦发生船舶污染事故，污染受害人就可以直接以保险人或财务担保人为被告提起诉讼。《1992年民事责任公约》第7条第8款、《2001年燃油公约》第7条第10款和《1996年HNS公约》第12条第8款都规定了船舶污染受害人的直接诉讼权利。我国《海事诉讼特别程序法》第97条也赋予了污染受害人直接诉讼的权利。

（二）船舶污染损害赔偿的分类

如上文对船舶污染损害的分类，根据船舶在航行中排放或泄漏的污染物，可以将船舶污染损害分为三类，包括船舶载运的货物油、船舶燃油和船舶载运有毒有害物质造成的海洋和其他水域的污染及损害。相应地，船舶污染损害赔偿主要包括以下三类。

1. 船舶油污损害赔偿

船舶油污损害是指船舶直接或间接把船载货油引入海洋环境，产生损害海洋生物资源、危害人体健康、妨碍渔业和海上其他合法活动、损害海水使用素质和减损环境质量等有害影响。例如，一艘载运石油的船舶因触礁导致货物油溢出，有时燃油也会一同泄漏，导致海洋环境的污染损害。船舶油污损害赔偿就是油船船舶所有人在发生油污损害事故后，依法向油污受害人进行损害赔偿的制度。国际海事组织制定的《1992年民事责任公约》和《1992年基金公约》是关于船舶油污损害赔偿的主要两个国际立法。

2. 船舶燃油污染损害赔偿

船舶燃油污染损害是指船舶直接或间接把船用燃油引入海洋环境，产生损害海洋生物资源、危害人体健康、妨碍渔业和海上其他合法活动、损害海水使用素质和减损环境质量等有害影响。例如，两船碰撞，导致一船或两船燃油泄漏，导致海洋环境的污染损害。船舶燃油污染损害赔偿就是船舶所有人在发生船舶燃油泄漏事故后，依法向燃油污染受害人进行损害赔偿的制度。《2001年燃油公约》是关于船舶燃油污染损害赔偿的主要国际立法。

3. 船舶载运有毒有害物质所导致的污染损害赔偿

船舶载运有毒有害物质所导致的污染损害是指船舶直接或间接把有毒有害物质引入海洋环境，产生损害海洋生物资源、危害人体健康、妨碍渔业和海上其他合法活动、损害海水使用素质和减损环境质量等有害影响。例如，一艘载运某种化学物质的船舶因意外事故搁浅后船舱破裂，导致所载运的化学物质散落海洋，导致对海洋环境的污染损害。船舶载运有毒有害物质所导致的污染损害赔偿是指当船舶载运的有毒有害物质发生泄漏或散落入海洋导致海洋环境污染损害后，依法向受害人进行损害赔偿的制度。《1996年HNS公约》是关于船舶载运有毒有害物质所导致的污染损害赔偿的主要国际立法。

三、有关船舶污染的国际立法概览

自从1967年的Torrey Canyon灾难之后，船舶污染尤其是油污问题已经成为全球担忧的根源。在不同时期处理船舶污染问题的国际公约应运而生。根据它们的目的和功能，这些国际公约被分为三种类型：一些国际公约被分为旨在防止漏油的安全规则，有的公约可被分类为应急计划，其他的被分类为对海上油污受害者的赔偿计划。

（一）有关防止污染方面的国际立法

这部分的国际立法，主要是从技术角度对船舶的构造以及船舶排放油类或油水混合物的数量、时间、地点等提出相应的要求，并且由缔约国对其所属的和进入其海域的船舶进行统一的监督和管理。就性质而言，这部分立法属于公法的范畴，各国通过海运行政立法对船舶及其活动进行监督和控制，以防止海上污染事故的发生。

1.《1954 年国际防止海洋油污染公约》

《1954 年国际防止海洋油污染公约》（*International Convention for the Prevention of Pollution at Sea by Oil*, 1954），简称《1954 年伦敦油污公约》。为了防止船舶故意排放油类物质污染海洋，该公约于 1954 年 5 月 12 日在伦敦召开的防止石油污染国际会议上通过，1958 年 7 月 26 日生效。该公约是第一个以环境保护为目的的防止海洋石油污染的国际公约，标志着海洋环境国际法律保护的开始。该公约明确禁止石油污染，并且通过规定“顶装法”等方式来防止污染。但是，该公约没有规定污染损害赔偿的责任或清除污染的责任。该公约后来经过几次修正，如今，该公约已经基本上被更为详细和全面的《1973/1978 年防污公约》以及其各种附录所代替。

2.《1969 年国际干预公海油污事故公约》

《1969 年国际干预公海油污事故公约》（简称《1969 年干预公约》）（*The International Convention Relating to Intervention on the High Seas in Case of Oil Pollution Casualties*, 1969）于 1969 年 11 月 29 日在布鲁塞尔召开的国际油污损害法律会议上通过，1975 年 5 月 6 日生效。我国于 1990 年 2 月 23 日加入，从 1990 年 5 月 24 日起，该公约对我国生效。该公约规定，在公海上发生油污事故后，沿海各国政府有权在公海上采取行动防止或减少海上事故造成的污染。

该公约先后经 1973 年、1991 年、1996 年和 2002 年议定书修正。1973 年议定书将沿岸国在公海上采取干预措施的权利扩大到造成非油类物质污染的海损事故，将适用范围扩大到石油以外的许多有害化学品。该议定书于 1983 年 3 月 30 日生效。1991 年、1996 年和 2002 年议定书又三次修正了公约适用的物质清单。

该公约是关于沿海国对发生在公海上的油污事故进行干预的规定，属于公法性质的国际条约。

3.《1972 年防止倾倒废弃物及其他物质污染海洋公约》

《1972 年防止倾倒废弃物及其他物质污染海洋公约》（*International Convention on the Prevention of Marine Pollution by Dumping of Wastes and Other Matters*, 1972）于 1972 年 11 月 13 日在伦敦召开的关于海上倾废公约的政府间会议上通过，于 1975 年 8 月 30 日生效。我国于 1985 年 11 月 14 日参加该公约，该公约于 1985 年 12 月 14 日对我国生效。

该公约于 1978 年、1980 年、1989 年分别进行修正。1993 年，公约缔约国对该公约进行了详细的检讨，于 1996 年通过了公约议定书，议定书于 2006 年 3 月 24 日生效。议定书更新了公约的内容，使之更加现代化。1996 年议定书是一个独立的文件，一国可以分别加入公约和议定书，也可以同时是两者的缔约国。

4.《1973 年国际防止船舶造成污染公约》

《1973 年国际防止船舶造成污染公约》(*International Convention for the prevention of Pollution from Ships*, 1973),简称 MARPOL 1973。由于《1954 年伦敦油污公约》及其修正案已不能适应形势的发展要求,政府间海事协商组织于 1973 年 11 月在伦敦通过了 MARPOL 1973 公约。该公约适用于除军舰及政府公务船舶以外的所有船舶,包括水雾船、气垫船、潜水船、水上船艇和固定式或移动式工作平台,并对一切商业用途船舶规定了严格的技术要求。由于该公约对各缔约国要求较高,因此引起众多争议,一直未达到生效条件。为使各国普遍接受该公约,政府间海事协商组织于 1978 年召开会议对该公约进行修订,通过了《1973 年国际防止船舶造成污染公约的 1978 年议定书》,即 MAPPOL 73/78,该议定书于 1983 年 12 月 31 日生效,要求各缔约国实施 MARPOL 1973 的各项规定,并遵守该议定书中所列的各项修订与补充。

国际海事组织于 1994 年 11 月召开了 MAPPOL 73/78 缔约国大会,通过了对 MAPPOL 73/78 附则 1、2、3 和 5 的修正案,并于 1996 年 3 月 3 日生效,我国是该公约的缔约国,也接受了上述 4 个附则。国际海事组织海上环境保护委员会于 2004 年通过了 MAPPOL 73/78 修正案,对公约附则 1 和附则 2 进行了重大修正,该修正案于 2007 年 1 月 1 日正式生效。

5.《1982 年联合国海洋法公约》

海洋法的产生与发展是同国际法的产生与发展联系在一起的。1958 年 2 月,联合国第一次海洋法会议在日内瓦召开,会议就国际法委员会拟定的海洋法草案进行了讨论,制定了《领海与毗连区公约》《公海公约》《捕鱼与养护生物资源公约》和《大陆架公约》。1960 年第二次海洋法会议未能取得任何结果。这两次海洋法会议为第三次会议的成功奠定了基础。1982 年 12 月 10 日,在牙买加的蒙特哥湾召开的联合国第三次海洋法会议最后通过了《联合国海洋法公约》(*The United Nations Convention on the Law of the Sea*,1982)。该公约的编纂和发展有助于按照《联合国宪章》规定的联合国宗旨和原则巩固各国间符合正义和权利平等原则的和平、安全、合作和友好关系,并将促进人类社会和经济的发展。该公约几乎涉及海洋法所有方面的问题,如海洋划界、环境控制、海洋技术的发展与转让、海洋环境的保护与保全、海洋事务争端的解决等,是一部联合国海洋宪章。该公约于 1994 年 11 月 16 日正式生效。我国于 1996 年 5 月 15 日批准该公约,同年 7 月 7 日起对我国生效。

公约规定,各缔约国有义务采取措施防止、减少和控制船舶、平台、岸上设施倾倒造成的海洋环境污染,并采取执行措施。

(二)有关船舶污染应急、响应与合作的国际立法

1.《1990 年国际油污防备、响应和合作公约》

1989 年 3 月美国 Exxon Valdez 号油轮污染事故发生后,国际社会意识到发生油污事故后,缺乏有效的油污防备、响应与合作体制,污染事故发生后,迅速有效的反应行动对于减少可能造成的损害至关重要。根据美国提交的国际油污防备和反应公约草案,国际海事组织在 1990 年 11 月 30 日于伦敦召开的外交大会上通过了《1990 年国际油污防备、响应和合作国际公约》(*The International Convention on Oil Pollution Preparedness*, *Response and Co-operation*,1990),于 1995 年 5 月 13 日生效。我国于 1998 年 3 月 30 日加入该公约,同年 6 月 30 日对我国生效。

该公约要求船舶和港口或石油处理设备中的岸上设施配备石油污染应急计划,并要求国家和地区对石油泄漏的防备、响应和合作准备应急计划。

2.《1993 年国际船舶安全营运和防止污染管理规则》

《1993 年国际船舶安全营运和防止污染管理规则》(*International Safety Management Code*,简称 ISM CODE)于 1993 年 11 月由国际海事组织第十八届大会通过,当时该规则并不具有强制性。国际海事组织意识到必须使该规则具有强制性,1994 年修改了《1974 年国际海上人命安全公约》,增加了"船舶安全营运管理"一章,从而使 ISM 规则成为具有强制力的法律文件。①

该规则规定,负责船舶营运的公司和其营运的船舶应建立一套科学、系统和程序化的安全管理体系。

(三)有关船舶污染损害赔偿民事责任的国际立法②

这部分国际立法的目的是解决由船舶污染事故引起损害赔偿问题,其性质属于私法范畴。这部分立法相对比较完善,获得了国际社会的广泛接受,国际船舶污染损害赔偿机制已然形成。构成该机制的主要国际公约如下。

1.《1969 年国际油污损害民事责任公约》及其议定书和《1971 年设立国际油污损害赔偿基金的国际公约》及其议定书

关于石油污染损害赔偿的最主要的公约就是《1969 年国际油污损害民事责任公约》(*International Convention on Civil Liability for Oil Pollution Damage*, 1969,简称 CLC 1969),该公约于 1969 年 11 月 29 日在布鲁塞尔通过,1975 年 6 月 19 日生效。1976 年 11 月 19 日在伦敦通过了该公约的一个议定书,于 1981 年 4 月 8 日生效,以特别提款权取代了以前的金法郎作为油污损害赔偿的货币单位。1984 年 5 月 25 日还签署了另一个议定书但始终没有生效,后来被 1992 年议定书所取代。CLC 1992 于 1992 年 11 月 27 日在伦敦通过,1996 年 5 月 30 日生效。我国于 1980 年 1 月 30 日加入,4 月 29 日对我国生效。

《1971 年设立国际油污损害赔偿基金的国际公约》(*International Convention on the Establishment of an International Fund for Compensation for Oil Pollution Damage*, 1971,简称 FUND 1971),1971 年 12 月 18 日在布鲁塞尔通过,1996 年 5 月 30 日生效。与 CLC 1969 一样,该公约也于 1976 年 11 月 19 日在伦敦通过了一个议定书,将计价单位由金法郎改为特别提款权。1984 年 5 月 25 日,在伦敦还通过了一个议定书,但未生效,由 FUND 1992 所取代。2003 年,该公约又通过一个议定书,增加了责任人的损害赔偿数额。我国没有加入该公约。

这两个公约是关于船舶油污损害赔偿责任的最主要的立法,目的是使海洋环境污染受害者在遭受船载散装油类货物的污染时,能得到及时、充分的赔偿,在全球范围内建立起船舶油污损害赔偿国际机制。

2.《2001 年国际燃油污染损害民事责任公约》

《2001 年国际燃油污染损害民事责任公约》(*International Convention on Civil Liability for Bunker Oil Pollution Damage*,2001,简称《2001 年燃油公约》)于 2001 年 3 月 23 日在伦敦通过,已于 2010 年 3 月生效。我国加入该公约。该公约与 CLC 1992 相似,为船舶漏油或排放而引起的油污责任规定了一个赔偿体制,有限的严格责任、强制保险和直接诉讼制度,但是在船东责任之上没有规定一个额外的备用基金,没有形成像油污损害和有毒有害物质损害

① 胡正良主编,《海事法》,北京大学出版社 2009 年版,第 392 页。

② 本章主要介绍关于船舶污染损害赔偿立法,因此在这一部分不展开介绍各公约的内容,具体内容将在后文论述。

赔偿的双层赔偿机制。《2001年燃油公约》旨在建立船用燃油泄漏或卸载造成的海洋环境污染的国际赔偿机制。

3.《1996年关于海上运输有害有毒物质责任与赔偿国际公约》

《1996年关于海上运输有害有毒物质责任与赔偿国际公约》(*International Convention on Liability and Compensation for Damage in Connection with the Carriage of Hazardous and Noxious Substances by Sea*,1996,简称《1996年HNS公约》)于1996年5月3日在伦敦通过,尚未生效。该公约明确规定了船舶运输多种石油以外的有毒有害物质造成的损害的责任和赔偿。它反映了"污染者付费"原则,特点是双层赔偿体系,并有一个由船东建立的限制基金。该公约效仿了IOPC基金模式,向分摊基金货物的收货人强制征收摊款。与CLC公约一样,该公约也规定了几乎无法打破的责任限制,还规定了船舶所有人的强制保险和直接诉讼制度。

后两个条约是在CLC 1992和FUND 1992基础上制定出来的,三者共同构建起了国际船舶污染损害赔偿机制。

第二节 船舶油污损害赔偿制度

船舶运输油类货物时发生漏油事故污染海洋环境,船舶所有人或其他责任人就应该依法对油污受害人的损害进行赔偿,船舶油污损害赔偿是船舶污染损害赔偿的最重要表现形式,以CLC 1969和FUND 1971为基础,国际上已经形成了一套比较完善的船舶油污损害赔偿机制。本节主要介绍船舶油污损害赔偿的内容及相关国际立法的内容。

一、船舶油污损害赔偿制度的一般内容

(一)船舶油污损害赔偿的概念及特点

船舶油污损害赔偿,是指船舶所有人或其他人因船舶直接或者间接把船载货物油和/或燃油引入海洋环境,产生损害海洋生物资源、危害人体健康、妨碍渔业和海上其他合法活动、损害海水使用素质和减损环境质量等有害影响而依法对油污受害人进行赔偿的法律制度。

船舶油污损害赔偿具有不同于其他海事损害赔偿的特点有:

(1)严格责任原则。装运散装持久性油类货物的船舶所有人,对船舶溢出或排放的油类所造成的油污损害,除免责情况外,不论其本人、船长、船员或其他受雇人或代理人是否有过错,均须承担赔偿责任。

(2)高额赔偿责任限制。虽然船舶所有人在一定情况下,对油污损害的赔偿可享受责任限制,但其责任限额通常大大高于一般海事赔偿责任限额。

(3)货主分摊油污损害。进口或接受海运石油超过一定数量的人须交付摊款,设立一项特别基金,参加油污损害的分摊。目的是保障油污受害人的损害在船舶所有人的责任限额无法赔偿的情况下能得到有效的补偿。

(4)船舶污染损害赔偿责任实行强制保险和直接诉讼制度。这样规定的目的,同样也是为了保护油污受害人的利益。

(二)船舶油污损害赔偿制度的基本内容

1.适用范围

船舶油污损害赔偿制度适用于船舶载运油类货物在运输过程中发生的油类货物泄漏导致的损害赔偿,包括为防止或减轻损害而采取的预防措施以及采取预防措施而造成的进一

步的损害。

2. 责任基础

船舶油污是一种特殊的海事侵权行为,责任人承担赔偿责任的原则不同于一般的海上侵权,不以其有无过错为前提,一律承担严格责任,当然,出现法定的免责事由除外。

3. 责任主体

船舶油污损害赔偿的责任主体是运输油类货物船舶的船舶所有人。

4. 责任限制

各国法律和国际公约都赋予船舶所有人在赔偿油污损害时可以享受责任限制,具体数额随着社会的发展不断提高。

5. 强制保险和直接诉讼

为了最大限度地保护油污受害人的利益,油船船舶所有人有义务向保险人投保船舶油污损害强制责任保险或取得其他的财务担保,这样,当油污损害发生后,油污受害人可以直接对船舶油污损害强制责任保险的保险人或财务担保人提起诉讼。

6. 船舶油污损害赔偿基金

油类货物的货主按照法律规定,要缴纳摊款成立基金,在船舶所有人的责任限额无力承担对油污受害人的赔偿时,可由基金来补充赔偿受害人的损害。这就是船舶油污损害双重赔偿机制的第二重。

二、船舶油污损害赔偿国际公约

(一)《1969 年国际油污损害民事责任公约》及其议定书

1.《1969 年国际油污损害民事责任公约》制定背景

1967 年 3 月 18 日,利比里亚籍油轮 Torrey Canyon 号在进入英吉利海峡时触礁搁浅,船上载运的 12 万吨原油全部倾泻入海,造成英国和法国 160 多千米的海岸线污染。此次油污事故是当时有史以来最大的油污事故。此次事故的发生也引起了对防止船舶污染措施的严厉批评,事故的发生也揭示了当时已有的油污损害赔偿制度的不足。仅英国和法国政府用于清污的费用大约有 1 800 万美元。英法两国为了获得赔偿,曾分别对 Torrey Canyon 号油轮的姊妹船进行扣押并提起诉讼,并分别获得了 300 万和 320 万英镑的担保。该案件在美国纽约南区法院审理,根据 1951 年《美国责任限制法》和《对船舶所有人责任限制法》规定,准许油轮所有人享受海事赔偿责任限制,对船舶所有人责任限制实行船价制,而由于此事故最后只有一条价值 50 美元的救生艇获救,因此法院基于这条幸存的救生艇的价值核准了一个 50 美元的责任限制基金。最终,该案以 300 万美元庭外和解,但油污受害人仅得到总损失 20% 的赔偿。

此案发生后,在国际社会引起了强烈反响,人们关注的焦点集中于两个问题:一是沿岸国是否有权对公海上的油污事故进行干预,二是如何保证油污受害人能得到充分有效的赔偿。为此,1969 年 5 月 5 日,原政府间海事协商组织(即国际海事组织的前身)成立了法律委员会并开始专门研究上述问题。1969 年 11 月 29 日,在布鲁塞尔召开的海上污染损害法律会议上通过了两个有关船舶油污的国际公约,其一为《1969 年国际干预公海油污事故公约》,以解决上述第一个问题,即允许沿岸国对公海上发生的油污事故进行干预;其二为《1969 年国际油污损害民事责任公约》,即 CLC 1969,以解决使油污受害人获得充分有效的赔偿问题，弥补了当时油污损害赔偿制度的缺陷。①

该公约于 1975 年 6 月 19 日生效。我国于 1980 年 1 月 30 日交存核准书，同年 4 月 29 日对我国生效。该公约分别于 1976 年、1984 年、1992 年和 2000 年被修正。

该公约实施后，随着社会的发展，计算单位的不足日益显现出来。1976 年 11 月 19 日，原政府间海事协商组织在伦敦召开会议，通过了该公约的 1976 年议定书，该议定书以国际货币基金组织的特别提款权代替了原来的金法郎作为船舶所有人损害赔偿限额的计算单位。该议定书于 1981 年 4 月 8 日生效。

为了扩大公约的适用范围，提高赔偿责任限额，国际海事组织于 1984 年 5 月在伦敦召开关于海上某些物质运输损害赔偿责任的国际会议，通过了该公约的 1984 年议定书。由于该议定书规定了较为严苛的生效条件，一直没有生效，但是，该议定书中对公约的修正内容却被后来的 1992 年议定书所继承。

由于 1984 年议定书的严格的生效条件，以及美国颁布的《1990 年油污法》对船舶油污制度进行了重大改革，1992 年 11 月 27 日，国际海事组织在伦敦召开的会议上，通过了 CLC 1969 的 1992 年议定书，也称 CLC 1992。该公约继承了 1984 年议定书的基本内容，但规定了较宽松的生效条件。该公约 1996 年 5 月 30 日生效，我国于 1999 年 1 月 5 日加入，2000 年 1 月 5 日对我国生效，CLC 1969 同时对我国失效。

2000 年 10 月，国际海事组织又通过了 CLC 1969 的 2000 年修正案，进一步提高了 1992 议定书的赔偿限额。该修正案于 2003 年 11 月生效，我国未受约束。

2.《1969 年国际油污损害民事责任公约》的主要内容

(1)适用范围

①适用的船舶范围　CLC 1969 第 1 条第 1 款规定，公约适用于实际载运散装油类物质的任何海运船舶和海上船艇。

CLC 1992 第 2 条第 1 款规定，船舶是指为运输散装油类物质而建造或者改造的任何类型的海船和海上航行器；但是，能够运输油类和其他物质的船舶，仅在其实际运输散装油类货物时，以及在此种运输之后的任何航行（已证明船上没有此种散装油类运输的残余物时除外）期间，才应视作适用的船舶。

其他船舶，如内河船、内湖船等仍被排除在公约的适用范围之外。能够运输油类和其他货物的兼用船或者多用途船，如果没有实际运输散装油类物质，或者，在实际运输散装油类物质之后已完全清除了残油，其含油污水或者燃油泄漏造成油污损害，均不适用本公约。

②适用的油类范围　CLC 1969 第 1 条第 5 款规定，油类指任何持久性油类，例如原油、燃料油、重柴油、润滑油以及鲸油，不论是作为货物装运于船上，或是作为船舶的燃料。

CLC 1992 第 2 条第 2 款规定，油类指任何持久性烃类矿物油，如原油、燃料油、重柴油、润滑油，不论是在船上作为货物运输，还是在此类船舶的燃料舱中。与 CLC 1969 相比，CLC 1992 将“持久性油类”明确限定为“持久性烃类矿物油”，使油类的范围与 FUND 1971 一致；另外，将鲸油从油类的范围中排除。

③适用的地域范围　CLC 1969 第 2 条规定，公约排他地适用于在缔约国领土，包括领海上发生的污染损害，以及为防止或减轻这种损害而采取的预防措施。

---

① 司玉琢主编，《海商法》，中国人民大学出版社 2008 年版，第 377 ~ 378 页；司玉琢主编，《海商法》，法律出版社 2007 年版，第 342 页；胡正良主编，《海事法》，法律出版社 2009 年版，第 411 ~ 412 页。

CLC 1992 第 2 条规定，公约排他地适用于缔约国领土，包括领海或专属经济区或接壤领海并从领海基线起始延伸不超过 200 海里的海域，发生的污染损害，或者在包括领海或上述海域的领土上为防止或减轻污染损害而采取的预防措施。

④适用的损害的范围　CLC 1969 第 1 条第 6 款规定，污染损害是指由于船舶溢出或排放油类，在运油船舶以外因污染所造成的灭失或者损害，不论此种溢出或者排放发生在何处，并包括采取预防措施的费用以及由于采取预防措施而造成的进一步灭失或者损害。根据该公约，油污损害赔偿包括三部分：第一，船舶溢出或者排放油类，在运油船舶本身以外因污染而产生的灭失或损害。如因油污而导致的鱼类死亡、人身伤害以及环境质量减损等。第二，采取预防措施的费用。CLC 1969 第 1 条第 7 款规定，预防措施是指油污事故发生后，为防止或者减轻污染损害，而由任何人所采取的任何合理措施。如动用船艇打捞浮油、为预防浮油扩散而设置围栏等。第三，由于采取预防措施而造成的进一步灭失或损害。

CLC 1992 关于“污染损害”的定义有些不同。公约第 1 条第 6 款规定，污染损害是指第一，油类从船上溢出或者排放引起的污染在该船之外所造成的灭失或损害，不论此种溢出或排放发生于何处；但是，对环境损害的赔偿，应当限于已实际采取或者将要采取的合理恢复措施的费用；第二，预防措施的费用及预防措施造成的新的灭失或损害。与 CLC 1969 相比，CLC 1992 明确了对于环境损害的赔偿范围，即限于已实际采取或将要采取的合理恢复措施的费用。

同时，CLC 1992 第 1 条第 8 款还扩大了“事故”的范围，事故包括造成污染损害或者形成造成这种损害的严重而紧迫威胁的任何事故，或者由同一原因所引起的一系列事故。

可见，与 CLC 1969 相比，CLC 1992 的规定限定了船舶所有人的赔偿范围，又使得船舶所有人需要承担赔偿责任的机会增加了。①

(2)责任主体

CLC 1969 第 3 条第 1 款规定，除本条第 2 款和第 3 款另有规定外，在事故发生时，或者，如果事故包括一系列事故，则在此种事故第一次发生时，船舶所有人应对事故引起的油类溢出或者排放所造成的污染损害负责。可见，该公约规定的油污损害赔偿责任主体仅限于船舶所有人。同时第 3 条第 4 款规定，不得要求船舶所有人的受雇人或代理人对本公约规定的或者其他污染损害作出赔偿。根据公约第 1 条对“所有人”的定义，“船舶所有人”包括下列三种人：第一，如果船舶依法进行了所有权登记，则船舶所有人是指登记为船舶所有人的人。第二，如果船舶没有进行所有权登记，则船舶所有人是指拥有该船的人。第三，如果船舶为国家所有，并由在该国登记为船舶经营人的公司经营，则船舶所有人为经营船舶的公司。

CLC 1992 更加明确地规定了责任主体的唯一性。该公约第 3 条第 4 款规定，除按本公约规定外，不得对船舶所有人提出污染损害赔偿要求。除本条第 5 款另有规定外，不得根据本公约或其他规定向下述任一提出污染损害赔偿要求：第一，船舶所有人的受雇人或者代理人或者船员；第二，引航员或者为船舶提供服务，但非船员的任何其他人员；第三，船舶的任何承租人、管理人或者经营人；第四，经船舶所有人同意或者根据主管公共当局的指令进行救助作业的任何人；第五，采取预防措施的任何人；第六，第三、四、五项中所述人员的所有受雇人或者代理人。除非损害是由于他们本人的故意或者明知可能造成这种损害而轻率行为

① 胡正良主编，《海事法》，法律出版社 2009 年版，第 445 ~ 446 页。

或者不行为所引起。

这种船舶油污损害赔偿责任主体的单一性的规定，是在保障油污受害人的利益的前提下，控制船舶营运成本的增加、避免船舶油污损害赔偿多重诉讼的理想模式。因为，公约一方面规定了船舶所有人对油污损害承担赔偿责任，由规定了载运 2 000 吨以上散装油类货物的船舶所有人要进行强制保险或取得财务保证，同时允许损害发生后，油污受害人对强制责任保险人或者财务保证人的直接诉讼制度，使得油污受害人的损害赔偿得到了保障。这里的保险人和财务保证人的赔偿责任都是为船舶所有人而服务的，因为前提是船舶所有人要缴纳保险费或者取得财务保证的费用。这样就避免了油污受害人向除船舶所有人以外的其他主体提出索赔的要求，避免产生多重诉讼。①

(3)归责原则及免责

船舶油污损害赔偿的归责原则实行严格责任原则。这是符合船舶油污损害作为一种特殊的海上侵权行为的性质的，与一般海上侵权行为实行过错责任原则不同。关于这一原则，CLC 1992 与 CLC 1969 的规定相同。公约第 3 条规定了船舶所有人对油污损害的赔偿责任实行严格责任原则。只要造成了油污损害，除存在法定的免责事由外，船舶所有人都要承担赔偿责任，而不论其是否存在过错。免责事项包括：第一，由于战争行为、敌对行为、内战、武装暴动，或者特殊的、不可避免和不可抗拒性质的自然现象所引起的损害；第二，完全是由于第三方故意造成损害的行为或者不行为所引起的损害；第三，完全是由于负责灯塔或者其他助航设施维持的政府或者其他主管当局在履行其职责时的疏忽或者其他错误行为造成的损害；第四，损害全部或者部分是由于受害人的故意或者过失行为所引起。船舶所有人如果要援引上述免责事项，必须承担举证责任，证明油污损害是由其中一项或者几项事由所致。

(4)赔偿责任限制

在 CLC 1969 颁布之前，关于油污损害赔偿适用一般的海事赔偿责任限制制度的内容。随着石油海上运输的发展，在海上发生重大漏油事故的可能性日益增加，而且油污导致的损害后果往往比一般的海损事故导致的后果要严重得多，尤其是 1967 年 Torrey Canyon 油轮的漏油事故的发生，采用传统的一般海事赔偿责任限制制度，根本无法满足受害人的严重损失，国际社会意识到要有效地保护油污受害人的利益，必须要将油污损害赔偿单独立法，将其从传统的海事赔偿责任限制制度中分离出来，实行单独的油污损害赔偿责任限制。

CLC 1969 第 5 条规定的船舶所有人对油污损害的赔偿责任限额按照船舶吨位计算，每吨 2 000 金法郎，但赔偿总额不得超过 2.1 亿金法郎。

公约的 1976 年议定书将赔偿限额的计价单位改成了特别提款权，即每一船舶吨位 133 特别提款权，但总额不得超过 1 400 万特别提款权。

公约 1984 年议定书和 CLC 1992 规定的限额要比 CLC 1969 的限额提高了很多。如 CLC 1992 第 6 条第 1 款规定，对任何一次事故，船舶所有人有权将公约对其规定的赔偿责任限制在以下数额：对于不超过 5 000 总吨的船舶，责任限额为 300 万特别提款权；对于超过 5 000 总吨的船舶，除前项所述金额外，每增加一额外吨位另加 420 特别提款权；但上述计算限额在任何情况下不得超过 5 970 万特别提款权。

2000 年国际海事组织通过的公约 2000 年修正案进一步提高了船舶所有人的油污损害赔偿责任限制数额，在 CLC 1992 的基础上提高了 50% 以上，规定，对于不超过 5 000 总吨的

① 胡正良主编，《海事法》，法律出版社 2009 年版，第 430 ~ 431 页。

船舶，责任限额为451万特别提款权；对于5 000总吨到14万总吨的船舶，责任限额在451万特别提款权的基础上，超出5 000总吨部分每吨位增加631特别提款权；对于超过14万总吨的船舶，责任限额为8 977万特别提款权。

西方许多国家如美国、加拿大规定的责任限额还大大高于公约规定的限额。

另外，CLC 1992第5条第2款还规定了船舶所有人丧失赔偿责任限制权利的情形，如经证明，船舶污染损害是由于船舶所有人故意或明知可能造成此种损害而轻率地作为或不作为所造成，船舶所有人则无权根据本公约限制其赔偿责任。

(5)强制保险与直接诉讼

CLC 1992第7条第1款规定，在缔约国登记的、实际载运2 000吨以上散装油类货物船舶的船舶所有人，必须取得数额按公约第5条第1款规定责任限额决定的保险或其他财务保证，如银行保证或国际赔偿基金出具的证书，以便按本公约规定承担其对油污损害应负的责任。

基于上述由于损害赔偿责任保险和其他财务保证的存在，公约第7条第8款规定，在船舶造成海上油污损害的情况下，油污受害人可以直接向承保海上油污损害赔偿责任的保险人或其他财务保证人提出索赔。在此类诉讼中，作为被告的油污损害赔偿责任保险人或其他财务保证人有权要求导致损害发生的船舶所有人参加诉讼。同时，保险人或其他财务保证人得以援引国际公约赋予船舶所有人的免责事项和赔偿责任限额。

(二)《1971年设立国际油污损害赔偿基金国际公约》及其议定书

1.公约的制定背景

CLC 1969不仅对船舶所有人实行了严格责任，还为油污损害赔偿单独设立了责任限额，而且赔偿责任限额比《1957年海船所有人责任限制国际公约》规定的赔偿责任限额高出一倍，这些规定为油轮所有人增加了额外的经济负担，但尽管如此，在发生重大油污事故时，这些赔偿限额还是显得赔偿无力，油污受害人的损害经常无法得到充分的赔偿。为此，在通过《1969年民事责任公约》的会议上，决定采取国际基金性质的补充措施来保证重大油污事故的受害人能得到充分有效的赔偿。最后，会议通过了《关于设立国际油污损害赔偿基金的决议》，决定设立一个国际组织，由石油运输的货主按比例进行摊款，摊款向油污受害者提供补偿性赔偿，并向船东提供补贴。1971年11月29日到12月18日，原政府间海事协商组织根据该协议的精神在布鲁塞尔召开了关于设立国际油污损害赔偿基金的会议，并通过了《1971年设立国际油污损害基金国际公约》(简称《1971年基金公约》或FUND 1971)，该公约于1978年10月16日起生效。

该公约是对《1969年民事责任公约》的补充①，二者共同作用于国际海上油污损害赔偿问题，经历了数次修正，构成了当下的船舶油污损害赔偿国际机制的主体。《1971年基金公约》主要规定了对受害人的赔偿办法以及摊款构成，与《1969年民事责任公约》存在着相互补充，甚至相互交叉的关系，共同构成了国际油污损害赔偿制度的重要内容。按照《1969年民事责任公约》，船舶所有人对每一油污事件的赔偿总额按船舶吨位计算。而《1971年基金公约》则在船舶所有人按《1969年民事责任公约》不负赔偿责任的情况下，在《1969年民事

① 《1971年基金公约》序言规定：确信为了保证能对油污事件的受害者补偿其全部损失，而与此同时又能使船舶所有人方面解除该公约所加予的额外经济负担，有必要认真拟定一项赔偿和补偿制度，作为国际油污损害民事责任公约的补充。

责任公约》规定的最高赔偿限额内,向油污受害人承担赔偿的义务。当油污受害人遭受的损害超出了《1969 年民事责任公约》所规定的船舶所有人的赔偿限额时,基金组织就超出的部分向油污受害人进行赔偿。

《1971 年基金公约》分别于 1976 年、1984 年、1992 年、2000 年及 2003 年进行了修正,其中,1984 年议定书未生效。《1971 年基金公约》并不是完全开放的,参加该公约必须以参加《1969 年民事责任公约》为前提,同时两公约都规定,在修改赔偿限额时,必须考虑另一公约所规定的赔偿限额。[①] 随着参加《1969 年民事责任公约》和《1971 年基金公约》1992 年议定书的国家越来越多,船舶油污损害赔偿国际立法主要由 1992 年体系来规范。[②]

《1971 年基金公约》生效后,国际海事组织多次对其以议定书的形式进行修改,以适应海运时间的发展变化。其中,1976 年议定书将赔偿责任限额的计算单位由金法郎改为特别提款权,将最高赔偿限额由 4.5 亿金法郎改为 3 000 万特别提款权。该议定书于 1981 年 4 月 8 日生效。

国际海事组织于 1984 年 4 月 30 日到 5 月 25 日在伦敦召开某些海运物质损害责任和赔偿的国际会议,通过了《1969 年民事责任公约》和《1971 年基金公约》的议定书。1984 年议定书虽然由于生效条件较严格没有生效,但其对公约做了实质性的修改,包括:(1)取消了对船舶所有人的补贴;(2)把赔偿限额划分为两个阶段,第一阶段的限额比原来公约规定的限额提高了 2 倍,即达到了 1.35 亿特别提款权。第二阶段是当有三个缔约国上一日历年度进口海运石油达到 6 亿吨以后,赔偿限额进一步增加到 2 亿特别提款权。

由于 1984 年议定书的生效条件较苛刻,国际社会对此议定书的生效失去信心,要求通过另一议定书取代之。为此,1992 年 11 月 27 日,国际海事组织在伦敦召开会议,通过了《1969 年民事责任公约》和《1971 年基金公约》的 1992 年议定书。该公约规定了较宽松的生效条件,于 1996 年 5 月 30 日生效。我国于 1999 年申请加入《1992 年民事责任公约》,但只有香港加入了《1992 年基金公约》。1992 年公约的实质内容与 1984 年议定书相同。

随着日本 Nakhodka 轮、法国 Erika 轮及西班牙 Prestige 轮油污损害赔偿事故的发生,国际社会又呼吁提高油污损害赔偿限额。于是 2000 年 10 月,国际海事组织又对《1971 年基金公约》进行修订,出现了 2000 年议定书,进一步提高了赔偿责任限额。该议定书于 2003 年 11 月 1 日生效。同时,作为 Prestige 轮事故的后果,2003 年国际海事组织又对基金公约进行修订,通过了《2003 年补充基金议定书》,2005 年 3 月 3 日已经生效。这样,油污受害人的损失就会得到三重赔偿机制的保障。

2. 主要内容

(1)基金的性质

公约规定,根据公约成立国际油污赔偿基金(即 IOPC 基金)。基金在各缔约国应被视为法人,干事是法定代表人,管理机构由大会、秘书处和执行委员会组成。基金可以作为诉讼当事人的一方,参加在缔约国法院提起的诉讼。

(2)设立基金的目的

IOPC 基金设立的目的有两个,一是在《1969 年民事责任公约》不能对油污受害人提供

---

① 参见《1969 年民事责任公约》1992 年议定书第 15 条第 5 款和《1971 年基金公约》1992 年议定书第 33 条第 5 款的规定。

② 王玫黎等著,《海商法学》,武汉大学出版社 2010 年版,第 254 ~ 255 页。

充分保护时,提供污染损害赔偿;二是对《1969 年民事责任公约》施加于船舶所有人的额外经济负担提供补偿,但这种补偿必须满足为保证符合海上安全和其他公约规定的条件。

(3)基金的摊款

国际油污赔偿基金由缔约国国内每年进口石油超过 15 万吨的石油公司缴纳的摊款组成。各缔约国负有统计其国内负有缴纳摊款义务的公司,及其实际收到的摊款石油量的义务,并应在国内法中规定,对不缴纳摊款义务的公司采取适当措施,迫使其履行缴纳摊款的义务。

(3)基金对油污受害人的赔偿

公约规定,油污受害人由于下列三种情况之一,得不到船舶所有人的赔偿或赔偿不充分,可向基金提出赔偿要求:第一,按照《1969 年民事责任公约》的规定,船舶所有人对损害免予赔偿;第二,船舶所有人虽然应承担全部赔偿责任,但由于财力不足不能全部负担其责任,并且按照《1969 年民事责任公约》提供的财务保证,也不能或不足以满足损害赔偿请求;第三,油污损害超过《1969 年民事责任公约》或其他有关国际公约规定的船舶所有人的赔偿责任限额。

公约规定,基金所提供的赔偿也是有限额的,即该金额加上油污受害人根据《1969 年民事责任公约》实际得到的赔偿金额,再加上由基金补偿给船舶所有人的金额,总额不超过 4. 5 亿金法郎。从 1979 年 4 月 20 日起,此限额提高到 6. 75 亿金法郎,并可进一步提高到 9 亿金法郎。后来,基金公约 1976 年议定书将 4. 5 亿和 9 亿金法郎分别改为 3 000 万特别提款权和 6 000 万特别提款权,6. 75 亿金法郎改为 4 500 万特别提款权。

公约 1984 年和 1992 年议定书进一步提高了赔偿限额,对每一事件中油污受害人的赔偿限额,包括油污受害人根据《1969 年民事责任公约》得到的赔偿金额,为 1. 35 亿特别提款权,当在三个缔约国领土内接到的摊款石油总量在前一个日历年度内达到 6 亿吨时,上述限额增加到 2 亿特别提款权。同时,1984 年和 1992 年议定书不再对船舶所有人进行补偿。公约 2000 年议定书又进一步提高了赔偿限额,达到 2. 03 亿特别提款权。

在《2003 年补充基金议定书》中,IMO 通过了一个关于油污损害赔偿的补充基金,将赔偿总额提高到 7. 5 亿特别提款权,包括在《1969 年民事责任公约》和《1971 年基金公约》下可赔偿的数额。这样,油污受害人的油污损害可以得到三重赔偿。

对于下列原因引起的油污损害,基金不予赔偿:第一,油污损害是由于战争、敌对行为、内战或武装暴动所造成的,或从军舰中,或在事变期间自一国拥有或经营用于政府非商事服务的船舶溢出或排放的油类所造成的;第二,油污损害的索赔人不能证明损害是由于一艘或更多的船舶油污事件所造成的;第三,油污损害的全部或部分是受害人有意造成损害的作为或不作为,或该人的疏忽所造成的。无论如何,上述赔偿责任的免除,都不得超出船舶所有人依《1969 年民事责任公约》可免除的赔偿责任。

(4)基金对船舶所有人的补偿

船舶在同时是《1969 年民事责任公约》和本公约的缔约国内登记,当该船在《1969 年民事责任公约》缔约国领土内造成油污损害,以及为防止或减轻这种损害而采取预防措施,因而根据《1969 年民事责任公约》承担赔偿责任时,其所有人及其保证人(即责任保险人或其他财务保证人),可以向基金提出补偿请求。

基金对船舶所有人及其保证人按照《1969 年民事责任公约》承担的赔偿责任总额的一部分予以补偿。这一部分限额为:第一,超过相当于按每船舶吨位 1 500 金法郎计算的金额,或者 1.25 亿金法郎(以较小者为准),第二,不超过相当于按上述每船舶吨位 2 000 金法郎计算的金额,或者 2.1 亿金法郎(以较小者为准)。因此,如果按照《1969 年民事责任公约》,船舶所有人的赔偿金额等于或小于按每船舶吨位 1 500 金法郎计算的金额,或总额 1.25 亿金法郎的话,则不予补偿;如果船舶所有人承担的赔偿金额高于上述数额,但低于按每船舶吨位 2 000 金法郎计算的金额,或总额 2.1 亿金法郎的话,则基金应予以补偿,补偿金额为船舶所有人实际承担的损害赔偿金额与按每船舶吨位 1 500 金法郎计算的金额或 1.25 亿金法郎的差额,以较小者为准;如果船舶所有人承担的赔偿责任等于或超过按每船舶吨位 2 000 金法郎计算的金额或总额 2.1 亿金法郎,则基金的补偿金额为按每船舶吨位 500 金法郎计算的金额,或总额 8 500 万金法郎,以较小者为准。

如经证实,由于船舶所有人本人的过失导致船舶未遵守有关的国际公约,溢出或排放油类并造成油污损害,则基金可全部或部分免除对船舶所有人及其保证人的补偿责任。这些国际公约包括《1973 年国际防止船舶污染公约》《1974 年国际海上人命安全公约》《1972 年国际海上避碰规则公约》以及在油污事件发生后已至少生效 12 个月的上述公约的修正案。

该公约 1984 年和 1992 年议定书规定,基金不再对船舶所有人进行补偿。

第三节 船舶燃油污染损害赔偿制度

一、船舶燃油污染损害赔偿的一般内容

(一)船舶燃油污染损害赔偿的涵义

船舶燃油污染损害是指船舶直接或间接把船用燃油引入海洋环境,产生损害海洋生物资源、危害人体健康、妨碍渔业和海上其他合法活动、损害海水使用素质和减损环境质量等有害影响。船舶燃油污染损害赔偿就是船舶所有人在发生船舶燃油泄漏事故后,依法向燃油污染受害人进行损害赔偿的制度。

《2001 年燃油公约》第 1 条第 9 款规定,船舶燃油污染损害,包括不论发生于何处的船上燃油溢出或者排放导致的污染造成的船舶以外的损害,但对环境损害的赔偿,应限于实际采取或行将采取的合理恢复措施的费用;船舶燃油污染损害还包括采取预防措施的费用及预防措施引起的进一步的损失或损害。

《2001 年燃油公约》第 1 条第 5 款规定,"燃油"是指用于或者计划用于操纵或者推进船舶的包括润滑油在内的烃类矿物油及其任何残余物。

(二)船舶燃油污染损害赔偿的基本内容

1. 适用范围

船舶燃油污染损害赔偿制度适用于船舶在运输过程中发生的燃油泄漏导致的损害赔偿,包括为防止或减轻损害而采取的预防措施以及采取预防措施而造成的进一步的损害。

2. 责任基础

船舶燃油污染损害是一种特殊的海事侵权行为,责任人承担赔偿责任的原则不同于一般的海上侵权,不以其有无过错为前提,一律承担严格责任,当然,出现法定的免责事由除外。

3. 责任主体

船舶燃油污染损害赔偿的责任主体是不论何处发生的船上燃油溢出或排放导致污染的

船舶的船舶所有人。

4. 责任限制

各国法律和国际公约都赋予船舶所有人在赔偿燃油污染损害时可以享受责任限制，具体数额随着社会的发展不断提高。

5. 强制保险和直接诉讼

为了最大限度地保护燃油污染受害人的利益，燃油发生泄漏的船舶的船舶所有人有义务向保险人投保船舶燃油污染损害强制责任保险或取得其他的财务担保，这样，当燃油污染损害发生后，受害人可以直接对强制责任保险的保险人或财务担保人提起诉讼。

二、船舶燃油污染损害民事责任国际公约——《2001 年燃油污染损害民事责任公约》

（一）公约的制定背景

《1969 年民事责任公约》和《1971 年基金公约》及这两个公约的一系列议定书的生效实施，使得在油船运输油类货物发生油类货物泄漏事件时，油污受害人的损害能得到基本充分和有效的赔偿，但无法解决非油船的燃油污染损害赔偿问题。随着造船技术的不断发展和提高，船舶越来越大型化、国际化，使得船舶为完成既定航次的燃油消耗量加大，船舶不得不增加储存燃油的能力和实际储油量，船舶用燃油造成污染损害的能力优势不亚于一艘小型散装油船。船舶燃油污染问题的严重性日益受到国际社会的关注。在油类货物污染和有毒有害物质污染的国际赔偿机制业已建立的情况下，燃油污染的损害赔偿问题仍然是一片空白，这显然不符合国际海运发展的步伐和海上污染防治法律国际化的趋势。尤其是在世界范围内发生的几起较大的燃油污染事故，使国际社会意识到，应该尽快建立船舶燃油污染损害赔偿机制。因此，在 1996 年国际海事组织法律委员会第 73 届会议上，将制定关于燃油污染损害赔偿公约作为最优先的议题来讨论。会议上，加拿大提交的一份材料显示，燃油污染具有多发性，已经占全球油污的 35% 左右。英国代表提出一份由“英国保赔社团”于 1993 年制作的重大赔偿案件分析报告指出，有近半数的污染索赔来自“非货油”。澳洲代表通过对 1975 年至 1996 年间的数据进行统计，指出澳洲临近水域的油污事件，有 83% 是由非油轮所致，而且在油污清除费用方面，用于燃油油污清除的费用高达全部清除费用的 78%。[①] 因此，在第 75 届法律委员会上，受国际海事组织的委托，澳大利亚、加拿大、芬兰、挪威、南非、瑞典、英国和爱尔兰等 8 个国家，提交了《燃油污染损害民事责任公约草案》，供法律委员会讨论。经过法律委员会第 76 ~ 80 届会议的讨论与修改，在 2000 年 1 月 21 日召开的第 81 届会议上，形成了较为完整的公约草案。2000 年 6 月、8 月和 9 月召开的第 82 届会议上，与会国对公约草案又进行了深入的讨论。2001 年 3 月 19 日至 23 日，在伦敦召开的国际海事组织外交大会上，最终审议通过了《燃油污染损害民事责任公约》（简称《2001 年燃油公约》）。该公约于 2008 年 11 月 21 日起生效，我国政府于 2008 年 11 月 17 日批准加入该公约，该公约已于 2009 年 3 月 9 日对我国正式生效。

（二）公约的主要内容

在公约整体规范结构上，《2001 年燃油公约》与《1992 年民事责任公约》和《1996 年 HNS 公约》非常相似。该公约的很多条文、用语也多援用另两个公约的内容。其内容包括定义、适用范围、船舶所有人的责任以及免责、责任限制、强制保险和直接诉讼以及诉讼时

① 王玫黎等著，《海商法学》，武汉大学出版社 2010 年版，第 255 ~ 256 页。

效等。

1. 适用范围

(1)船舶

《2001 年燃油公约》第 1 条第 1 款规定,船舶包括任何海船和任何类型的海上航行器。但不适用于军舰、海军辅助船舶或由国家所有或经营并在当时仅用于政府非商业服务的其他船舶,除非缔约国决定该公约适用于这些船舶。《1992 年民事责任公约》所指的船舶,仅包括装运散装油类货物的远洋船舶和海上舰艇。可见,《1992 年民事责任公约》的适用范围小于《2001 年燃油公约》。

(2)燃油

公约第 1 条第 5 款规定,燃油是指任何用于或者准备用于操纵或推进船舶的包括润滑油在内的烃类矿物油及其任何残留物。本公约并未将"燃油"限定在持久性油类的范围内,而《1992 年民事责任公约》则强调"油类"仅指持久性油类。理解本公约中规定的"燃油",不能仅局限于为船舶锅炉燃烧提供动力的燃料,还应包括维持船舶所有机器正常运转,包括润滑油在内的一切烃类矿物油,并且上述烃类矿物油经过利用丧失使用价值后的废油和污水油也包含在内。①

(3)地域

公约第 2 条规定,公约适用于在缔约国领土,包括领海和缔约国根据国际法建立的专属经济区,或如果没有建立专属经济区,接壤领海并从领海基线起延伸不超过 200 海里的海域发生的污染损害,或在包括领海或上述海域的领土上为防止或减轻污染损害而采取的预防措施。公约也适用于为防止或减轻上述污染损害而在任何地方所采取的预防措施。

(4)损害

公约第 1 条第 9 款规定,本公约适用于不论发生于何处的船上燃油溢出或排放造成的本船以外的污染损失或损害,包括采取预防措施的费用及预防措施引起的进一步的损失或损害;但对于环境损害的赔偿,除利润损失外,应限于实际采取或将要采取的合理恢复措施的费用。

可见,船舶燃油污染损害赔偿案件中可以获得赔偿的油污损害包括:第一,由于船舶溢出或排放燃油在本船以外因污染而产生的灭失或损害,无论这种溢出或排放发生在何处;第二,环境损害的赔偿,除因环境损害导致的利润损失外,应限于已实际采取或将要采取的合理恢复措施的费用;第三,采取预防措施的费用以及由于采取预防措施而造成的进一步的灭失或损害。

公约第 1 条第 7 款规定,预防措施是指事故发生后任何人采取的防治或减轻污染损害的任何合理措施。

公约第 1 条第 8 款规定,事故是指任何导致污染损害或形成污染损害严重和紧迫的威胁的事件或具有同源的一系列事件。

同时,公约第 4 条第 1 款规定,本公约不适用于民事责任公约规定的污染损害,不论该种损害根据该公约能否被赔偿。这一条款是解决载有散装油类货物的船舶如果发生燃油泄漏或者在油类货物泄漏的同时伴有燃油泄漏时到底适用《1992 年民事责任公约》还是《2001 年燃油公约》问题的主要法律依据。根据该条款的规定,当符合《1992 年民事责任公约》调

① 司玉琢主编,《海商法》,法律出版社 2007 年版,第 358 页。

整的船舶上的燃油造成污染时应优先适用《1992 年民事责任公约》而非《2001 年燃油公约》;当《1992 年民事责任公约》调整范围之外的船舶上的燃油泄漏造成污染时则应适用《2001 年燃油公约》。例如,载有灌装或桶装油类货物的船舶上的燃油或空载航行的船舶上的燃油泄漏造成的污染均应适用《2001 年燃油公约》调整。①

2. 责任主体

该公约规定了较大范围的责任主体。如公约第 1 条第 3 款将船舶所有人的定义扩大为船舶登记所有人、光船租船人、船舶经营人和管理人。船舶登记所有人是指登记为船舶所有人的人,如果没有登记,则是指拥有船舶的人;但船舶为国家所有并由在该国登记为船舶经营人的公司所经营,“船舶登记所有人”即是该公司。与《1992 年民事责任公约》相比,本公约中扩大了污染赔偿责任主体的范围。同时,公约在第 3 条规定了船舶所有人的严格责任和连带责任。这样规定的目的,在于最大限度地方便受害人的索赔,保护受害人的合法权益。

3. 赔偿责任基础

本公约为船舶所有人规定了严格责任的归责原则。公约第 3 条第 1 款规定,事故发生时的船舶所有人应对船上的或者来自于船上的任何燃油造成的污染损害承担赔偿责任。也就是说,当事船舶的所有人作为责任主体应对船舶燃油污染损害承担严格责任,无论其对事故的发生是否存在过错,都应该对燃油污染损害的受害人承担赔偿责任。同时公约第 3 条第 2 款还规定,如果污染损害事故存在一个以上责任主体负有责任,他们将承担连带赔偿责任。

但是,根据公约第 3 条第 3 款和第 4 款规定,如果船舶所有人能证明存在以下四种情形的,可以免责:(1)损害是由于战争行为、敌对行为、内战或者武装暴动,或特殊的、不可避免的和不可抗拒的自然现象而引起;(2)损害完全是由于第三者故意作为或不作为(不包括过失)而造成;(3)损害完全是由于负责灯塔或其他助航设备的维修、保养的政府或其他主管当局在执行其职责时的疏忽或者其他过失行为而造成;(4)损害完全或者部分是由于受害者的故意作为或者不作为,或其疏忽行为而引起,船舶所有人可全部或者部分免除对该人所负的责任。

4. 责任限制

公约在规定船舶所有人承担严格责任的同时,相应地规定船舶所有人和提供保险或其他财务保证的人对污染损害可以享受责任限制的权利。公约第 6 条规定,本公约不影响船舶所有人或提供保险或其他财务保证的人,根据适用的国内法或国际法律制度,如《1976 年海事赔偿责任限制公约》及其修正案,享受责任限制的权利。

公约的这一规定是不够明确的,因为没有明确责任限制的办法。这种原则性的规定比较模糊,在实践中容易产生困惑。如在因一起海事事故引发的赔偿诉讼中,当既有燃油污染索赔,又有货损货差索赔时,所有上述索赔是否均应包括在船舶所有人根据《1976 年责任限制公约》设定的责任限制基金之内?换言之,船舶所有人此时为享受燃油污染赔偿责任限制,在为货损货差索赔设立了一个海事赔偿责任限制基金的同时,是否必须专门另行设立一个燃油污染赔偿责任限制基金?

据悉,在燃油公约的整个起草过程中,各国在责任限制问题上有一个默契,即燃油污染

① 司玉琢主编,《海商法》,法律出版社 2007 年版,第 358 页。

损害的索赔应当包括在根据《1976 年海事赔偿责任限制公约》确立的责任限额之内。但是，从《2001 年燃油公约》中的措施和《1976 年海事赔偿责任限制公约》中的规定来看，似乎又可能得到相反的结论。首先，《1976 年海事赔偿责任限制公约》本来就没有排除船舶对污染损害的适用，除非船舶污染损害赔偿有了专门的立法；其次，《2001 年燃油公约》第 7 条规定，船舶所有人提供的保险或担保数额等于根据适用的国内法或国际机制规定的责任限额。强制保险或担保都是专门针对船舶燃油污染损害赔偿提供的，而不是针对《1976 年海事赔偿责任限制公约》的限制性债权提供的；否则，则变成了《1976 年海事赔偿责任限制公约》也实行强制保险了，这显然不是立法的初衷。所以，将这些规定综合起来看，应该是独立于其他索赔之外，根据《1976 年海事赔偿责任限制公约》或国内立法另行建立一个燃油污染损害赔偿责任限制基金。①

5. 强制保险和直接诉讼

(1) 强制保险或财务保证

公约第 7 条第 1 款规定，在缔约国登记的总吨位超过 1 000 总吨的船舶的船舶所有人应当取得金额等于其根据适用的国内法或国际责任限制制度享有的责任限额的保险或其他财务保证，如银行保证或类似的财政证明，以担保船舶所有人的污染责任。但是，在任何情况下，保险或担保的金额不超过根据《1976 年海事赔偿责任限制公约》及其修正案计算的数额。

可见，由于本公约没有规定燃油污染损害赔偿的特定责任限额，所以对于强制保险没有规定具体的保险金额。而《1992 年民事责任公约》和《1996 年 HNS 公约》都规定了具体的与特定的责任限制数额挂钩的强制保险金额，就特定的船舶而言，其投保的金额是固定的。

(2) 直接诉讼

公约第 7 条第 10 款规定，对于燃油污染损害的任何索赔，可向承担船舶所有人燃油污染损害赔偿责任的保险人或提供财务保证的其他人直接提出。在此情况下，被告可以援引船舶所有人本人有权援引的抗辩，包括根据公约第 6 条规定的责任限制权利。另外，即使船舶所有人无权根据公约第 6 条限制其赔偿责任，被告仍可将其赔偿责任限制在金额等于根据公约第 6 条第 1 款取得的保险或财务保证的金额。除此以外，被告还可以提出抗辩，说明燃油污染损害是由于船舶所有人有意的不当行为所造成的，但不得援引其在船舶所有人向他提出的诉讼中可能有权援引的任何其他抗辩。在任何情况下，被告人有权要求船舶所有人参加诉讼。

6. 损害赔偿基金

本公约没有规定关于货主分担赔偿责任的补充赔偿机制。而《1992 年民事责任公约》和《1996 年 HNS 公约》都有由货主分摊费用建立船舶污染损害赔偿基金的规定，基金主要用来补偿污染受害人因船舶所有人享受责任限制而未能得到充分赔偿的部分损失，或者在船舶所有人无力提供相应的赔偿或根本找不到船舶所有人的情况下，向受害人提供一次性更大范围的赔偿。《2001 年燃油公约》没有规定第二重赔偿机制的原因在于，燃油不是货物，是船舶所有人为船舶营运准备的燃料，难以要求货主分摊赔偿责任，无法设立类似于船舶油污或运输有毒有害物质的损害赔偿基金。

---

① 司玉琢主编，《海商法》，法律出版社 2007 年版，第 359 页。

第四节　船舶运输有毒有害物质污染损害赔偿制度

一、船舶运输有毒有害物质污染损害赔偿制度的一般内容

(一)船舶运输有毒有害物质污染损害赔偿的含义

1.有毒有害物质的含义

根据《1996年HNS公约》第1条第5款的定义,有毒有害物质是指在船上作为货物运输的具有毒性或者危害性的物质、材料和物品。《1996年HNS公约》第1条第5款采用列举式规定了有毒有害物质的范围,具体表现为:(1)《1973年防止船舶污染公约》及其1978年议定书附则Ⅰ所列的散装运输的油类;(2)上述公约附则Ⅱ中规定的散装有毒液体物质;(3)经修改的《1983年国际散装运输化学品船舶构造和设备规则》第17章所列的散装危险液体物体;(4)《国际海运危险货物规则》中所包括的包装形式的危险、危害和有毒物质、材料和物品;(5)《1983年国际散装运输化学品船舶构造和设备规则》第19章所列的液化气体;(6)散装运输的闪点不超过60℃(闭杯实验)的液体物质;(7)《固体散装货物安全操作规则》附录B中所包括的具有化学风险的固体散装材料,根据《国际海运危险货物规则》的规定这些物质应当以包装形式运输时;(8)前述物质散装运输的残渣。

《1996年HNS公约》不适用于燃油、放射性物质、煤炭及其他低危险散货,理由是燃油不作为货物来承运,应排除在有毒有害物质之外;大部分放射性物质已由其他文件调整,至于医院使用的放射性物质及制造钟表使用的放射性物质表现出很低的风险;据统计表明,煤炭对于环境或者本船之外不会造成任何损害。①

2.有毒有害物质污染损害的定义

有毒有害物质损害,是指因船上作为货物运输的具有毒性或者危害性的物质、材料和物品泄漏或者排放导致污染在船上或者船舶以外造成的人身伤亡或者财产灭失或损害。②

根据《1996年HNS公约》第1条第6款规定,有毒有害物质污染损害是指:(1)由有毒有害物质造成的、在运输这些物质的船舶上或者船舶外的人身伤亡;(2)由有毒有害物质造成的、在运输这些物质的船舶外的财产的灭失或损害;(3)由有毒有害物质造成的环境污染所致的灭失或损害,但对于环境损害的赔偿,除环境损害所致的利润损失外,应当限于实际采取或者将要采取的合理恢复措施的费用;(4)采取预防措施的费用和预防措施造成的新的灭失或损害。

需要注意的是,"有毒有害物质造成的"是指由此种物质的危害性或者毒性造成的,并且,当无法合理地区分有毒有害物质造成的损害与其他因素造成的损害时,除非其他因素造成的损害是该公约不应当适用的情况,否则所有此种损害应当视为系由有毒有害物质造成。③

---

① 司玉琢主编,《海商法》,法律出版社2007年版,第360页;胡正良主编,《海事法》,法律出版社2009年版,第484页。

② 司玉琢主编,《海商法》,中国人民大学出版社2008年版,第398页。

③ 胡正良主编,《海事法》,法律出版社2009年版,第484页。

3. 有毒有害物质损害赔偿

有毒有害物质损害赔偿是指当船舶运输有毒有害物质发生泄漏或排放导致污染并造成船上或船舶以外的人身伤亡、财产损失或环境损害时，由船舶所有人依照相关法律规定向污染受害人进行损害赔偿的法律制度。

（二）船舶运输有毒有害物质污染损害赔偿制度的基本内容

船舶运输有毒有害物质污染损害赔偿是船舶污染损害赔偿的重要表现形式，与前述的船舶油污损害赔偿和船舶燃油污染损害赔偿共同构成了船舶污染损害赔偿制度的内容。本部分主要以《1969 年 HNS 公约》为背景，介绍船舶运输有毒有害物质损害赔偿的涵义、适用范围、责任主体、归责原则、免责、责任限制、强制保险和直接诉讼以及基金等内容。

1. 适用范围

船舶运输有毒有害物质污染损害赔偿制度适用于船舶在运输有毒有害物质过程中发生的泄漏导致的损害赔偿，包括为防止或减轻损害而采取的预防措施以及采取预防措施而造成的进一步的损害。

2. 责任基础

船舶运输有毒有害物质导致的损害也是一种特殊的海事侵权行为，责任人承担赔偿责任的原则不同于一般的海上侵权，不以其有无过错为前提，一律承担严格责任，当然，出现法定的免责事由除外。

3. 责任主体

船舶运输有毒有害物质损害赔偿的责任主体是事故发生时船上载运有毒有害物质造成污染的船舶的船舶所有人。

4. 责任限制

各国法律和国际公约都赋予船舶所有人在运输有毒有害物质造成污染损害时可以享受责任限制，具体数额随着社会的发展不断提高。

5. 强制保险和直接诉讼

为了最大限度地保护有毒有害物质污染受害人的利益，发生有毒有害物质泄漏的船舶的所有人有义务向保险人投保船舶强制责任保险或取得其他的财务担保，这样，当有毒有害物质污染损害发生后，受害人可以直接对强制责任保险的保险人或财务担保人提起诉讼。

6. 船舶运输有毒有害物质损害赔偿基金

为了保证对有毒有害物质损害的受害人进行有效充分的赔偿，有毒有害物质的货主按照法律规定，要缴纳摊款成立基金，在船舶所有人的责任限额无力承担对受害人的赔偿时，可由基金来补充赔偿受害人的损害。这就是船舶有毒有害物质损害双重赔偿机制的第二重。

二、船舶运输有毒有害物质污染损害赔偿国际公约——《国际海上运输有毒有害物质损害责任及赔偿公约》(《1996 年 HNS 公约》)

（一）公约的制定背景

1967 年发生的 Torrey Canyon 轮油污案所导致的严重后果及案件在美国法院审理获得的最终赔偿结果，使国际社会意识到建立一个统一的船舶污染损害赔偿机制的重要性和必要性。作为这一事件的一个关于国际立法的直接结果是《1969 年民事责任公约》和《1971 年基金公约》的出台，使船舶油污损害赔偿具有了国际统一的机制，但是同时，人们也注意到了船舶运输散装货油以外的其他有毒有害物质造成污染的损害赔偿问题也需要国际立法规范的必要性。因此,1969 年,原政府间海事协商组织在解决了散装货油导致污染的损害赔偿问题之后,又将注意力转向了制定有毒有害物质污染损害赔偿的国际立法问题上。

1974 年,原政府间海事协商组织向各成员国发出问题单,调查是否有必要建立一个《1969 年民事责任公约》中尚未包括的物质在海运过程中的民事责任制度。1975 年 4 月法律委员会对此进行了讨论。1975 年到 1981 年间,该组织对是否有必要制定新公约、新公约的适用范围等问题进行了多次讨论。1980 年 9 月,《1996 年 HNS 公约》草案出台,但在 1981 年 5 月蒙特利尔外交大会上,由于在是否采用船舶所有人与托运人分摊原则、是否应当与《1976 年海事赔偿责任限制公约》挂钩、是否适用于包装货物及空载油船的火灾、爆炸事故等问题上存在较大分歧,该草案未获通过。自 1981 年至 1996 年,经过了 15 年的修订,该公约草案得到了进一步的完善,最终在 1996 年 4 月提交国际海事组织的外交大会上讨论,与会的 73 国代表、政府间组织及非政府间组织代表经过讨论协商,于 1996 年 5 月 3 日表决通过了此公约,全称为《1996 年国际海上运输有毒有害物质损害责任及赔偿公约》,简称《1996 年 HNS 公约》。但是,该公约至今还未生效,我国也未批准该公约。

(二)公约的主要内容

1. 适用范围

(1)船舶

公约第 1 条第 1 款规定,船舶是指任何种类的海船和海上航行器。但是,根据公约第 5 条第 1 款和第 2 款,一国在批准、核准或者加入该公约时或者此后的任何时间,可以声明该公约不适用于下列船舶:第一,不超过 200 总吨、只运载带包装的有毒有害物质的和在该国港口或者设施之间从事航行的船舶;第二,两个相邻国家商定第 1 条第 1 款涵盖的船舶从事这些国家的港口或者设施之间的航行时,该公约也不适用。以上不适用之声明可以随时撤销。

如果不考虑各缔约国所做的不适用之声明,本公约规定的船舶范围大于《1992 年民事责任公约》。

(2)有毒有害物质

有毒有害物质是指在船上作为货物运输的具有毒性或者危害性的物质、材料和物品。具体范围参见本节一(一)。

(3)地域

公约第 3 条规定,该公约仅适用于:①在缔约国领土(包括领海)内造成的任何损害;②在缔约国按照国际法确定的专属经济区中造成的环境污染导致的损害,或者如果缔约国未确定此种区域,在该国按照国际法确定的、在其领海之外并与其领海毗邻的、距测量其领海宽度的基线向外延伸不超过 200 海里的区域中造成的此种损害;③由在一缔约国登记的船舶或者就未登记船舶而言,有权悬挂一缔约国国旗的船舶运输的物质在任何国家的领土(包括领海)之外造成的非属环境污染损害的损害;④不论在何处采取的预防措施。

(4)损害

参见本节一(一)。

(5)公约明确排除适用的范围

根据公约第 4 条规定,公约适用于对海上运输有毒有害物质所致损害的索赔,但不包括下列情况:

①不包括任何货物或者旅客运输合同引起的索赔，即不适用于合同索赔。

②不适用于公约的规定与有关工人赔偿或者社会保障制度的适用法律的规定不一致的范围。

③公约不适用经修正的《1969年民事责任公约》中规定的污染损害，不论根据该公约对此是否应当作出赔偿和由经修正的《国际海运危险货物规则》中或者经修正的《固体散装货物安全操作规则》附录B中的第7类放射性物质造成的损害。因此，对于《1969年民事责任公约》中规定的船舶造成的油污损害仍由《1969年民事责任公约》调整，《1996年HNS公约》仅调整《1969年民事责任公约》中船舶造成的油污损害之外的其他有毒物质（如非持久性油类、化学品、化工原料等）溢出或者排放所造成的损害。

④公约不适用于军舰、海军辅助船或者由国家所有或者营运并在当时仅用于政府非商业服务的其他船舶，但缔约国可以决定将公约适用于这些船舶。在这种情况下，应当将特定的适用范围和条件通知国际海事组织秘书长，说明此种适用的限制性规定。对于国家所有的、用于商业目的的船舶，每一国家都应当接受公约规定的向所有人诉讼的管辖权的管辖范围内的起诉并应当放弃其基于主权国地位的所有抗辩。

本条的军事用途和政府非商业用途的船舶，按照国际习惯，一向被排除在有关民事责任方面的公约适用范围之外。这一规定来自于国际主权平等，互无管辖权的法理。[①]

2. 责任主体

公约第7条第1款规定，事故发生时的船舶所有人应对其船舶运输的有毒有害物质造成的损害负责。如果事故由一系列同源的事故组成，赔偿责任将由第一个事件发生时的船舶所有人承担。因此，有毒有害物质污染损害的责任主体应是当事船舶的船舶所有人。另外，公约第12条规定了船舶所有人的强制保险义务或提供财务保证的义务，因此，在这种情况下责任保险人或者财务保证人也是有毒有害物质污染损害的责任主体。

公约第7条第5款规定，除非有毒有害物质损害是由下述人员的故意或轻率和明知损害会发生造成的，污染受害人不得向这些人员索赔：(1)船舶所有人的受雇人、代理人或船员；(2)引航员或为船舶服务的非船员的人员；(3)船舶的租船人（包括光船承租人）、管理人或经营人；(4)经船舶所有人同意或适格机关指派的从事救助作业的人；(5)任何从事预防措施的人；(6)前述(3)(4)(5)中人员的所有受雇人或代理人。

可见，在责任主体方面，该公约与《1992年民事责任公约》的规定相同，一方面明确船舶所有人是责任主体，另一方面在第7条第5款中进一步明确了不得向哪些人提出污染损害赔偿请求，使责任主体更加明确。

3. 归责原则

该公约就有害有毒物质的损害赔偿，对船舶所有人也实行严格责任。公约第7条第1款规定，发生事故时的船舶所有人应当对船舶运输有害有毒物质造成的损害承担赔偿责任，如果事故由一系列同源的事故组成，赔偿责任将由第一个事件发生时的船舶所有人承担。只要造成了有毒有害物质污染损害，除非存在法定的免责事由，船舶所有人都要承担赔偿责任，不论其有过错与否。但是，这一规定并不损害船舶所有人向任何第三方的追索权。

公约第7条第2款和第3款规定了船舶所有人的免责事项。船舶所有人如能证明损害系下列原因之一造成的，则不承担责任：(1)损害是由于战争、敌对行为、内战、武装暴动或

① 胡正良主编，《海事法》，法律出版社2009年版，第482页。

特殊的、不可避免的和不可抗拒的自然现象所造成的;(2)损害完全是由于第三人故意造成损害的行为或不行为所造成的;(3)损害完全是由于负责灯塔或其他助航设备的政府或其他主管当局在履行职责时的疏忽或其他过失行为所造成的;(4)如果船舶所有人或其受雇人或代理人不知道或不应合理地知道托运货物的有毒有害性质,因托运人或其他人没有提供托运货物的有毒有害性质的信息导致的全部或部分损害,或导致船舶所有人无法根据公约第 12 条取得保险的;(5)如果船舶所有人能证明污染损害的完全或部分是由于受害人的故意或过失行为造成的,可全部或部分免除其责任。

与《1992 年民事责任公约》和《2001 年燃油公约》规定的免责事项相比,上述第四项免责是前两个公约所没有的。船舶所有人的这一免责与海商法中关于承运人运输危险品时的责任相协调。如根据我国《海商法》第 68 条、《海牙规则》第 4 条第 6 款和《汉堡规则》第 13 条的规定,托运人如果没有通知承运人货物的危险性及应采取的预防措施,承运人可以在任何时间、任何地点将货物卸下、销毁或使之不能为害,而不对货物损失负赔偿责任。按照《1996 年 HNS 公约》的规定,此种情况下对有毒有害货物造成的污染损害,承运人即船舶所有人也不负责。①

4. 责任限制

公约明确了有毒有害物质污染损害赔偿的主体是事故发生时的船舶所有人,而且承担严格的赔偿责任,但是为了保护国际海运业的发展,同时又赋予船舶所有人可以享受赔偿责任限制的权利。

公约第 9 条第 1 款规定,对任何一次事故的损害,船舶所有人应当有权根据本公约将其赔偿责任限制在以下数额:(1)对于不超过 2 000 总吨的船舶,责任限额为 1 000 万特别提款权;(2)2 000 总吨以上至 5 000 总吨的船舶,超过部分,每增加 1 吨,增加 1 500 特别提款权;(3)超过 5 000 总吨的船舶,超过部分,每增加 1 吨,增加 360 特别提款权。但是,前述计算金额在任何情况下不应超过 1 亿特别提款权。

公约第 9 条第 2 款规定了船舶所有人丧失责任限制权利的情形,即如经证明,损害是由于船舶所有人的故意或明知可能造成此种损害而轻率地作为或不作为所导致,船舶所有人则无权根据本公约限制其赔偿责任。

公约第 9 条第 3 款规定,为了使自己获得本条第一款规定的责任限制权利,船舶所有人应当在有管辖权的法院或其他适格的主管当局设立一个总额等于其责任限额的基金。

5. 强制保险和直接诉讼

(1)强制保险或其他财务保证

公约第 12 条第 1 款规定,缔约国登记实际载运有毒有害物质船舶的所有人应当取得金额等于其根据第 9 条第 1 款享有的责任限额的保险或者其他财务保证,如银行保证或类似的财政证明,以担保其根据本公约应承担的污染责任。

(2)直接诉讼

公约第 12 条还规定了有毒有害物质损害受害人的直接诉讼制度,即对有毒有害物质造成污染损害的任何索赔,可向承担船舶所有人污染损害责任的保险人或提供财务保证的其他人直接提出。此种情况下,即使船舶所有人无权根据本公约第 9 条第 1 款享受责任限制,被告仍可享有赔偿责任限制。被告还可援引船舶所有人本人有权援引的抗辩。除此之外,

① 胡正良主编,《海事法》,法律出版社 2009 年版,第 486 页。

被告人还可以提出抗辩,说明污染损害是由于船舶所有人有意的不当行为所造成的,但不得援引其在船舶所有人向他提出的诉讼中可能有权援引的任何其他抗辩。在任何情况下,被告人有权要求船舶所有人参加诉讼。

6. HNS 基金

为了使有毒有害物质污染的受害人获得充分赔偿,公约规定了双重赔偿机制,即除了规定船舶所有人的赔偿责任外,又规定了基金赔偿责任。类似于处理油污责任的《1969 年民事责任公约》和《1971 年基金公约》的赔偿制度,但《1996 年 HNS 公约》的不同之处在于将两层赔偿机制包括在一个公约内。其中,第一层赔偿机制采取《1969 年民事责任公约》模式,由船舶所有人对遭受损害的受害人进行赔偿,并对船舶所有人运输有害有毒物质的船舶实行强制性保险;第二层赔偿机制采取《1971 年基金公约》模式,设立有害有毒物质赔偿基金,要求有害有毒物质的托运人购买有害有毒物质证书,所缴纳的证书费作为赔偿基金的资金。设立赔偿基金的目的在于,当船舶所有人按第一层赔偿机制的规定进行赔偿而受害人得不到足够赔偿时,不足部分由赔偿基金给予赔偿。船舶所有人为防止或减轻损害而自愿支付的合理费用和作出的合理牺牲,也可由赔偿基金赔偿。由船舶所有人进行的赔偿和基金进行的赔偿的总和,或者由赔偿基金单独赔偿的总额,不应超过 2.5 亿特别提款权。

第五节 我国船舶污染损害赔偿立法概述

一、我国有关船舶污染的国内立法

我国是一个海洋大国和航运大国,海洋环境保护是我国的基本国策,也是国民经济可持续发展战略的重要内容。船舶污染是海洋环境污染的重要来源。我国除加入《1992 年责任公约》和《2001 年燃油公约》外,国内相继颁布实施了《海洋环境保护法》《防治船舶污染海洋环境管理条例》《船舶油污损害民事责任保险实施办法》等法律法规;各级地方政府及海事管理机构也制定颁布了具有地方特色或者专业特点的法规、规章及规范性文件。目前,我国防治船舶污染、保护海洋环境的法律体系已初具规模。主要的国内立法如下。

(一)1987 年的《民法通则》

《民法通则》是我国民事领域的基本法律,该法 117 条第 2 款和第 3 款规定,损害国家的、集体的财产或者他人财产的,应当恢复原状或者折价赔偿。受害人因此遭受其他重大损失的,侵害人应当赔偿损失。第 124 条规定,违反国家保护环境防止污染的规定,污染环境造成他人损害,应当依法承担民事责任。可见,作为特殊侵权行为的一种,船舶污染也适用《民法通则》关于侵权损害赔偿的原则性规定,但《民法通则》的规定过于原则,无法满足船舶污染损害赔偿的实际需要,还需要由专门的船舶污染损害赔偿法律来规范。

(二)1993 年的《海商法》

《海商法》没有对油污损害赔偿作出专门的规定,仅在第 11 章"海事赔偿责任限制"中提及有关油污损害赔偿问题。其中,第 207 条是关于限制性债权的规定,第 208 条是关于不能依据该章内容享受责任限制的债权的规定,其中第二项"中华人民共和国参加的国际油污损害赔偿民事责任公约规定的油污损害的赔偿请求"不能依据该章享受责任限制。言外之意,对于不适用公约调整的油污损害或由于油污产生的不属于公约调整的人身伤亡或财产损害,仍可适用第 11 章的责任限制。同时《海商法》第 210 条规定:"总吨位不满 300 吨的船舶，从事中华人民共和国港口之间的运输的船舶以及从事沿海作业的船舶，其赔偿限额由国务院交通主管部门制定，报国务院批准后施行。”为此，1994 年 1 月 1 日，交通部制定实施了《关于不满 300 总吨船舶及其沿海运输、沿海作业船舶海事赔偿限额的规定》。结合该规定和我国《海商法》的现行规定，可以得出这样的结论：(1)装运散装货油的船舶，当发生有涉外因素的污染损害事故时，依据我国参加的《1992 年民事责任公约》确定肇事船东的赔偿责任限额；(2)300 总吨以上从事国际航线运输的我国船舶，当发生无涉外因素的污染事故时，依据我国《海商法》第 11 章确定责任限额；(3)300 总吨以下从事国际运输和从事沿海运输及沿海作业的我国船舶，当发生无涉外因素的污染损害事故时，应当依据交通部 1994 年的规定予以责任限制。①

(三)2000 年的《海洋环境保护法》

1999 年 12 月 25 日，全国人大常委会第 13 次会议通过了对 1982 年《海洋环境保护法》的修订案，形成了新的《海洋环境保护法》，于 2000 年 4 月 1 日生效。

该法第 66 条规定：“国家完善并实施船舶油污损害民事赔偿责任制度，按照船舶油污损害赔偿责任由船东或货主共同承担风险的原则，建立船舶油污保险、油污损害赔偿基金制度。实施船舶油污保险、油污损害赔偿基金制度的具体办法由国务院规定。”使建立国家油污损害赔偿法律机制有了法律依据。但是，该法没有具体规定如何进行船舶油污损害赔偿，仅作了原则性的规定。

该法第 90 条规定：“造成海洋环境污染损害的责任者，应当排除危害，并赔偿损失；完全由于第三者的故意或者过失，造成海洋环境污染损害的，由第三者排除危害，并承担赔偿责任。”可见，该法对污染责任主体的规定同其归责原则的规定是互相矛盾的，②污染实行的是严格责任原则，但该法又规定了第三者的过错责任原则，这就与前一部分规定的严格责任相矛盾。船舶污染海洋环境行为作为一种侵权行为，与作为一般海上侵权行为的船舶碰撞的归责原则采取过错责任原则不同，是一种特殊的海上侵权行为，属于环境侵权行为，责任者要承担严格的无过错责任，即不管什么原因发生了船舶污染事故，只要本船货油或者燃料油或者运输的有毒有害物质泄漏造成了海洋环境污染损害，肇事船舶的船舶所有人就要承担严格责任。

《海洋环境保护法》基本上是海洋环境保护方面的行政立法，涉及少数民事责任的条款，仅仅是原则性规定，无法全面规范船舶污染损害赔偿问题，因此，还需要制定专门的规范船舶污染损害赔偿的立法。

(四)2010 年的《防治船舶污染海洋环境管理条例》(《防污条例》)

1982 年《海洋环境保护法》出台后，为了配合其实施，国务院于 1983 年 12 月 29 日批准颁布了《防止船舶污染海域管理条例》，该条例是《海洋环境保护法》的实施细则。该条例第 7 条规定：“船舶发生海损事故造成或者可能造成海洋环境重大污染损害的，港务监督有权强制采取避免或减少这种污染损害的措施，包括强制清除或强制拖航的措施。由此发生的一切费用，由肇事船方承担。”第 12 条规定：“发生污染事故，或违章排污的船舶，其被处以罚款或需负担清除、赔偿等经济责任的船舶所有人或肇事者，必须在开航前办妥有关款项的财务担保或缴纳手续。”这一行政法规也没有涉及到具体的船舶污染损害赔偿问题。

---

① 司玉琢，李志文主编，《中国海商法基本理论专题研究》，北京大学出版社 2009 年版，第 598 页。

② 司玉琢，李志文主编，《中国海商法基本理论专题研究》，北京大学出版社 2009 年版，第 598 ~ 599 页。

国务院于2009年9月2日在修订1983年《防止船舶污染海域管理条例》基础上通过了《防治船舶污染海洋环境管理条例》,对原条例进行了全面修改,制定目的是为了防治船舶及其有关作业活动污染海洋环境。该法在第七章专门规定了船舶污染事故损害赔偿问题,其中第53、54条和56条规定了船舶油污损害民事责任保险制度和设立船舶油污损害赔偿基金的原则性内容。该条例在《海洋环境保护法》66条确立的船舶污染损害赔偿制度的基础上,规定了船舶污染强制保险和基金制度,但是规定也比较原则,还需要具体的配套法规。但不管怎样,该条例第一次系统建立了我国与国际接轨的船舶污染损害赔偿制度体系,这是该条例的一大贡献。

条例第53条规定:"在中华人民共和国管辖海域内航行的船舶,其所有人应当按照国务院交通运输主管部门的规定,投保船舶油污损害民事责任保险或者取得相应的财务担保。但是,1 000总吨以下载运非油类物质的船舶除外。船舶所有人投保船舶油污损害民事责任保险或者取得的财务担保的额度应当不低于《中华人民共和国海商法》、中华人民共和国缔结或者参加的有关国际条约规定的油污赔偿限额。"

第54条规定:"已依照本条例第53条的规定投保船舶油污损害民事责任保险或者取得财务担保的中国籍船舶,其所有人应当持船舶国籍证书、船舶油污损害民事责任保险合同或者财务担保证明,向船籍港的海事管理机构申请办理船舶油污损害民事责任保险证书或者财务保证证书。"

第56条规定:"在中华人民共和国管辖水域接收海上运输的持久性油类物质货物的货物所有人或者代理人应当缴纳船舶油污损害赔偿基金。国家设立船舶油污损害赔偿基金管理委员会,负责处理船舶油污损害赔偿基金的赔偿等事务。船舶油污损害赔偿基金管理委员会由有关行政机关和缴纳船舶油污损害赔偿基金的主要货主组成。"

(五)2010年的《船舶油污损害民事责任保险实施办法》(《船舶油污保险办法》)

我国2010年生效实施的两大船舶污染立法都体现了《2001年燃油公约》的精神。《防污条例》《船舶油污保险办法》按照《海环法》的规定,参照相关国际条约,进一步明确了船舶油污损害民事责任保险制度,用以保障船舶在发生油污事故后,能够具备与其赔偿责任限额相匹配的赔付能力。《防污条例》第53条和《船舶油污保险办法》第2条都规定,在中国管辖海域内航行的油船和1 000总吨以上非油船,其所有人应当按规定投保船舶油污损害民事责任保险或者取得相应的财务担保。由于《防污条例》对油污保险制度的规定相对比较原则,需要通过制定相应的配套规章,在上位法原则性规定的基础上对其予以细化和明确。《船舶油污保险办法》就船舶油污损害民事责任保险的投保船舶范围及额度、承保的保险机构的条件、保险证书及法律责任几方面内容,使我国船舶油污损害赔偿强制保险制度的实施拥有了一个较为具体的法律依据。

二、我国参加国际立法情况

综上所述,我国在规范船舶污染损害赔偿方面,已基本上形成了一个多层次的法律体系。我国还参加了许多防止船舶污染的国际公约,如前所述,国际防止船舶污染公约的内容主要涉及三方面:防止船舶污染、船舶污染损害赔偿和污染应急计划与反应。我国参加的有《1969年国际干预公海油污事件公约》《1972年防止倾倒废弃物及其他物质污染海洋公约》《1973年国际干预公海油类物质污染议定书》《1978年国际防止船舶污染公约》《1982年联合国海洋法公约》《1969年国际油污损害民事责任公约》及其1992年议定书、《2001年燃油污染损害民事责任公约》《1990 年国际油污防备、反应和合作公约》,等等。

在船舶油污损害赔偿方面,我国参加了《1969 年民事责任公约》,但没有加入《1971 年基金公约》,也没有建立国内基金,因此,还没有一个完整的油污损害赔偿体系,这无疑是我国船舶污染损害赔偿制度的一大缺憾。因此,当务之急是建立油污损害赔偿的各项制度,完善我国海上油污损害的民事立法。有关燃油污染损害赔偿问题,《2001 年燃油公约》对我国生效也只有一年多时间,在 2009 年 3 月 9 日之前燃油污染损害还缺乏有效的规范。与油污损害和燃油污染损害相比,我国目前有关有毒有害物质的损害赔偿方面的立法,缺陷比较明显。由于我国没有加入《1996 年 HNS 公约》,因而有毒有害物质污染损害赔偿问题,目前可适用的法律只有《海商法》,而且根据《海商法》的规定,有毒有害物质污染损害赔偿请求,属于限制性债权,因而船舶所有人承担的赔偿限额是较低的。这既不利于保护我国的海洋环境,也不利于维护污染受害人的合法权益。因此,我国一方面应论证加入《1996 年 HNS 公约》的可行性,同时,鉴于 HNS 公约目前尚未生效,更紧迫的是应修改现行《海商法》,将"有关有毒有害物质污染损害赔偿的请求"规定为非限制性债权,同时制定相应的有毒有害物质污染损害赔偿法规。

从我国当下船舶污染损害赔偿法律体系上看,虽然目前已基本形成了包括《宪法》《民法通则》《海商法》《海洋环境保护法》《防污条例》以及《船舶油污保险条例》等在内的法律体系,但立法侧重于行政立法,仍需进一步加强。因为我国虽然出台了一些相关行政法规,但与最新国际海事立法的要求尚有差距,有些国际公约我国尚未参加,有些我国虽已经参加,但尚未及时转化为国内法,因此其中一些先进的内容,在我国目前的国内立法中还没有得到体现。因而,依据已参加公约的规定,加紧制定或修改相应的国内法规,是摆在我们面前的一项艰巨任务。同时,在立法时应结合我国目前的技术条件和实力,因为与发达国家相比,我国的船队中老龄船、旧船占有相当大的比重,如果完全按照发达国家推行的标准,我国的许多船舶将无法营运,我国船队在世界航运市场中将处于不利的地位,会严重阻碍我国航运事业的发展。因此,应考虑我国的国情,适当参加一些先进的国际海事公约,并将其规定转化为相应国内法,以保护我国的海洋环境。

第四编　特殊海上风险和制度

第十二章

共同海损

第一节　共同海损概述

一、共同海损的含义及制度沿革

共同海损(General average,简称 GA,G/A)是海商法中最古老也是最复杂的制度之一,在海运实践中发挥着不可替代的作用,该制度也被世界各国普遍接受、采纳。

我国《海商法》第 193 条第 1 款将共同海损定义为"在同一海上航程中,船舶、货物和其他财产遭遇共同危险,为了共同安全,有意地合理地采取措施所直接造成的特殊牺牲、支付的特殊费用"。共同海损有广义和狭义之分。广义的共同海损是指共同海损法律制度,即由共同海损行为、共同海损损失、共同海损理算以及共同海损分摊等内容所构成的海商法上特有的一种损害负担法律制度。狭义的共同海损是指海损之一种。所谓海损(Average),是指在海上运输或者其他海上活动中,因船舶、货物或海上设施等海上财产遭遇海上危险或发生海上事故,而造成的上述财产或其他海上财产的灭失或者损坏,或者产生的费用及其他经济损失,以及所造成的人身伤亡。①

共同海损是海损的一种。海损可以分为单独海损和共同海损。② 共同海损不同于单独海损,并分别适用不同的损害负担原则。凡是由于自然灾害、意外事故、战争或恐怖活动、其他不可抗力以及不法行为等原因所直接造成的财产的灭失或者损坏,以及产生的费用或者其他经济损失,为单独海损。对于单独海损,原则上应由受害方先独自承担损失。但是,如果按照海上运输合同的约定,或者当无合同约定时,按照所适用的法律的规定,此种损害应由其他人承担损害赔偿责任的,受害方可向该其他人要求损害赔偿。而当船舶、货物以及其他海上财产遭遇不可抗力、意外事故或者不法行为等而面临共同危险时,船长往往被赋予了决定并采取适当的措施以摆脱危险或者尽量减轻危险造成的损害的权利。此时,如果船长

---

① 蒋跃川著,《共同海损》,法律出版社 2009 年 6 月版,第 1 页。

② 有学者认为单独海损与共同海损区分的依据在于损失的性质,如王恩韶,许履刚,《共同海损》第 3 页;也有学者认为单独海损与共同海损区分的依据在于产生原因的不同,如蒋跃川著,《共同海损》第 1 页。

在其权限内采取的此种措施造成了船舶、货物或其他海上财产的损害或进一步的损害,或者因此而支付了额外费用,则这些因船长所采取的人为的救险措施所造成的损害和产生的费用,被称为共同海损,这就是狭义的共同海损。船长所采取的上述措施,称为共同海损措施或者共同海损行为。例如,当船舶在海上搁浅、船体有断裂的危险时,为了避免船舶和货物的全损,船长下令将某些货物抛投入海以减轻搁浅程度,并同时雇佣拖轮将船舶拖带出浅。在此种情况下,被抛投入海的货物的损失以及支付的拖轮费用即属于共同海损,而船长所采取的抛货以及雇佣拖轮拖带出浅的行为即为共同海损行为。由于共同海损是为了船、货以及其他财产的共同安全或者共同利益而造成,因而应由共同海损行为的所有受益方按照各自获救财产的价值比例共同承担。这被认为是海商自然法的公平原则的要求,不仅一直被公认为最古老的航海惯例之一而得到普遍遵循,也为近代和现代各国的海商立法所一致承认。通过确立共同海损制度,根据公平原则,由各受益方分摊牺牲和损失,对保护和促进航海事业的发展非常有意义。

共同海损制度是基于海运中的特殊风险建立起来的,属于海商法特有的古老习惯和制度。共同海损作为一种法律制度,最早出现在古希腊的法律中,如公元前 3 世纪的《罗德海法》就确立了"为减轻货载而抛弃货物,应由全体分摊"的原则。《罗马法》也有关于共同海损的规定。12 世纪欧洲各海运国家的法律,均以不同的方式,表述了共同海损的基本思想,但都没有提出共同海损的准确概念和称谓。16 世纪中叶,法国第一次提出了共同海损的概念和定义,当时称为"Common average"或"Gross average"。据考证,1684 年的《路易十四法典》第一次以法律的形式提出了类似于今天的单独海损和共同海损的定义,而 1721 年《鹿特丹法典》首次使用了"General average"表述共同海损的含义,并一直沿用至今。此后,共同海损制度已被各国海商法所承认。①

二、共同海损的构成要件

一般地说,共同海损的成立应当具备如下条件:

第一,同一航程中的财产遭遇共同危险。同一航程中的船舶、货物和其他财产遭遇共同危险,是共同海损成立的前提。这一条件包括以下几层含义:首先,船舶、货物和其他财产须属于两个以上的不同主体所有。如果船舶、货物和其他财产属于同一主体所有,则不发生共同海损。其次,船舶、货物和其他财产须处于同一航程中。所谓处于同一航程,是指在危险发生时,有关财产处于同一船舶之上。再次,船舶、货物和其他财产须遭遇共同危险。所谓共同危险,是指同时对船舶、货物和其他财产构成威胁的危险。如果仅是船舶、货物和其他财产中的某一项构成危险,则不能成立共同海损。最后,共同危险须是真实存在的或者是不可避免的,并且是不可预测的。也就是说危险必须是已经发生的,或者虽然没有发生,但客观上是不可避免要发生的。而且这种危险必须是不可预测的。可以预测的危险造成的损失,不构成共同海损。

第二,采取的共同海损措施必须是有意而合理的。共同海损的损失是有意造成的,这是共同海损的重要特征之一。因此,凡不是有意采取措施而出现的损失,均不能列入共同海损。共同海损措施虽然是有意的,但其必须合理。所谓合理,是指在当时的条件下所采取的措施既符合航海习惯,又损失最小。措施的合理应当具备单个条件:一是符合海航习惯;二

① 韦经建编著,《海商法》,吉林人民出版社 1996 年版,第 395 页。

是损失应当最小；三是措施应当最为有效。

第三，共同海损的损失是特殊的，支付的费用是额外的。“损失是特殊的”是就共同海损中的物资损失而言的，是指该项损失是为共同利益所作出的牺牲。共同海损是在征程运输中不可能出现的损失，因此是特殊的。“费用是额外的”是就共同海损中的费用损失而言的，是指在正常航运中不可能出现的费用。共同海损费用都是为解脱共同危险而支出的，是正常运输中不可能发生的，因此是额外的。

第四，采取的措施必须最终获得效果。采取共同海损措施的目的，是使处于共同危险之中的船舶、货物和其他财产转危为安，所以共同海损措施必须最终获得效果。这里所指的获得效果，并非指财产全部获救。只要有部分财产获救，共同海损就可以成立。

三、共同海损的损失构成

当船舶、货物以及其他海上财产遭遇不可抗力、意外事故或者不法行为等而面临共同危险时，船长往往被赋予了决定并采取适当的措施，以摆脱危险，或者尽量减轻危险造成的损害的权利。此时，如果船长在其权限内采取的此种措施造成了船舶、货物或其他海上财产的损害或进一步的损害，或者因此而支付了额外费用，则这些因船长所采取的人为的救险措施所造成的损害和产生的费用，被称为共同海损。共同海损的损失构成表现多种多样，从性质上划分，主要有两种表现形式。

（一）共同海损牺牲

共同海损牺牲是指由共同海损措施所直接造成的船舶或者货物或其他财产在形态上的灭失或损坏。[①] 主要表现形如下。

1. 抛弃货物

共同海损制度最初就是由抛弃货物发展而来的[②]。抛弃货物是早期帆船时代最重要的共同海损避险措施。但是，在现代航海技术条件下，抛货只是在采取其他措施仍不能实现船货共同安全，或采取其他措施的损失大于抛货的损失时，才被予以适用。[③] 抛弃货物的损失主要包括两部分：被抛弃的货物本身的损失和因抛弃货物而引起的财产的进一步的损失。

2. 扑灭船上火灾所造成的损失

这里所指的火灾，不论是由于自然原因、意外事故，还是船员的过失，只要船上发生火灾，为了解除船货的共同危险而采取的灭火措施所造成的船舶或货物的进一步损失。如向失火的货舱灌水、封舱、喷射灭火剂等措施导致船舶或货物的损失属于共同海损的损失。但是，根据 1994 年的《约克－安特卫普规则》的规定，不论何种原因所造成的烟熏和火烤，均不能作为共同海损而得到补偿。

3. 割弃残损物所造成的损失

所谓残损物是指因自然灾害或意外事故而被损坏或已被拆除或已在实际上被毁灭的船舶残留物体，例如因海损事故而毁坏的船舶栏杆、船舷等。此类残存物如果留在原处，不管其还有无使用价值，都有可能威胁到船舶的航行安全，则为了解除这种威胁而割弃这些残留部分所造成的船舶或货物的进一步的损害或由此产生的特殊费用属于共同海损。在实践

① 司玉琢主编，《海商法》（第二版），法律出版社 2007 年版，第 308 页。

② 司玉琢主编，《海商法》（第二版），法律出版社 2007 年版，第 308 页。

③ 贾林青著，《海商法》（第三版），中国人民大学出版社 2008 年版，第 270 页。

中,切除残损物本身不属于共同海损的损失。

4. 有意搁浅所导致的损害

只要是以航行的共同安全为目的,船长故意将船舶搁浅所造成的船舶、货物或其他财产的损失,均可作为共同海损。

5. 因起浮船舶而造成的船舶机器和锅炉的损害

在船舶处于搁浅的危险境地,为了使其重新起浮而需要超负荷适用机器或锅炉,只要能够证明这种起浮是为了共同安全的目的而采取的措施,由此而导致的损失可以列为共同海损。但是,船舶在漂浮状态下因使用推进器或锅炉而遭受的损害,则不能作为共同海损。

6. 被当作燃料而使用的船用材料、物料和货物

在船货遭遇共同危险时,如果船上配备的燃料耗尽时,为了共同安全的需要,船长可以决定将船上的船用材料和物料以及所载货物作为燃料烧掉,这种损失属于共同海损。当然,船长有保证船舶配备充足燃料的义务和责任,如果是由于燃料不足而使用船用材料、物料或货物作为燃料的话,应当追究船长的不适航的责任,而不应将这些损失列入共同海损。

7. 在卸货等过程中造成的损害

船舶遇到海损事故受损后,为了恢复船舶续航能力而需要在避难港进行修理和维护时,需要对货物、船用物料和燃料进行卸载、搬运、储存、积载、搬移、重装等操作,在这些操作过程中所造成的损害属于共同海损。

(二)共同海损费用

共同海损费用是指由于采取共同海损措施而支付的额外费用。主要包括以下几种。

1. 救助费用

由于船货遭遇共同危险而由第三方实施的救助,为此须向救助方支付的救助费用属于共同海损。另外,在计算救助报酬时还应当考虑救助方在救助过程中为防止或减轻环境污染损害所作的努力,因此1994年《约克－安特卫普规则》在修订过程中吸收了《1989年救助公约》的精神,允许把防止或减轻环境污染的技能和努力作为考虑因素而确定的报酬认作共同海损。但是,《约克－安特卫普规则》并未吸收《1989年救助公约》中所规定的对救助方保护环境努力所给予的特别补偿,未将其列入共同海损。因为这种特别补偿是在救助未取得效果的情况下而支付给救助人的一笔费用,从根本上说,它不符合传统海难救助法“无效果,无报酬”原则,因而这种补偿只能由获救船舶的所有人向救助方单独支付,而不应列入共同海损费用而由所有受益方分摊。①

2. 搁浅船舶减载费用

为了船货共同安全而对搁浅船舶进行减载,不仅会产生前述的可以列入共同海损的船舶和货物的损失,还会产生采取减载措施的费用,如货物卸船费、重装费、租用驳船的租金等费用,都可以列入共同海损。

3. 避难港费用

当船舶因意外事故、牺牲或其他特殊情况,需要进入避难港或驶回原来的装货港,只要这种措施是为了共同安全所必需的,由此发生的避难港费用就应列入共同海损。可以列入共同海损的避难港费用包括:驶入或驶离避难港或原装货地点的费用,包括港口费用、引航费、拖轮费、检查费等;从出事地点驶入避难港或原装货地点直至驶回原出事地点期间而延

① 司玉琢主编,《海商法》(第二版),法律出版社2007年版,第311页。

长的航程的费用;船舶驶往或驶离以及在避难港期间所发生的船员工资、给养和燃料、物料的消耗;为了在避难港修理船舶而卸载、储存、重装、搬移船上货物、燃料或物料所造成的损失及支付的费用;受损船舶在避难港的修理费用等。

4. 修理费用

船舶因发生共同海损而进行修理时所支付的修理费用,可列入共同海损。船舶修理有永久修理和临时修理两种情况。

永久性修理是指对船舶损坏所进行的旨在使船舶恢复永久适航能力的修理。如果船舶损失是共同海损措施造成的,则修理费用应列入共同海损。但是其实这一费用实质上是共同海损牺牲的转化,原则上并不属于共同海损费用的范畴。[①] 除此之外,其他任何形式的船舶永久性修理费用都不得列入共同海损。

临时性修理是指对受损船舶进行最低限度的以保持其在一定期限内适航性的修理。对于临时修理,要以因此所节省的如果不在该港修理所要产生的共同海损费用为限。[②]

5. 代替费用

代替费用是一种为了节省或取代原应列入共同海损的费用而支付的费用。代替费用是指为了节省本应支付并可列入共同海损的费用而采取代替措施所产生的额外费用。与其他共同海损费用相比,代替费用事实上本身属于共同海损费用,但由于它代替了其他原应列入共同海损的费用并节省或避免了这些原应属于共同海损的费用,才被列为共同海损费用而受到补偿。《海商法》第 195 条规定,为代替可以列入共同海损的特殊费用而支付的额外费用,可以作为代替费用列入共同海损;但是,列入共同海损的代替费用的金额,不得超过被代替的共同海损的特殊费用。实践中,属于代替费用的额外费用很多,例如为了节省船舶在避难港修理的时间以及船员的工资、给养和燃物料费用,要求修理船舶的工人加班所支付的加班费;为了节省避难港的费用,雇用拖轮将受损船舶拖带至目的港所支出的拖带费等。当然,之所以要以某些特殊费用来代替本应列入共同海损的费用,是因为这笔代替费用的金额要小于被代替的费用,这样在理论和实践中才行得通。

6. 其他杂项费用

当事人为处理共同海损事件所支出的各种有关费用,关系到共同海损各方的共同利益,故属于共同海损。这些费用主要包括共同海损保险费、船货的共同海损损失检验费、垫付的手续费、共同海损的利息以及共同海损理算费等。

第二节 共同海损与过失

在共同海损事故中,引起共同海损的牺牲或费用的共同危险可能是自然原因,也可能是因一方或双方的过失所造成的。我国《海商法》第 197 条规定:"引起共同海损特殊牺牲、特殊费用的事故,可能是由航程中一方的过失造成的,不影响该方要求分摊共同海损的权利;但是,非过失方或过失方可以就此项过失提出赔偿请求或进行抗辩。"可见,引起共同海损的牺牲和费用的过失,原则上并不影响共同海损的成立、理算和分摊。这条规定显然来源于《约克 - 安特卫普规则》的规则 D,规定:"即使引起牺牲或者费用的事故,可能是由于航程

① 司玉琢主编,《海商法》,中国人民大学出版社 2008 年版,第 326 ~ 327 页。

② 司玉琢主编,《海商法》(第二版),法律出版社 2007 年版,第 313 页。

中一方的过失所造成，也不影响要求分摊共同海损的权利，但这不妨碍非过失方就此项过失向过失方可能提出的任何索赔或者抗辩。”但是在共同海损理算和分摊过程中，由过失导致的共同海损问题还是很复杂的，需要区别情况对待。

一、托运人的过失与共同海损

我国海商法对于承运人在海上货物运输中的赔偿责任采取的是不完全的过失责任制，而对托运人的赔偿责任采取的则是过错责任原则。我国《海商法》第 70 条规定：“托运人对承运人、实际承运人所遭受的损失或者船舶所遭受的损坏，不负赔偿责任；但是，此种损失或者损坏是由于托运人或者托运人的受雇人、代理人的过失造成的除外。”可见，如果在海上航程中发生的共同海损是由托运人的过失导致的，损失当然由托运人承担，不存在所谓共同海损分摊的问题。

二、承运人的过失与共同海损

在海上货物运输中，承运人是主要的运输义务承担者，承运人要承担适航义务、管理货物义务以及合理速遣义务等主要义务，一旦违反义务给托运人造成损失就要承担损害赔偿责任；但是《海商法》同样也规定了承运人的一系列免责条款，因此，我国海商法规定的承运人的赔偿责任基础是一种不完全的过错责任制，即有时货物损失虽然是由于承运人的过失所致，但如果此种过失属于法律规定的承运人的可以免责的过失，则承运人也可以免责。具体到共同海损制度中，如果共同海损是由承运人的过失所致，要区分是可以免责的过失还是不可免责的过失，两种不同情形导致的共同海损的法律后果是不同的。

（一）承运人可以免责的过失导致的共同海损

各国海事立法与实践基本上都承认，由于承运人可以免责的过失所致的共同海损，仍由各受益方共同分摊。即承运人的过失不影响共同海损的成立、理算与分摊。根据《海牙规则》第 5 条规定，承运人要求货方分摊由于船长、船员过失所致的共同海损损失，并不违反该规则关于承运人责任、义务方面的强制性规定。[①] 另外，从理论上讲，既然法律已经规定此种过失可以免责，就意味着对这种过失可以不作为过失看待，因而船方要求货方分摊由此而导致的共同海损，也是合乎情理的。

美国在这一方面的做法，是在海运提单中增加有关共同海损分摊的条款。根据美国法律的解释，《哈特法》和《海牙规则》中的免责条款，只能解释为因船长、船员过失所致的损害可以免除承运人的赔偿责任，但不能赋予承运人请求货主分摊因上述过失所引起的共同海损损失的权利。基于该原则，美国法院在 1897 年伊洛瓦迪一案的判决中认为，根据美国法律，对驾驶船舶的过失，船东可以免责，但不能请求货方分摊共同海损的损失。该判决在航运界引起较大轰动，承运人为了改变对自己不利的处境，就基于意思自治原则，纷纷在提单中增加订立了一项“共同海损疏忽条款”，规定：“如果承运人已提供了适航船舶，由于其雇用人员的航海过失或管船过失导致的共同海损，货主应参与分摊。”1910 年美国最高法院在裁定“杰森”上诉案时，正式肯定了共同海损疏忽条款的效力，并将其命名为“杰森条款”。1936 年，美国根据《海牙规则》的规定制定了《海上货物运输法》，为符合新的法律，各船舶公司都对提单上的“杰森条款”进行修改和补充，并将其改名为“新杰森条款”。二者的区别

① 韦经建编著，《海商法》，吉林人民出版社 1996 年版，第 402 页。

在于:当船舶因驾驶过失发生事故而有必要救助的,即使救助船与被救助船同属一个公司,被救船仍须支付救助报酬,该项救助报酬可作为共同海损费用由船货双方共同分担。由于美国这一法律实践具有合理性和典型性,"新杰森条款"作为提单条款以为世界各国所承认,在世界航运界产生了较大的影响。①

(二)承运人不可免责的过失导致的共同海损

根据我国《海商法》和《约克-安特卫普规则》都规定,即使引起共同海损的事故可能是由于航程中某一方的不可免责的过失所造成的,也不影响其请求共同海损分摊的权利,但不妨碍非过失方就此项过失提出索赔或抗辩。即因一方不可免责的过失所致的共同海损发生后,可以首先在推定各方都没有过失的情况下进行共同海损理算,也就是说即使因某一方不可免责的过失导致共同海损的损失,不影响共同海损的成立与理算,但是,在决定分摊问题时,非过失方有权拒绝参与共同海损分摊,前提是确定对于共同海损的发生另一方确实存在不可免责的过失。

在航运实践中,当发生共同海损时,不论是否涉及到船方的过失,船方一般都宣布共同海损。因为如果该船参加了船东保赔协会的话,在货方拒绝分摊共同海损的情况下,还可以请求保赔协会予以赔偿。但如果船方担心货方拒绝分摊而不宣布共同海损,则会被视为放弃了请求货方分摊共同海损的权利,因此也会无法得到保赔协会的赔偿。②

第三节 共同海损理算

一、理算的含义

共同海损理算是指发生共同海损事故后,由被委托的理算人根据共同海损的实施依法进行调查、审核、计算、确定分摊金额和编制理算书的行为。

船舶发生海损事故以后,共同海损案件是否可以成立,哪些损失和费用应该列为共同海损,并如何给予补偿,损失及费用又应由哪些受益方和按照什么标准和方式予以分摊,这些问题涉及一系列细致的调查研究、收集材料和审核计算工作,习惯上都由专业机构或人员负责办理。这项审核和计算损失及费用的补偿和分摊工作,称为共同海损理算,承办这项理算的机构或人员称为海损理算事务所或理算师。

为了使共同海损理算工作有所遵循,尽管世界上各海运国家在它们的海商法或其他有关法律中订有共同海损的章节,对共同海损的处理订有原则规定,但由于在国际海洋运输中,一艘船舶上运输的货物种类很多,一个航程可以涉及很多国家的装卸港口,货主也分散在不同国家,发生共同海损事故,究竟按照哪个国家或港口的法律或习惯进行理算,又采用什么原则来调整船舶和货物各方的关系,这是各国海运、贸易、保险和理算界长期以来争论不休的问题。大体说来,可以分为两大学派:一派称为共同安全派,一派称为共同利益派。主张共同安全派的人认为共同海损的范围应该严格按照共同海损的概念来划分,船舶发生

① 韦经建编著,《海商法》,吉林人民出版社 1996 年版,第 402~403 页;司玉琢主编,《海商法》(第二版),法律出版社 2007 年版,第 316~318 页。

② 韦经建编著,《海商法》,吉林人民出版社 1996 年版,第 402~403 页;司玉琢主编,《海商法》(第二版),法律出版社 2007 年版,第 318~319 页。

海损事故,可以列为共同海损的应只限于为了解除共同危险而造成的特殊牺牲和额外费用。一但船舶获得安全,其后再发生的损失和支付的费用即不应属于共同海损的范围。因为从共同海损的来源看,共同海损的产生只是由于发生了共同危险,采取共同海损措施的目的,只是为了解除共同危险,因而列为共同海损的牺牲和费用,应只限于自发生共同危险以后至获得共同安全为止这一阶段内因采取共同海损措施而引起的各项特殊牺牲和费用。但共同利益派的主张则不同。他们认为船舶发生海损事故采取共同海损措施,可以列为共同海损的牺牲和费用不应仅限于船舶获得共同安全时为止,而应扩展至船舶安全续航获得保证时为止。因为船舶承运货物是为了将货物安全运送到目的地,如果发生共同危险,船舶需要修理;驶入避难港口后,危险并未彻底解除,只有当船舶修复,重新获得适航条件时,船舶才有可能继续履行将货物运送至目的港的义务。因此共同利益派认为,将从船舶驶抵避难港时起至修理完毕,并完成续航准备时为止这一期间内的特殊牺牲和额外费用,列为共同海损,同样也是合理的。

对于共同海损牺牲和费用的划分范围持有的不同的观点和做法,实际上反应了货物运输合同中船舶和货物双方的不同立场。共同利益派代表了船方的利益,因此主张将共同海损的范围放宽;共同安全派代表了货方的利益,因此坚持列入共同海损的项目不应随意扩展。

二、理算的方法

(一)共同海损理算的地点、时间和法律依据

关于共同海损理算的地点、时间和法律依据,各国海商法和其他有关法令均有规定。这里所说的理算的地点和时间,不是指理算师编制理算书的地点和时间,而是指根据什么时间和地点来进行理算。目前,各国做法都以船舶航程终止港和到达港的时间为准。至于理算规则,应以运输契约规定的为准。我国《海商法》第203条的规定为:“共同海损理算,适用合同约定的理算规则,合同未约定的,适用本章的规定。”如果与我国远洋运输有关的契约中订有共同海损应在北京理算的条款时,所有案件都应提交中国国际贸易促进委员会海损理算处,根据有关契约订明的理算规则进行理算。国外运输契约一般都订明共同海损应按照《约克－安特卫普规则》进行理算,而《约克－安特卫普规则》中又订明,如果该项规则与任何法律有抵触,应以该项规则为准。

(二)共同海损理算的程序和做法

各国的理算程序和做法不尽相同。现根据我国具体情况,将中国国际贸易促进委员会海损理算处的做法介绍如下:

第一,收集共同海损担保文件和对保证金的处理。中国国际贸易促进委员会海损理算处在接受船方委托理算的共同海损案件后,应立即协助船方办理向货方收取共同海损担保文件的事宜。如果需要货方提供共同海损保证金,或对于未保险的货物要求货主提供保证金,保证金占货物价值的百分数由海损理算处根据船方提供的材料予以估定。保证金应汇到指定的银行账户,并根据《北京理算规则》第6条的规定,由海损理算处以保管人名义存入银行。

第二,收集共同海损文件和单证。收集共同海损文件和有关单证是进行共同海损理算十分重要的一个环节。

第三,确定共同海损补偿金额、分摊价值和分摊金额。

第四,核定各利害关系方支收金额。上述工作完成后,理算师最后应核定各利害关系方垫付的共同海损费用金额,共同海损补偿金额以及共同海损分摊金额,并在此基础上编制收付结算表,以便通知各有关方进行结算。

第五,编制共同海损理算书。共同海损理算书一般由下列五个部分组成:(1)前言;(2)费用划分表;(3)共同海损分摊表;(4)共同海损收付结算表;(5)附件。前言部分包括理算师对案情的概括介绍,对案件的处理意见和对某些问题的特殊说明,理算结果,对理算费和各利害关系方的收付金额结算办法,以及理算书使用的货币换算率。费用划分表内对某些费用可作必要的注释,便于有关方更好了解。附件包括必要的证明文件。理算书应简明,便于利害关系方了解和执行。

第四节 共同海损的时限与担保

一、共同海损时限问题

共同海损时限,指的是共同海损分摊请求权人请求法院保护其海事请求权的有效期间的法定期限。根据法律规定,享有共同海损分摊请求权的请求权人,应在限定的期间内提请仲裁或者提起诉讼;否则,就丧失了请求法院依法强制义务人履行义务的权利。

各国有关共同海损时效的规定也都不尽相同。我国《海商法》第263条规定:"有关共同海损分摊的请求权,时效期间为1年,自理算结束之日起计算。"另外我国《海商法》第266和267条还分别规定了有关时效中断与中止的适用情形,即"在时效期间的最后6个月内,因不可抗力或者其他障碍不能行使请求权的,时效中止。自中止时效的原因消除之日起,时效期间继续计算。"以及"时效因请求人提起诉讼、提交仲裁或者被请求人同意履行义务而中断。但是,请求人撤回起诉、撤回仲裁或者起诉被裁定驳回的,时效不中断。请求人申请扣船的,时效自申请扣船之日起中断。自中断时起,时效期间重新计算。"《海商法》中的这些规定与《民法通则》和《民事诉讼法》中的相关规定是一致的。

二、共同海损担保的形式

共同海损担保是为了确保共同海损分摊,经有关方的请求而由受益方作出的保证行为。通常是船方对货方的要求。共同海损担保除保证金外,还有共同海损担保函、共同海损协议书、船货不分离协议等形式。《海商法》第102条规定,经利害关系人要求,各分摊方应当提供共同海损担保;以提供担保金方式进行共同海损担保的,保证金应当交由海损理算师以保管人名义存入银行。保证金的提供、适用或者退还,不影响各方最终的分摊责任。

1. 共同海损保证金

共同海损保证金是由收货人在提货之前,向船舶所有人提供的分摊共同海损的现金担保。如前述《海商法》第102条的规定。

2. 共同海损担保函

共同海损担保函是由分摊方的保险人向共同海损的牺牲方或费用支付方提供的保证分摊共同海损的保证书,即由收货人向船舶所有人提供并且经货物保险人签署的保证分摊共同海损的书面文件。担保函包括限额担保函和无限额担保函。

3.共同海损协议书

共同海损协议书是共同海损的受益方和牺牲方或费用支付方之间签订的,保证分摊共同海损的书面协议。

4.船货不分离协议

船货不分离协议是在共同海损发生后,货物须由他船转运时,由船方和货方订立的,共同海损的分摊不因货物的转运而发生变化的协议。

第五节　共同海损理算规则

一、《约克-安特卫普规则》

为了统一各国共同海损理算的做法,协调共同安全派和共同利益派的利益,顺利进行共同海损的理算工作,随着国际贸易和航运事业的发展,欧、美等主要海运国家有关行业的代表从19世纪中叶起,即开始酝酿讨论制订一项统一的理算规则,以资遵守。经过近百年的努力,这项规则已为世界各海运国家所普遍接受,称为《约克-安特卫普规则》。

《约克-安特卫普规则》是由英、美和欧洲大陆海运国家的理算、海运、贸易和保险界等方面的代表最初于1860年在英国格拉斯哥开会制订的,称为《格拉斯哥决议》,其后经过七次修改,现在使用的规则称为2004年《约克-安特卫普规则》,使用范围比较广泛,凡是载运国际贸易商品的海轮,发生共同海损事故,一般都按照此项规则理算。回顾一下此项规则的制订和修改过程,有助于了解制订共同海损理算规则指导原则、理算做法和存在的问题以及共同海损理算工作今后的发展趋势。

《约克-安特卫普规则》具有以下特点:

第一,《约克-安特卫普规则》是国际上广泛采用的共同海损理算规则。《约克-安特卫普规则》从1860年讨论制订《格拉斯哥决议》开始至今已经有一百多年的历史,先后共进行了七次较大的修改。从1877年定名为《约克-安特卫普规则》以后,在历次修改规则时,始终保留使用原规则名称不变,只不过在规则前冠以为修改该规则召开会议的年份。新的规则并不代表前一项规则,即以前的规则并不废除,所以虽然今后国际上将会普遍使用的是2004年《约克-安特卫普规则》,但还有不少货物运输提单和海上保险单仍会标明使用1974年《约克-安特卫普规则》或《1994年约克-安特卫普规则》。从制订和修改《约克-安特卫普规则》的一百多年的过程看,统一共同海损理算工作先后经历了三个阶段。最初是建议由各国议会通过内容一致的关于理算规则的议案,即通过各国国家立法的形式来统一理算工作;其后又提出签订国家公约,以便共同遵守,但这两项主张,经过多年的努力,都未能实现。最后,才决定采用以签订契约方式来约束利害关系方,即在货物运输提单、船舶租约和船舶、货物保险单中,由契约双方约定在有关的合同中加入一条按照《约克-安特卫普规则》进行共同海损理算的条款,来统一理算工作。由于《约克-安特卫普规则》在很多问题上反映了世界各海运国家理算的做法,又由于这项规则曾取得国际法协会的认可,因此,它虽然不是国际公约,但已经被国际海运、贸易和保险各界接受,而《约克-安特卫普规则》开宗明义在解释规则第1款中又订明了这项规则凌驾于各国法律的适用范围,其内容为共同海损的理算,适用下列字母规则和数字规则,凡与这些规则相抵触的法律和惯例都不适用。根据上述规定,凡订有采用《约克-安特卫普规则》条款的各类海上运输合同,遇有共同海损事故,即以该规则作为理算的依据,所有与该规则相抵触的法律和习惯做法均被视为无效,因此适用范围比较广泛。总的来说,《约克－安特卫普规则》在统一各国理算做法方面起到了一定的积极作用。但由于这项规则在某些方面较多地反应了船方的利益,因此,长期以来,货方对规则中某些他们认为不合理的规定,采取了反对和抵制的态度。值得注意的是,许多发展中国家由于海运事业的基础比较薄弱,在国际贸易运输方面,经常以货方的身份出现,主要代表着货方的利益,不少国家有关方面的人士先后提出了改革共同海损理算规则中一些不合理做法的要求。逐步建立一套新的公平合理的国际共同海损理算办法,是改革国际经济贸易关系的一个方面,也是摆在国际理算、海运、贸易、保险界面前的一项任务。

第二,《约克－安特卫普规则》是共同安全派和共同利益派协商的产物。共同安全派和共同利益派在围绕着共同海损范围问题上的争议,必然要反映到制订像《约克－安特卫普规则》这样一个国际上广泛使用的理算规则上来。古老的一些与共同海损有关的法律仅限于对抛弃、砍断桅杆、扑灭火灾等损失方面的处理作出规定,反映的是共同安全派的观点。但从制订《约克－安特卫普规则》的前身,即1860年《格拉斯哥决议》时开始,即引进了共同利益派的某些主张,例如在协议中订定了船舶在避难港支付的港口费用和船员工资可以列为共同海损的规定。1890年修改规则时,在共同利益派的影响下,规则关于避难港费用的条文中又第一次出现了安全完成航程的字样。1950年《约克－安特卫普规则》制订了解释规则,明确数字规则不受字母规则所列原则的限制。结果美国航运、贸易、保险界在美国海商法协会的推荐下都接受采用了1950年规则,不再作任何保留。在修订1974年《约克－安特卫普规则》时,两派对上述X(b)和Xl(b)可以受到补偿的那部分约定共同海损费用,又进行了一次交锋,最后达成协议,将上述那部分费用的范围作了适当的限制。《约克－安特卫普规则》在某些问题上,比较多地照顾了船方的利益,但在另一些问题上又反映了货方的主张。

二、《北京理算规则》

1949年以前,共同海损理算对我国海运界来说,是一件相当陌生的工作。中华人民共和国成立以后,相当长一个时期共同海损案件仍主要依靠外国理算。1969年经过我国远洋运输、贸易、保险各有关部门的共同努力,在中国国际贸易促进委员会内设置海损理算处,办理共同海损理算业务,从此为我国共同海损理算事业掀开了崭新的篇章。中国国际贸易促进委员会为了在平等互利的基础上,正确地进行共同海损理算,增强各国人民的友好关系,促进国际贸易与海洋运输事业的发展,在总结办理共同海损案件实践的基础上,于1975年1月公布了《中国国际贸易促进委员会共同海损理算暂行规则》(简称《北京理算规则》)。这一暂行规则是根据平等互利的原则,并参照国际习惯做法而制订的。

《北京理算规则》具有以下特点:

第一,明确规定理算的方针任务。为了阐明在我国建立共同海损理算的目的,《北京理算规则》序言中明确规定建立共同海损理算工作的方针任务是为在平等互利的基础上,正确地进行共同海损理算,以增强各国人民的友好关系,促进国际贸易与海洋运输的发展,中国国际贸易促进委员会制定本暂行规则,并设立海损理算处。

第二,确定共同海损的范围。《北京理算规则》不在共同海损的定义中承认所谓安全续航,而在同条第2款中规定将这项损失和费用在当前情况下可列入共同海损。

第三,明确了理算工作的原则。《北京理算规则》对如何进行共同海损理算工作规定了指导原则,包括在调查研究的基础上,明确责任,实事求是、公平合理地处理各项损失和费用的补偿和分摊;提出共同海损理算要求的一方和其他有关各方,有举证的责任,证明其提出的损失或费用根据本规定的规定可列入共同海损;对作为共同海损提出理算的案件,如果构成案件的事故确系运输契约,一方不能免责的过失所引起,则不进行共同海损理算,但可根据具体情况,通过协商另作适当处理。

第四,共同海损理算工作的简化。为了节省时间和费用,长期以来,国际海运、贸易、保险界普遍提出简化海损理算的要求。中国国际贸易促进委员会有鉴于此,在制订《北京理算规则》时,除对共同海损损失和费用金额计算和分摊,规定了简单可行、实事求是的计算标准以外,还单独规定了一条与共同海损理算简化有关的规则,其内容为:“为了减轻各有关方的负担,提高工作效率,共同海损理算应尽量简化,避免繁琐的手续和计算;理算书应力求简明扼要,便于执行。对于案情简单的案件,可以作简易理算。对于共同海损金额较小的案件,经征得主要有关方的同意,可以不进行理算。”

第十三章

海事赔偿责任限制制度

第一节　概　述

一、海事赔偿责任限制的概念和特点

海事赔偿责任限制(Limitation of liability for maritime claims),原称"船舶所有人责任限制",是指发生海损事故,造成他人人身伤亡或财产损失时,依法将责任主体的赔偿责任限制在一定范围内的一种赔偿制度。海事赔偿责任限制制度是海商法所特有的一项法律制度。海事赔偿责任限制一般是针对一次事故所引起的各种索赔的综合性的责任限制,也被称作"综合责任限制"。这种综合责任限制不同于海上货物运输中规定的承运人对于货物损失赔偿的"单位责任限制"。二者虽然都属于对于违约或侵权责任主体的赔偿数额进行限制,但是具体限制的方式不同,分属于海商法不同的法律制度。

海事赔偿责任限制具有下列特点:

(1)海事赔偿责任限制的存在以海事赔偿责任为前提。海事赔偿责任是国际海事实践中的一个特殊概念,我国《海商法》未对此概念下定义。国际海事实践对此概念也没有统一的定义。从字面上看,海事赔偿责任是指海事赔偿请求权人按照国际海事实践或海商法的原则有权要求责任人承担的赔偿责任。① 无责任即无责任限制。如果不存在海事侵权或违约行为,就不会出现海事赔偿责任,也就无需对该责任进行限制。而这种责任限制对于责任人来说是一项法定的权利,但该权利不是独立存在的,是依附于海事赔偿责任的权利。②

(2)海事赔偿责任限制是责任人的一种法定的权利。海事赔偿责任限制的内容、权利主体、责任限制的范围以及责任限额等内容都是由法律明确规定的,不能依据当事人双方的约定而存在。海事赔偿责任限制是法律赋予责任人的一种法定的特殊权利。但当事人可以事先约定某些事项发生不适用责任限制条款。但是如果事故是责任人故意或明知会造成损失而作为或不作为造成的,责任人将会丧失这一法定权利。

(3)海事赔偿责任限制具有特殊性。它与民法上的赔偿责任和海上货物运输中的单位责任限制不同。海事赔偿责任限制是将责任人的赔偿按照船舶吨位或船价对每次事故或航次所引起的债务进行综合性的限制,使之在一定限额之内受偿;一般民事赔偿责任,要充分弥补受害人的所有损失,采用的是完全赔偿责任原则;单位责任限制是承运人对提单项下的每一件或每一单位货物提供的赔偿责任限制。所以说,海事赔偿责任限制是一种特殊的赔

---

① 莫世健著,《中国海商法》,法律出版社 1999 年版,第 187 页。

② 王玫黎等著,《海商法学》,武汉大学出版社 2010 年版,第 281 ~ 282 页。

偿责任承担方式。

二、海事赔偿责任限制制度的历史发展

海事赔偿责任限制是海商法特有的一项制度。船舶在海上航行或者在某一港口停泊，如因船长或其他船上人员的过失造成的人身伤亡或财产损失，依照通常的民事代理原则，船舶所有人要依其雇主责任对于此种伤亡或损失承担赔偿责任。但由于这种伤亡或损失后果往往很严重，由此产生的赔偿数额也十分巨大，有时甚至超过船价本身。如果不把赔偿责任限制在一定范围内，许多船舶所有人都会无力承担赔偿责任，可能会导致许多船舶所有人或航运企业的破产，这样非常不利于航运事业的发展。因此，各海运国家都制定了限制这种损害赔偿责任的特别立法，专门适用于船舶所有人及其他有关责任主体的海事赔偿责任限制制度。

海事赔偿责任限制制度由来已久，在古代罗马法就有船舶所有人有限责任制度的萌芽。严格来说，海事赔偿责任限制制度起源于中世纪地中海地区的航海习惯。当发生海上航行事故造成货物损失时，船舶所有人的赔偿责任以运费的若干倍为限，或者以船价为限；而船舶为几人合伙时，每一合伙人则以所占的份额为限承担赔偿责任。

有文献记载的海事赔偿责任限制，最早见于 13 世纪意大利巴塞罗那的《海事法汇编》，到了 1681 年法国路易十四发布的《海事条例》规定，船舶所有人对承担责任的海上人身损害承担无限责任，但其只要把海上财产委付给债权人，即可免除其全部责任。这就是最早的委付制度的雏形。后来这种委付制度被编入 1807 年《法国商法典》。德国在 1644 年的《汉撒敕令》中明文规定，货主对船舶被卖出之后的债务，不得再诉。后来 1897 年《德国商法典》进一步采用执行制度，即因船舶发生的债务，债权人只可要求对债务人的海上财产强制执行，不得对船舶所有人的其他财产另有主张。

在英美法系，英国 1734 年颁布了《乔治法案》，改变了普通法上的无限责任原则，实行把船舶所有人的赔偿责任限制在船价及运费范围内的制度。1854 年英国《商船法》又改为金额制度，即按照船舶吨位来确定赔偿限额。美国在 1851 年的《船舶所有人责任限制法》中也采用以船价为赔偿责任限额的船价制度。后来，在《1924 年关于统一海运船舶所有人责任限制若干法律规定的公约》出现后，又于 1935 年改用船价制度和金额制度并用的做法，使之接近于《1924 年关于统一海运船舶所有人责任限制若干法律规定的公约》的规定。

20 世纪以后，国际上出现了三个有关责任限制的国际公约，即《1924 年关于统一海运船舶所有人责任限制若干法律规定的公约》《1957 年船舶所有人责任限制公约》和《1976 年海事赔偿责任限制公约》。第一个公约由于采取了船价制度和金额制度并用的制度，但始终未获得广泛支持，至今未生效。第二个公约采用了金额制度，已经生效，1972 年该公约议定书通过，将金法郎改为特别提款权。第三个公约对第二个公约进行了一些补充和修改，扩大了可享受责任限制的主体的范围，明确了救助人、船长、船员或船舶经营人或承租人等也可以援引原属于船舶所有人的赔偿责任限制；另外采用了按照船舶吨位超额递减的金额制度。该公约已经于 1986 年生效。后来该公约 1996 年议定书通过，也已于 2004 年生效。我国至今未参加任何有关责任限制的国际公约，但是我国《海商法》中关于海事赔偿责任限制的规定基本上是参照 1976 年公约制定的。

海事赔偿责任限制制度是随着海运事业的发展而逐渐发展起来的，它和各国家、地区相关的历史背景有密切联系，它的发展变化可以由限制赔偿数额的方法来展现，主要限制方法

包括金额制、船价制、委付制、执行制等。

1. 委付制

采用委付制的国家主要有罗马尼亚、墨西哥、阿根廷、秘鲁等。它是指船舶所有人的责任限制,以委付本航次船舶及运费来免负其责,若不委付就负无限责任。委付制以航次为基础,在同一航次中,无论事故发生的次数多少,均以航次结束时船舶加以委付,因此,责任主体的赔偿限额取决于船舶的价值。委付制并不是将船舶所有权转移给受害人,受害人只是取得变卖委付船舶、优先受偿的权利。当变卖委付船舶所得价款高于索赔额时,超过部分仍应返还给船舶所有人。但这一制度也可能不利于受害人的合理利益,可能因船舶全损而得不到任何赔偿。

2. 执行制

它是指船舶所有人的责任限制以海上财产为限,即限于船舶与运费。因船舶发生的债务,债权人只限于对船舶所有人的该项海上财产强制执行,不足清偿的部分,船舶所有人不再负责。如果在航次中船舶发生海难降低了价值,受害人也只能以此为限。此制度主要为德国采用。

3. 船价制

美国于1980年确定该制度,1935年在此基础上又附加了金额制。它是指船舶所有人对因船舶产生的债务,其赔偿责任限制于船舶发生海损事故的航次终了时的价值及运费的范围。船价制以航次为标准,不论该航次发生几次责任事故,均以船舶的价值及运费为限。在船价制下,船舶所有人只要将与船舶和运费等值的金钱交给债权人,就可免除其责任。但是,航程终了时的船价受船舶损害程度、新旧等因素的影响,使债权人的受偿额变得不确定,如果一次航程中发生数次事故,债权人所得到的赔偿数额将会大打折扣。

4. 金额制

它是指对船舶每一次事故的债务,按照发生事故的船舶登记的净吨数乘以每一吨的赔偿责任限额来计算责任主体承担赔偿责任的最高赔偿额。英国1894年的《商船法》采用该制度,对财产的损坏每吨8英镑,对有人身伤亡的船舶以每吨15英镑为限。1958年,英国根据1957年国际公约的规定,相应地提高了责任限额。现在大多数国家海商法采用此制度。

5. 并用制

即船价与金额并用,指船舶所有人所负的责任以船价为限,以规定的每吨限额乘以船舶吨位的金额来承担赔偿责任。如果船舶价值高于每吨限额乘以船舶吨位的金额,以金额承担责任;如果船舶价值低于该金额,则以船价为限;如果发生船舶全损,船舶所有人则不负赔偿责任。该制度被1924年国际公约所采用。

6. 选择制

比利时在1998年《船舶所有人责任限制法》中对该制度进行了规定。它是指船舶所有人可以在几种不同的责任限制制度中选择一种进行适用。

第二节　海事赔偿责任限制的主要内容

一、限制性债权

限制性债权是指责任主体可根据海事赔偿责任限制的法律进行限制的海事债权。《海商法》第207条规定的限制性债权包括以下四类：

(1)在船上发生的或者与船舶营运、救助作业直接相关的人身伤亡或者财产的灭失、损坏，包括对港口工程、港池、航道和助航设施造成的损坏，以及由此引起的相应的赔偿请求。

(2)海上货物运输因延迟交付或者旅客以及行李运输因延迟到达造成损失的赔偿请求。

(3)与船舶营运或者救助作业直接相关的，侵犯非合同权利的行为造成其他损失的赔偿请求。

(4)责任人以外的其他人，为避免或者减少责任人依本章规定可以限制赔偿责任的损失而采取措施的赔偿请求，以及因此项措施造成进一步损失的赔偿请求。

二、非限制性债权

非限制债权即不适用海事赔偿责任限制的债权，是指责任主体依据海事赔偿责任限制的法律不能进行限制的债权。国际公约和各国的国内法都有规定，其中，救助报酬、船员工资和共同海损分摊等都属于非限制性债权。对于油污及核能损害的债权，也不属于限制性债权。根据《海商法》第208条规定，非限制性债权包括以下五类：

(1)对救助款项或者共同海损分摊的请求；

(2)中国参加的国际油污损害民事责任公约规定的油污损害的赔偿请求；

(3)中国参加的国际核能损害责任限制公约规定的核能损害的赔偿请求；

(4)核动力船舶造成的核能损害的赔偿请求；

(5)船舶所有人或者救助人的受雇人提出的赔偿请求，根据调整劳务合同的法律，船舶所有人或者救助人对该类赔偿请求无权限制赔偿责任，或者该项法律作了高于本章规定的赔偿限额的规定。

三、责任限额

责任限额是指责任主体依法对限制性债权的最高赔偿额。①

我国《海商法》对于海事赔偿责任限额采用的是金额制，适用于特定场合发生的事故所引起的人身伤亡和财产损失的请求，即“一次事故，一个限额”。根据《海商法》的规定，在计算责任限额时，分三种情况来对待。

1. 总吨位300吨以上的船舶海事赔偿责任限额的规定

对于总吨位300吨以上的船舶，适用《海商法》第210，211，212条规定的责任限额。对于单纯的人身伤亡的赔偿请求，300～500吨的船舶，赔偿限额为333 000SDR；单纯的非人身伤亡的赔偿请求，300～500吨的船舶，赔偿限额为167 000SDR。500吨以上的船舶，其500

① 司玉琢，《海商法》，法律出版社2003年版，第350页。

吨以下适用上述规定,而 500 吨以上部分则分级增加数额:单纯人身伤亡的赔偿限额,501 ~ 3 000 吨部分,每吨增加 500SDR;3 001 ~ 30 000 吨部分,每吨增加 333SDR;30 001 ~ 70 000 吨部分,每吨增加 250SDR;7 000 吨以上部分,每吨增加 167SDR。

单纯非人身伤亡赔偿限额,501 ~ 30 000 吨部分,每吨增加 167SDR;30 001 ~ 70 000 吨部分,每吨增加 125SDR;70 000 吨以上部分,每吨增加 83SDR。

值得注意的是,在同一事故中产生的人身伤亡和非人身伤亡赔偿请求,如果依人身伤亡的赔偿限额不足以支付全部人身伤亡请求的,差额应当与非人身伤亡的赔偿请求并列,从非人身伤亡的赔偿数额中按比例受偿。在不影响人身伤亡赔偿请求的情况下,就港口、港池、航道和助航设施损害提出的赔偿请求,应当优先于其他赔偿请求受偿。

2. 总吨位不满 300 吨的船舶及沿海作业、沿海运输海事赔偿责任限额的规定

总吨不满 300 吨的船舶及沿海作业、沿海运输的,依 1994 年交通部《关于不满 300 总吨船舶及沿海运输、沿海作业船舶海事赔偿限额的规定》计算赔偿限额。该规定仅适用于超过 20 总吨,不满 300 吨的船舶和 300 吨以上的从事我国港口间运输和沿海作业的船舶。

超过 20 总吨不满 21 总吨的船舶,人身伤亡的赔偿限额为 54 000SDR,财产损害的赔偿限额为 7 500SDR;超过 21 总吨的,超过部分的人身伤亡赔偿限额每吨增加 1 000SDR,财产损害的赔偿限额每吨增加 500SDR。

从事我国港口之间货物运输或沿海作业的船舶,不满 300 总吨的,其赔偿限额依照上述规定的赔偿限额的 50% 计算;300 吨以上的船舶,赔偿限额依照《海商法》第 201 条规定的赔偿限额的 50% 计算。

3. 海上旅客运输人身伤亡赔偿责任限额的规定

我国《海商法》第 201 条规定了海上旅客运输的赔偿限额问题。海上旅客运输的人身伤亡赔偿责任限额,按照 46 666SDR 乘以船舶证书规定的载客定额计算赔偿限额,但最高不超过 25 000 000SDR。由此可知,船舶的规定载客不该超过 535 人,超过该人数的,也要在 25 000 000SDR 中平均分摊受偿。

4. 我国港口之间海上旅客运输责任限额的规定

我国港口之间海上旅客运输责任限额的规定如下:

(1)旅客人身伤亡的,每名旅客不超过 4 万元人民币,按照 4 万元人民币乘以船舶证书规定的载客定额计算赔偿限额,最高不超过 2 100 万人民币;

(2)旅客自带行李灭失或损坏的,每名旅客不超过 8 000 元人民币;

(3)旅客车辆,包括该车辆所载行李灭失或者损坏的,每一车辆不超过 3 200 元人民币;

(4)旅客其他行李灭失或损坏的,每千克不超过 200 元人民币;

(5)如果承运人和旅客以书面约定高于上述赔偿责任限额的,该约定有效,当事人可不受上述规定的约束。

5. 救助人的赔偿限额

《海商法》第 201 条规定对于不以船舶进行救助作业或者在被救助船舶上进行救助作业的救助人,其责任限额按照总吨位为 1 500 吨的船舶来计算。以自己所有或租赁、经营的船舶进行救助的,按救助船舶的吨位来计算责任限额。

四、责任限制基金

责任限制基金(the fund of limitation of liability),是指责任主体向法院提出责任限制申

请并经审查认可后,应向法院提供一笔与责任限额等值的,用于支付各项限制性债权的款项。设立责任限制基金的目的在于避免责任人的其他财产遭到扣押或查封,保证受害人能得到及时的赔偿,从而快速解决索赔问题。

我国《海商法》第 213 条规定:“责任人要求依照本法规定限制赔偿责任的,可以在有管辖权的法院设立责任限制基金。基金数额分别为本法第 210 条、211 条规定的限额,加上自责任产生之日起至基金设立之日止的利息。”第 214 条规定:“责任人设立责任限制基金后,向责任人提出请求的任何人,不得对责任人的任何财产行使任何权利;已设立责任限制基金的责任人的船舶或者其他财产已经被扣押,或者基金设立人已经提交抵押物的,法院应当及时下令释放或者责令退还。”但是,如果在一次航行中有数次事故发生的,责任人只就其中的一次事故在法院设立了有效的责任限制基金,那么受损害人仍可以基于另外的事故原因,向责任人请求赔偿、提交财产或担保。

关于基金的分配问题,一般是按人身伤亡基金和财产损害基金来分配的,分别专门用于人身伤亡的索赔和财产损害的索赔。当人身伤亡基金不足以清偿时,不足部分可以与财产损害索赔一起从财产损害基金中按索赔数额的比例分配。

五、海事赔偿责任限制的程序

按照《海事诉讼特别程序法》第九章的规定,申请海事赔偿责任限制的程序主要包括:申请、审查申请和受理、设立责任限制基金、法院公告及裁定、登记限制性债权、法院审理和裁判等。

1. 申请

在实践中,发生海难事故后,申请人可以向有管辖权的海事法院提出责任限制的书面申请,并提供享有责任限制的有关证明。

2. 审查与受理

申请人法院经过审查申请,如果认为其具备限制责任的条件,即接受申请,否则驳回申请。

3. 通知与公告

法院受理责任人的责任限制申请的,责任人可以向法院申请设立责任限制基金;法院受理该申请后,应在 7 日内向利害关系人发出通知并发布公告。

4. 裁定和异议

利害关系人在规定期间内对申请人设立海事赔偿责任限制基金没有异议的,海事法院应当裁定准予申请人设立基金。利害关系人有异议的,应当在收到法院通知之日起 7 日内提出异议。

5. 设立基金

《海事诉讼特别程序法》第 101 条规定:“船舶所有人、承租人、经营人、救助人、保险人在发生海事事故后,依法申请责任限制的,可以向海事法院申请设立海事赔偿责任限制基金。”根据法律规定,申请人可以在申请责任限制的同时或其后申请设立责任限制基金,可在诉前或诉中申请设立基金,在诉讼中申请设立基金的应在一审判决作出前提出。法院发出通知及公告后,根据事实情况,可以裁定准许设立责任限制基金。

6. 债权登记及审理裁判

申请人开始设立基金后,法院进行债权登记,然后法院审理海事赔偿责任限制的实体问题及进行裁判。

我国《海事诉讼特别程序法》第9章有关于设立海事赔偿责任限制基金的程序的规定,但没有海事赔偿责任限制程序的完整规定,这些内容在我国法律上还是空白。①

第三节 有关海事赔偿责任限制的国际公约

各国关于海事赔偿责任限制制度的规定各不相同,船舶所有人的责任也因国家的不同而不同。国际社会一直努力统一海事责任限制的立法,目前为止制定了三个国际公约。其中,《1924年关于统一海运船舶所有人责任限制若干法律规定的公约》因未达到生效条件而一直没能生效。另外两部重要的国际公约为《1957年船舶所有人责任限制公约》和《1976年海事赔偿责任限制公约》。

一、《1957年船舶所有人责任限制公约》

《1957年船舶所有人责任限制公约》(简称《1957年公约》)由国际海事委员会于1957年10月10日在布鲁塞尔第十届海洋法外交会议上通过,并于1968年5月31日生效。该公约是第一个生效的关于船东责任限制的国际公约,统一了船舶所有人的责任限制制度。公约采取按每一次事故确定责任限额的金额制,计算单位为金法郎。该公约明确规定了适用的船舶、责任主体、责任限制条件、限制性债权、非限制性债权、责任限额、责任限制基金等。我国没有参加该公约。公约共16条,其中第1条至第8条为实体性规定,其他则为程序性规定。

该公约生效后,国际海事委员会还于1972年12月21日通过了该公约议定书,提高了责任限额,并将计算单位改为特别提款权。

该公约的主要内容如下。

(一)公约适用的船舶

公约第1条第1款规定,公约适用的船舶是指海船,同时还规定,300公约吨以下的船舶以300公约吨为基数。允许缔约国对300公约吨以下海船以及其他种类的船舶是否适用公约的问题作出保留。

(二)责任主体

公约第6条规定,能够享受责任限制的主体有两类:第一类为船舶所有人、承租人、管理人及经营人;第二类为船长、船员及其他受雇人。同时还规定,当以船舶本身为被告时,责任主体也可适用公约的规定。这一规定被采用对物诉讼程序的普通法国家所接受。

(三)责任限制的条件

公约采用的责任原则是过失责任制,该公约中对不同主体规定了不同的限制条件:船舶所有人、承租人、管理人、经营人实际过失或参加所引起的事故,不能限制责任;其他人实际过失或参加所引起的事故,可以限制责任。

(四)限制性债权

公约第1条第1款规定的限制性债权为(1)船载人员的人身伤亡及财产的灭失损坏等;(2)由于船舶所有人对其行为、疏忽或过失负责的船上或不在船上的任何人的行为、疏

① 刘经纬著,《海商法》,厦门大学出版社2004年版,第182页。

忽或过失引起的陆上或水上任何其他人的死亡或人身伤害,以及任何其他财物的灭失或损坏,或任何权利的侵犯;(3)与清除船舶残骸有关的法律义务或责任和由于浮起、清除或毁坏任何沉没、搁浅或被弃船舶而发生的任何义务或责任,以及由于对港口工程、港池或航道造成的损害引起的任何义务与责任。

(五)非限制性债权

公约第1条第4款规定了两类非限制性债权:(1)因救助报酬及共同海损分摊提出的债权;(2)根据调整雇佣合同的法律的规定,船舶所有人不得限制责任或虽然可以限制但限额高于本公约的。

(六)责任限额和基金分配

公约规定:(1)单纯人身伤亡按照每吨3 100金法郎设立,各个索赔人按比例分配该基金;(2)单纯财产损害按照每吨1 000金法郎设立,各个索赔人按比例分配该基金;(3)当两种损害同时发生时,分别按照每吨2 100金法郎和1 000金法郎设立人身伤亡基金和财产损害基金,而且,当人身伤亡基金不足清偿人身伤亡实际损失时,不足部分与财产损害索赔一起按比例分配财产损害基金。公约通过后,由于金价波动的影响,1972年通过了该公约的议定书,将金法郎改为特别提款权,相应的比值为1 000金法郎,约合66.67特别提款权。

二、《1976年海事赔偿责任限制公约》及其议定书

《1957年船舶所有人责任限制公约》生效以后,发挥了积极作用,但是随着时代的发展,《1957年公约》逐渐有些不适应海运业的发展了,如《1957年公约》规定的责任主体没有包括救助人,规定的计算单位也不太科学等,这些情况使得对《1957年公约》进行修改已成为必要。在这样的背景下,国际海事组织于1976年11月在伦敦召开的外交会议上通过了《1976年海事赔偿责任限制公约》(简称《1976年公约》),并于1986年12月1日生效。《1976年公约》在《1957年公约》的基础上进行了很多修改,包括提高了责任限额,将计算单位改为特别提款权,将一般的过失责任限制条件升格为重大过失等。我国未加入该公约,但是,我国《海商法》关于海事赔偿责任限制的规定基本上是参照该公约制定的。

该公约的主要内容如下。

(一)适用的船舶

公约适用的船舶为海船。不适用于气垫船以及用于勘探或开采海底自然资源或其底土的浮动平台,并有条件的不适用于为钻探而建造或改建并从事钻探作业的船舶。

(二)责任主体

公约第1条规定,船舶所有人、承租人、经营人、管理人、救助人及船舶责任保险的保险人可以享受责任限制。

(三)责任限制的条件

公约规定,损失是由于责任人的一般过失所造成的,该责任人仍可享受公约规定的责任限制的权利,但如果是重大过失造成的损失,就不能享受责任限制。

(四)限制性债权

公约第2条规定的限制性债权包括:(1)在船上发生的或与船舶营运或救助作业直接有关的人身伤亡或财产损失;(2)海上货物或旅客或其行李运输迟延引起的损失的债权;(3)与船舶营运或救助作业直接相关的侵犯除合同权利以外的权利引起的其他损失的债权;(4)有关沉船、残骸、搁浅或被弃船舶的起浮、清除、毁坏或使之无害的债权;(5)有关船

上货物的清除、毁坏或使之无害的债权;(6)有关责任人以外的任何人,为避免或减少责任人按公约规定可限制其责任的损失所采取的措施,以及该措施而引起的进一步损失的债权。

(五)非限制性债权

公约规定的非限制性债权包括:(1)有关救助报酬或共同海损分摊的债权;(2)有关《1969 年国际油污损害民事责任公约》或其有效的修正案或议定书规定的油污损害的债权;(3)有关根据管辖或禁止核能损害责任限制的任何国际公约或国内法提出的债权;(4)有关核能船舶所有人提出的核能损害债权;(5)与船舶或救助作业有关的船舶所有人或救助人的受雇人,包括他们的继承人、家属或有权提出债权要求的其他人根据管辖其劳动合同的有关法律规定所提出的债权。

(六)责任限额

公约规定的责任限额与我国《海商法》第 210 条的规定完全一致。具体内容参见本章第二节内容。

《1976 年海事赔偿责任限制公约》生效后,为提高责任限额,1996 年 4 月,国际海事组织又通过了《1976 年公约 1996 年议定书》,对 1976 年公约的内容进行了变更,主要修改体现为将一次事故可获得的赔偿数额大大提高了。该议定书于 2004 年 5 月 13 日生效。

该议定书对赔偿限额的修改主要表现如下。

(一)人身伤亡的责任限额

吨位不超过 2 000 吨的船舶,限额为 200 万特别提款权;自 2 001 吨至 30 000 吨,每吨增加 800 特别提款权;自 30 001 吨至 70 000 吨,每吨增加 600 特别提款权;超过 70 000 吨,每吨增加 400 特别提款权。

(二)财产损失的责任限额

吨位不超过 2 000 吨的船舶,限额为 100 万特别提款权;自 2 001 吨至 30 000 吨,每吨增加 400 特别提款权;自 30 001 吨至 70 000 吨,每吨增加 300 特别提款权;超过 70 000 吨,每吨增加 200 特别提款权。

第五编 海事争议解决

第十四章

涉外海事关系的法律适用

第一节 概 述

一、涉外海事关系适用法律的渊源

海事关系是指海上运输关系和船舶关系等以船舶为中心的法律关系，包括船舶物权关系、船员关系、海上货物运输合同关系、海上旅客运输合同关系、船舶租用合同关系、船舶碰撞、海难救助、共同海损、海事赔偿责任限制以及海上保险合同等法律关系。涉外海事关系，是指海事关系中主体、客体或内容中含有涉外因素。1988 年 1 月 26 日我国最高人民法院《关于贯彻执行 <中华人民共和国民法通则> 若干意见的(试行)》中第 178 条规定："凡民事关系的一方或双方当事人是外国人、无国籍人、外国法人的；民事关系的标的物在外国领域的；产生、变更或者消灭民事权利义务关系的法律事实发生在外国的，均为涉外民事关系。"该解释适用于涉外海事关系。①

蓬勃发展的航海贸易，促进了海事法律的产生和发展。从国际海事交往产生到现在，各国和国际社会都不同程度地制定了一系列的法律法规。这既有各国国内的立法和司法判例，也有国际统一的实体法，还有一些经过长期的反复实践而被国际社会广为接受的国际惯例。然而，各国的法律规定并不相同，并不是所有的国家都加入了有关的国际公约，同一公约的缔约国也并非全部接受公约的所有条款，而且并不是所有的海事领域都存在相应的国际公约，因此，海事关系法律冲突在所难免，就需要由海事法律适用规范来协调和解决法律冲突。调整涉外海事关系的法律适用规范，是指一国为解决涉外海事法律冲突，专门调整涉外海事法律关系的法律规范总和，也称海事国际私法，是国际私法研究的范畴。

涉外海事关系适用法律的渊源主要如下。

(一)国内立法

主要是指各国有关海事关系法律适用的国内法律规范，如我国《海商法》第十四章从第 268 条到第 276 条专门规定了具体涉外海事关系的法律适用问题。

---

① 司玉琢主编，《海商法》，法律出版社 2007 年版，第 430 页。

（二）国际海事条约

主要指由国际组织制定的调整海商海事法律关系的双边或多边国际条约。由于海商海事关系的涉外性和国际性的特点，当前各国的海商法国内立法的内容也趋于国际统一化，因此，我国在很多领域都加入了一些国际条约，这些国际条约中也都规定了大量的海事国际私法内容，成为各国解决海事法律冲突的重要依据。

（三）国际航运惯例

我国承认国际航运惯例在调整国际海事关系中的地位和作用。典型的国际航运惯例主要有《约克－安特卫普规则》《跟单信用证统一惯例》《国际贸易术语解释通则》等。

（四）其他渊源（海事判例、学说）

海事判例是英美法系国家重要的法律渊源，在海事司法实践中地位非常重要。我国虽然不承认判例的渊源作用，但是在涉外海事关系司法实践和海商法理论研究中，不能忽视典型判例的指导性作用。代表性的海商法学说也是如此，在海商法研究、海事立法和司法实践中都具有一定的指导和借鉴价值。

二、涉外海事关系法律适用的原则

由于海事关系具有不同于一般的涉外民事关系的特殊性，因此，传统的国际私法规则并不能解决所有的涉外海事关系的法律冲突问题，而必须借助于一系列特殊的法律适用原则。

（一）国际条约优先原则

由于各国的政治、经济背景不同，它们所制定的海事法律也不尽相同。这种法律的不统一严重地妨碍了国际航运业的发展，并已经引起了国际社会的关注。在国际海事委员会和联合国、国际海事组织的共同努力下，海事法的统一取得了可喜的成绩。这不但表现为海事实体法的统一，也表现为海事冲突法的统一。海事国际公约的存在充分表明各国对减少海事法律冲突的愿望和要求，对协调各国相互之间的利益具有重要意义。

我国也参加了若干海事方面的国际公约。《海商法》第 268 条第 1 款规定："中华人民共和国缔结或参加的国际条约同本法有不同规定的，适用国际条约的规定，但是中华人民共和国声明保留的条款除外。"在我国司法实践中，也有优先适用国际条约的实例。例如广东省高级人民法院受理的新加坡籍"海成"轮油污损害赔偿案①就涉及到是适用国内法还是适用国际条约的问题。因为我国是《国际油污损害民事责任公约》的成员国，如果我国法律的规定与该公约的规定不一致，则应优先适用国际公约的规定。

（二）国际惯例补缺原则

海事公约不能解决所有的问题，在没有国际公约可以适用的场合，国际惯例往往起着重要的作用。国际航运惯例具有灵活性和实用性的特点，可以弥补国际公约及有关国内法的不足。

《海商法》第 268 条第 2 款规定："中华人民共和国法律和中华人民共和国缔结或参加的国际条约没有规定的，可以适用国际惯例。"

（三）意思自治与最密切联系原则

涉外海事关系中存在着大量的合同关系。多数国家法律规定当事人在海事领域享有合同自由。意思自治原则在解决涉外海事合同法律冲突问题上发挥了不可低估的作用。当事

---

① 司玉琢主编，《海商法学案例教程》，知识产权出版社 2003 年版，第 275～283 页。

人自主选择适用于海事合同的法律，有利于当事人预见法律行为的后果，维护法律关系的稳定。但是，各国在原则上采取意思自治原则的同时，又加以一定的限制，要求所选择适用的法律必须是与合同有实际联系国家的法律，并且不得违背该国的强制性法律规定。而在当事人没有对合同适用的法律作出明示选择的情况下，可以根据最密切联系原则来确定适用的法律。

《海商法》第269条规定："合同当事人可以选择合同适用的法律，法律另有规定的除外。当事人没有选择的，适用与合同有最密切联系的国家的法律。"

（四）公共秩序保留原则

当内国法院按照冲突规范本应适用外国法时，如果此外国法的适用将违反内国的公共秩序，内国法院就以此为理由而拒绝适用。这种对外国法适用的限制，即是公共秩序保留。

各国的海事私法中都有关于公共秩序保留的规定。我国《海商法》也对外国法的适用作出限制，从而使国家主权原则在海事法中得到体现。如《海商法》第276条规定："依照本章规定适用外国法律或者国际惯例，不得违背中华人民共和国的社会公共利益。"

第二节　具体涉外海事关系的法律适用

一、船舶物权关系的法律适用

各国海商法对船舶物权的规定不同，在发生船舶物权的法律适用冲突时，选择何国法律为准据法是必须要解决的问题。由于船舶物权的特殊性，适用传统的物之所在地法原则并不能很好地解决船舶物权的法律冲突问题，而应该适用特殊的法律适用原则。

（一）船舶所有权的法律适用

《海商法》第270条规定："船舶所有权的取得、转让和消灭，适用船旗国法律。"

船舶所有权关系普遍适用船旗国法律，但在具体情况下，合同约定下的准据法和依最密切联系原则确定的准据法，对特定船舶所有权关系的法律适用也有重要意义。

各国海商法及国际条约对船舶所有权普遍实行登记制度。权利人对船舶所有权的取得、转让、变更必须进行登记，只有进行登记的船舶，其权利才受登记国法律的保护，未经登记不得对抗第三人。尽管船舶到处航行，但仍与船旗国有着最密切联系，因此各国普遍将船舶所有权的法律适用规定为船旗国法。

船舶在光船租赁下的法律适用根据《船舶登记管理条例》规定，需要到船舶登记机关登记；未经登记的不得对抗第三人。有关光船租赁登记关系的法律适用，适用船旗国法。但光船租赁合同关系产生的纠纷，根据当事人意思自治原则确定准据法，没有约定的根据法院地国的冲突规范确定准据法，仍不能确定的依据最密切联系原则确定。

建造中的船舶尚未取得船舶所有权登记，所以应适用物之所在地法即船舶建造地法。

在不同国籍的权利主体进行船舶转让的情况下，卖方将船舶交付买方，买方要进行新的船舶国籍登记，而卖方的船舶国籍尚未注销。如果在这期间发生船舶权属争议，实践中通常适用买卖双方选择的准据法，没有约定的情况下适用新的船旗国法，如日本、意大利、西班牙等国家采用这种态度。

（二）船舶抵押权的法律适用

《海商法》第271条规定："船舶抵押权适用船旗国法律，船舶在光船租赁以前或者光船租赁期间,设立船舶抵押权的,适用原船舶登记国的法律。"

船舶抵押权是以船舶为客体,为债权人所设定的担保物权,同船舶所有权的取得一样需要在船舶登记国登记。由于债权人对抵押权的实现与船舶本身有着密不可分的联系,所以各国普遍认为船旗国法是调整船舶抵押权的准据法。

(三)船舶优先权的法律适用

《海商法》第272条规定:"船舶优先权,适用受理案件的法院所在地法律。"

船舶优先权的法律适用,散见在各国海事法中。有关船舶优先权的国际公约,关于法律适用的条款规定的很少,主要规定船舶优先权的内容和优先顺序。

(四)船舶留置权的法律适用

我国《海商法》没有规定留置权的法律适用,目前各国及国际条约也没有具体规定,但各国在实践中普遍适用被留置船舶所在地法。船舶留置权的行使以权利人合法占有为前提,如果债务人不能履行其债务,留置权人有权拍卖留置船舶,从拍卖的价款中优先受偿。

二、海商合同关系的法律适用

《海商法》第269条规定:"合同当事人可以选择合同适用的法律,法律另有规定的除外。"这一解决海商合同法律关系法律适用的重要原则——意思自治原则已经为各国普遍承认和接受,进而渗透到非合同的海事侵权、共同海损、责任限制等法律关系中,在这些法律关系中虽然不存在合同关系,但在其发展过程中法院也尊重当事人的意思自治,最终以协议适用法律的方式解决双方的争议。

《海商法》第269条进一步规定:"合同当事人没有选择的,适用与合同有最密切联系的国家的法律。"该条体现了最密切联系原则是意思自治原则的补充原则。

三、海事侵权关系的法律适用

(一)侵权行为地法

海事侵权损害赔偿适用行为地法律,是世界海运国家普遍承认和实行的冲突规范。侵权行为适用侵权行为地法是国家主权原则的表现,当船舶发生侵权行为并对所在国造成损害时,侵权行为地国家总是要尽力保护自己的公共利益和法律秩序,使侵权行为人承担相应的法律责任。而且适用侵权行为地法,便于查明事实的性质和判定当事人的责任,从而有利于案件的审理,维护双方当事人的权利平衡,而这种权利平衡正好是在侵权行为地被打破的。《海商法》第273条第1款规定:"船舶碰撞的损害赔偿,适用侵权行为地法律。"

侵权行为具有连续动态的特征。一般说来,侵权行为地包括侵权行为发生地、侵权行为连续进行地和侵权结果发生地。如船舶污染海域,有可能侵权行为发生在公海,损害结果却发生在某国海域,从而形成侵权行为发生地和损害结果发生地不一致的情况。此时,多数国家都积极主张管辖权,对于上述连接点,任选其中之一加以适用。

当然,海事侵权关系适用侵权行为地法律也不是绝对不变的。如果侵权行为发生在公海,就无法律意义上的侵权行为地,侵权行为地国就无从确认。如果相同国籍的船舶在他国领域发生碰撞,并未对侵权行为地国造成损害,这时强调适用侵权行为地法就显得牵强。另外在公海与领海之间的分界也不像陆疆划分得那么分明,而船舶又处于高度流动状态,往往难以确定侵权行为地,因此,不能把侵权行为地法绝对化。

(二)法院地法

法院地法也是解决船舶碰撞的损害赔偿问题的准据法之一。当船舶碰撞事故发生在公海上且碰撞船舶的国籍不相同时,法院地法便发挥出其作用。我们知道,公海是属全人类共同所有的财产,任何国家都不得在公海上行使管辖权,设定法律制度。正如马丁·沃尔夫所说:“没有一个外国的元首对于公海有排他性的管辖权。”①

《海商法》第273条第2款规定:“船舶在公海上发生碰撞的损害赔偿,适用受理案件的法院所在地法律。”

(三)船旗国法

在海事领域的国际私法中,船旗国法起着重要的作用。船旗国法也是船舶碰撞损害赔偿的准据法之一。

我国《海商法》第273条第3款规定:“同一国籍的船舶,不论碰撞发生于何地,碰撞船舶之间的损害赔偿适用船旗国法律。”在船舶碰撞案件中,如果两船是不同国籍的船舶,船旗国法的适用受到很大的限制,通常只适用同一国籍船舶的碰撞。

四、共同海损的法律适用

共同海损的法律适用问题十分复杂。在共同海损法律关系中,除共同海损理算外,还涉及共同海损构成要件、共同海损的表现形式、共同海损举证责任等问题。何地法律与共同海损行为具有最密切的联系?共同海损的构成要件、共同海损的表现形式等问题适用何国法律?共同海损的举证适用何国法律?理算地法是否适用于所有与共同海损有关的问题?这一系列问题必须解决,相应的法律适用规则也应该予以规定。只有这样才能够妥善地解决共同海损的法律冲突问题。目前,国际上有关共同海损的法律适用规则主要有如下各项。

(一)意思自治原则

关于共同海损理算,可以根据意思自治原则,允许有关当事人选择适用于共同海损的准据法。既可以指定某一国家的法律,也可以指定国际通行的理算规则。但是,当事人所选择适用的法律必须是与共同海损有实际联系的国家的法律,并且不得违背该国的强制性法律规定。《海商法》第203条规定:“共同海损理算,适用合同约定的理算规则;合同未约定的,适用本章的规定。”

(二)共同海损理算地法

理算地法是指进行共同海损理算地国的法律。我国《海商法》第274条规定:“共同海损理算,适用理算地法律。”

(三)法院地法

有的国家认为,对于具备仲裁性质的共同海损的理算,可以适用法院地法。在合同约定的共同海损理算适用异地理算规则时,对整个共同海损案件审理的法律适用也常常适用法院地法而不是共同海损的理算地法,法院并不把共同海损的理算和对共同海损案件的审理作为同一事实而适用同一法律。②

我国《民事诉讼法》第33条规定:“因共同海损提起的诉讼,由船舶最先到达地,共同海损理算地或者航程终止地的人民法院管辖。”从程序上,调整共同海损的诉讼管辖并不局限

① 马丁·沃尔夫著,李浩培等译,《国际私法》,法律出版社1988年版,第702页。

② 司玉琢主编,《海商法》,法律出版社2003年版,第431页。

于共同海损理算地，当诉讼发生在理算地以外的法院时，如果合同对共同海损理算地规则有约定的从约定的准据法，没有约定的，通常是在法院地进行理算，对共同海损是否最后分摊的主张和抗辩，也是以理算地为连接点使法院地法获得适用。

五、海事赔偿责任限制的法律适用

产生海事赔偿责任限制的事故，通常都是重大海难事故，通常都是以侵权事故居多，如重大船舶碰撞事故，重大海上油污事故等。这些重大海难事故的法律适用问题，除在公海上发生的以外，多采取侵权行为地法。基于此而产生的责任限制所涉及的法律适用问题，国际上有两种主张和做法，一是将海难事故与责任限制的法律适用采用同一个准据法，即一元论；另一种是海损事故与责任限制所适用的准据法分开适用，即二元论。①

我国《海商法》第 275 条规定："海事赔偿责任限制，适用受理案件的法院所在地法。"我国对责任限制案件的法律适用采取二元论的做法，但在实践中，由于重大海难事故的侵权行为地与法院地许多时候是竞合的，因此，海事赔偿责任限制法律适用案件在处理上适用同一准据法的情况比较多。

① 司玉琢主编，《海商法》（第二版），法律出版社 2007 年版，第 445 页。

第十五章

海事诉讼与仲裁

第一节　海事争议解决的主要途径

一、海事争议解决概述

(一)海事争议的含义

“海事”有广义和狭义之分。狭义的海事,局限于在海上发生的海损事故;广义的海事,包括海上运输所涉及的与船舶和船舶活动有关的法律事实,即包括狭义的海事与海商。与此相对应,海事争议也有广义和狭义之分。狭义的海事争议,指由于造成财产损失和人身伤亡的海损事故引起的争议;广义的海事争议,则包括航海贸易所涉及的与船舶和船舶活动有关的所有法律事实引起的争议。

(二)海事争议的范围

海事争议从民法上分析,主要表现为物权和债权之争。海事争议的范围包括以下四大类。

1. 海商合同争议

当事人之间订有合同,如租船合同、运输合同、海上保险合同、船舶拖带合同、海难救助合同等,因一方或双方违反合同而产生争议。

2. 海事侵权争议

侵权海事争议主要包括两大类:船舶碰撞损害赔偿争议和船舶污染损害赔偿争议。

3. 物权争议

这类争议主要指船舶和货物所有权的争议,以及船舶抵押权、留置权、优先权等其他类型的物权争议。

4. 其他方面的海事争议

除了海商合同纠纷、海事侵权纠纷、物权纠纷以外,在海上发生一些特殊风险也会引起海事争议,比如共同海损分摊争议、海事赔偿责任限制争议等。

(三)海事争议的性质

海事争议是一种特殊的民商事争议。

首先,海事争议具备民商事争议的共同属性。从民法角度看,海事争议无非是物权争议和债权争议,其中大部分是因海商合同、海事侵权行为引起,少部分是由于特殊海上风险所致。海事争议的当事人处于平等的法律地位。另外,在海事争议中,当事人提出海事请求的目的,无非是向责任方索取民事赔偿。而海事争议最终的解决办法也往往是通过民事赔偿来实现。

其次,作为一种民商事争议,海事争议毕竟具有与一般民商事争议不同的特殊性。主要表现为海事争议的当事人都是海上运输或者其他海上作业的参与者;海事争议的具体内容涉及的是构成海上运输关系或者船舶关系的权利和义务之间的争议;尤其是基于海上活动的特点,受海商法律制度制约,海事争议的处理适用特殊的程序法规则和实体法规则,如有关海事赔偿责任限制制度、共同海损制度、船舶扣押制度等规则。

二、海事争议解决的主要途径

在我国,对海事争议的处理大致可以概况为“四种途径、三种机构、两套制度”。处理海事争议的四种途径是协商、调解、仲裁和诉讼;处理海事争议的三种机构是港务监督、海事仲裁委员会和海事法院;两套法律制度是海事仲裁制度与海事诉讼制度。

(一)协商

协商也叫和解,指海事争议双方当事人无需第三方的参与,自行进行磋商,达成和解协议而解决海事争议。一般仅适用于一些标的较小、争议不大、责任比较清楚的海事争议。实践中,当事人在发生海事纠纷后往往首先采取协商途径寻求解决方案,当双方在自愿基础上协商一致后,常通过和解协议加以确认。但是由于和解协议不具有强制法律效力,任何一方反悔,都将使协议无法履行。

(二)调解

是指在海事争议当事人以外的第三方的主持或协调下,当事人之间达成调解协议,解决海事争议的方法。是否有第三人的参与,是调解与协商的主要区别。在实践中,根据调解人的不同,调解可以分为民间调解、行政机构调解、仲裁机构调解和法院调解。任何调解都必须在双方当事人同意并在事实和责任清楚的基础上依法进行。海事争议同一般的民事争议比较,涉及的问题更多更复杂,不可能均依靠调解得以解决,所以,调解往往不被列为解决海事争议的独立途径,而仅作为仲裁或诉讼的辅助手段,但不是仲裁或诉讼的必经程序。

(三)海事仲裁

是指海事争议的当事人根据合同中的仲裁条款或双方达成的仲裁协议,将海事争议提交给约定的仲裁机构予以裁决解决的方法。很多国家都设立海事仲裁机构。仲裁具有结案快、精确度高和节省费用等优点,在海事争议解决中地位越来越重要,已成为解决海事争议的主要途径之一。

(四)海事诉讼

是指海事争议的当事人按照法律的规定,将海事争议提交给法院予以裁决解决的方法。这是解决海事争议的重要途径,其权威性和强制性均优越于其他海事争议解决方法。

第二节 海事诉讼

一、海事诉讼的含义及特点

(一)海事诉讼的概念

海事诉讼是指海事法院在海事争议当事人和其他诉讼参与人的参加下,依法审理和裁决海事案件的全部职能活动和过程。一般包括起诉、受理、送达、保全、审理、裁定和判决、执行等各主要环节。

严格意义上讲,我国海事诉讼制度开始于1984年全国人民代表大会常务委员会作出的关于在沿海港口城市设立海事法院的决定,1993年《海商法》和2000年《海事诉讼特别程序法》的颁布实施也标志着我国海事诉讼制度的发展步入正轨,日趋成熟。在《海事诉讼特别程序法》颁布之前,作为民事诉讼的组成部分,我国海事法院审理海事案件适用的是《民事诉讼法》的程序性规定,现在海事诉讼中的一般诉讼规则还是适用《民事诉讼法》的有关规定,而有关海事诉讼特有的活动规则则适用《海事诉讼特别程序法》。

(二)海事诉讼的特点①

与一般的民事诉讼和其他海事争议解决方式相比,海事诉讼具有如下特点:

(1)法院在海事诉讼中处于主导和裁判的地位。海事诉讼是由受理案件的海事法院根据法定的海事诉讼程序,主持海事诉讼的进程和诉讼活动内容,并根据各种证据作出法律裁判。因此,区别于其他处理海事争议的方法。

(2)法院作出的法律裁判具有法律效力。该法律裁判的法律效力表现在负有执行义务的一方当事人不主动履行裁判内容的,另一方当事人可以向法院申请强制执行。这区别于其他处理海事争议的方法。

(3)海事诉讼适用于海事争议案件。这些海事争议案件的范围限于海商海事活动中产生的争议,并且普遍具有国际性。因此,由于审理案件的特殊性,海事案件要由专业审理海事案件的海事法院来审理;由于争议的普遍国际性以及海商法律关系的国际性的特点,使得海事法院在处理海事案件时所适用的法律就具有多元性,可能适用国内法,可能适用其他国家法律,也可能适用某一方面的海事国际公约或国际惯例。这是海事诉讼区别于一般的民事诉讼的地方。

(4)海事诉讼管辖权的确立有别于一般的民事诉讼。根据各国海事诉讼的实践,确立海事诉讼管辖权的最大特点在于选择管辖权,即在海事诉讼范围内流行"择地诉讼",海事争议的当事人对于确定法院有无海事诉讼的管辖权可以充分地自行选择,法律规定专属管辖的海事争议案件除外。因此,经当事人选择最先受理海事争议案件的法院对于该海事争议案件就拥有管辖权。此外,基于当事人申请扣押船舶,执行船舶扣押的法院取得对该项海事请求所涉及的海事争议案件的管辖权。

(5)海事诉讼中的海事请求保全制度有别于一般的民事诉讼。针对海事争议案件的特点,海事请求保全制度在海事诉讼中占据重要的地位。其突出表现是海事争议案件的当事人经常在起诉之前,向法院申请扣押有关的船舶,以保护自己的权利。

二、海事诉讼的管辖

海事诉讼的管辖是指海事诉讼的一审案件在各海事法院之间的分工和权限。海事诉讼是我国民事诉讼的一部分,必然要遵循民事诉讼的管辖制度,即级别管辖、地域管辖、协议管辖和专属管辖等方面的规定,但海事诉讼具有其特殊性,在确定海事诉讼管辖时要注意几个问题:

(1)海事法院管辖第一审海事案件,其上诉审法院为该海事法院所在地的高级人民法院;在高级人民法院辖区内或全国范围内有重大影响的第一审海事案件也可以由相应级别法院管辖。

① 贾林青著,《海商法》(第三版),中国人民大学出版社2008年版,第390页。

(2)民事诉讼地域管辖以"原告就被告"主要原则,而海事诉讼管辖则较多地适用特殊地域管辖,即以诉讼标的物所在地或引起法律关系发生、变更、消灭的法律事实所在地为标准确定法院管辖。

(一)海事诉讼的级别管辖

根据我国《人民法院组织法》和《关于在沿海港口城市设立海事法院的决定》,海事法院与中级人民法院属于同一级别,一般的一审海事诉讼案件是由各海事法院管辖的。在本辖区内有重大影响的海事诉讼一审案件,由海事法院所在地的高级人民法院负责审理。而在全国有重大影响的海事诉讼一审案件,由最高人民法院负责审理。

(二)海事诉讼的地域管辖

海事诉讼的地域管辖是指海事法院之间和海事法院与其他法院之间受理一审海事纠纷案件分工和权限,包括一般地域管辖和特殊地域管辖。

根据《海事诉讼特别程序法》第 6 条规定,海事诉讼的一般地域管辖适用《民事诉讼法》的有关规定,按照"原告就被告"的原则确定管辖法院。但是,海事诉讼一审案件的一般地域管辖区别于其他民事案件,是按照案件事实和海事法院所管辖水域范围的关系划分的,而不考虑行政区域。因此,对公民提起的海事诉讼,由被告住所地的海事法院管辖,被告住所地与经常居住地不一致的,由经常居住地海事法院管辖。对法人或其他组织提起的海事诉讼,由被告住所地海事法院管辖。

民事诉讼地域管辖以"原告就被告"为主要原则,而海事诉讼管辖则较多地适用特殊地域管辖,即以诉讼标的物所在地或引起法律关系发生、变更、消灭的法律事实所在地为标准确定法院管辖。依据《民事诉讼法》和《海事诉讼特别程序法》,下列海事诉讼属海事诉讼特殊地域管辖:

(1)因海事侵权行为提起的诉讼,除依照《民事诉讼法》第 29 条至第 31 条的规定"(1)因侵权行为提起的诉讼,由侵权行为地或者被告住所地人民法院管辖;(2)因铁路、公路、水上和航空事故请求损害赔偿提起的诉讼,由事故发生地或者车辆、船舶最先到达地、航空器最先降落地或者被告所在地人民法院管辖;(3)因船舶碰撞或者其他海事损害事故请求损害赔偿提起的诉讼,由碰撞发生地、碰撞船舶最先到达地、加害船舶被扣地或者被告所在地人民法院管辖"以外,还可以由船籍港所在地海事法院管辖。

(2)因海上运输合同纠纷提起的诉讼,除依照《民事诉讼法》第 28 条的规定"因铁路、公路、水上、航空运输和联合运输合同纠纷提起的诉讼,由运输始发地、目的地或者被告所在地人民法院管辖"以外,还可以由转运港所在地海事法院管辖。

(3)因海船租用合同纠纷提起的诉讼,由交船港还船港、船籍港所在地、被告住所地海事法院管辖。

(4)因海上保赔合同纠纷提起的诉讼,由保赔标的物所在地、事故发生地、被告住所地海事法院管辖。

(5)因海船的船员劳务合同纠纷提起的诉讼,由原告住所地、合同签订地、船员登船港或者离船港所在地、被告住所地海事法院管辖。

(6)因海事担保纠纷提起的诉讼,由担保物所在地、被告住所地海事法院管辖;因船舶抵押纠纷提起的诉讼,还可以由船籍港所在地海事法院管辖。

(7)因海船的船舶所有权、占有权、使用权、优先权纠纷提起的诉讼,由船舶所在地、船籍港所在地、被告住所地海事法院管辖。

(8)因船舶抵押纠纷提起的诉讼,还可以由船籍港所在地海事法院管辖。

(9)因海难救助费用提起的诉讼,由救助地或者被救助船舶最先到达地的海事法院管辖。

(10)因共同海损提起的海事诉讼,由船舶最先到达地、共同海损理算地或者航程终止地的海事法院管辖。

(11)因海上保险合同纠纷提起的海事诉讼,由被告住所地或者海上保险标的物所在地的海事法院管辖。

(12)当事人申请认定海上财产无主的,适用财产所在地管辖原则,应向财产所在地的海事法院提出;因海商事故申请宣告死亡的,管辖权归属于处理海事事故主管机构所在地或者受理相关海事案件的海事法院。

(三)海事诉讼的专属管辖

海事诉讼的专属管辖,是指法律规定特定的海事纠纷案件只能由特定的海事法院予以管辖。专属管辖具有明显的排他性,可以排除协议管辖、一般地域管辖和特殊地域管辖的适用,也可以排除外国法院对于海事案件的管辖。

我国《民事诉讼法》第 34 条规定了专属管辖的三类案件,只有第 2 款对港口作业中发生的纠纷进行了规定,不能满足海事诉讼的实际需要。因此,《海事诉讼特别程序法》第 7 条对下列海事诉讼作了专属管辖的规定:

(1)因沿海港口作业纠纷提起的诉讼,由港口所在地海事法院管辖。

(2)因船舶排放、泄漏、倾倒油类或者其他有害物质,海上生产、作业或者拆船、修船作业造成海域污染损害提起的诉讼,由污染发生地、损害结果地或者采取预防措施地海事法院管辖。

(3)因在中华人民共和国领域和有管辖权的海域履行的海洋勘探开发合同纠纷提起的诉讼,由合同履行地海事法院管辖。

三、我国海事法院的设置和受案范围

(一)我国海事法院的设置

海事法院是我国审判机关的组成部分,是审理海事诉讼案件的专门法院,与中级人民法院同级,专属管辖国内和涉外第一审的海事侵权争议、海商合同争议及其他海事海商争议案件。

我国的海事法院最初设立于 1984 年,在此之前,海事案件由各地中级人民法院管辖。鉴于海事案件的特殊性,1984 年 11 月 14 日,全国人大常委会作出了《关于在沿海港口城市设立海事法院的决定》,最高人民法院相应于同年 11 月 28 日作出了《关于设立海事法院几个问题的决定》,并首先在广州、上海、青岛、天津、大连、武汉六个城市设立了海事法院,1987 年以后,相继又在北海、海口、厦门、宁波设立了海事法院。海事法院与中级人民法院同级,审理一审海事案件,案件二审法院为各海事法院所在地的高级人民法院。

(二)海事法院的受案范围

海事法院的受案范围是指海事法院受理并审理海事诉讼争议案件的范围。海事法院仅受理海事海商案件,不受理刑事案件和其他民事案件。

《海事诉讼特别程序法》第 4 条对海事法院的受案范围进行了明确规定:“海事法院受理当事人因海事侵权纠纷、海商合同纠纷以及法律规定的其他海事纠纷提起的诉讼。”根据最高人民法院下发的《关于海事行政案件管辖问题的通知》,海事法院不审理行政案件、行政赔偿案件,亦不审查和执行行政机关申请执行其具体行政行为的案件,海事行政案件不属于海事法院的受案范围。我国最高人民法院2001年颁布的《关于海事法院受理案件范围的若干规定》对海事法院的受案范围又进行了进一步的规定。根据该规定,海事案件共分为四大类。

1. 海事侵权纠纷案件

主要是指在海上或者通海可航水域发生的海上侵权行为所导致的人身伤亡和财产损失纠纷,如船舶碰撞和海上油污纠纷等。

2. 海商合同纠纷案件

是指基于海商合同法律关系发生的争议。如海上货物运输合同、海上旅客运输合同、船舶租用合同、海难救助合同、海上拖航合同、海上保险合同等纠纷。

3. 其他海事海商纠纷案件

这类案件是指不易简单地分别归类于海事侵权纠纷或者海商合同纠纷的案件,案件存在责任竞合现象。如港口作业纠纷、共同海损纠纷、海事赔偿责任限制纠纷、海洋开发利用纠纷等。

4. 海事执行案件

主要指申请执行海事法院及其上诉审高级人民法院和最高人民法院就海事请求作出的生效法律文书的案件。其他还有申请执行海事仲裁裁决书、海事行政处罚决定书以及与船舶和船舶营运有关的公证债权文书等相关案件。

四、海事诉讼的特殊程序

海事法院审理一审海事案件的审判程序也分为普通程序和简易程序,同样适用两审终审制,具体的审判程序,适用我国《民事诉讼法》的有关规定。

由于海事诉讼的特殊性,它具有普通民事诉讼所没有的一些特征,某些特殊的海事制度就要有特殊的诉讼程序与之对应,因此,海事诉讼中针对船舶碰撞案件、共同海损案件、海上保险人行使代位求偿权案件分别规定了单独的特别审理程序。我国海事诉讼特别程序法规定的审判程序可归纳为两类:一是特殊海事审判程序。船舶碰撞、共同海损、海上保险人行使代位求偿权案件的审判程序可以统称特殊海事审判程序。二是简易程序、督促程序和公示催告程序。

(一)船舶碰撞案件诉讼程序

1. 船舶碰撞案件诉讼程序的适用范围

《海事诉讼特别程序法》关于审理船舶碰撞案件的规定,主要适用于我国《海商法》第165条规定的船舶碰撞案件。依据《海商法》第170条的规定提起的诉讼和因船舶触碰造成损害提起的诉讼,也可以参照其审理。《海商法》第165条规定,船舶碰撞是指船舶在海上或者与海相通的可航水域发生接触造成损害的事故。前款所称船舶,包括与本法第3条所指船舶碰撞的任何其他非用于军事的或政府公务的船艇。第170条规定,船舶因操纵不当或者不遵守航行规章,虽然实际上没有同其他船舶发生碰撞,但是使其他船舶以及船上的人员、货物或者其他财产遭受损失的,适用本章的规定。

2. 船舶碰撞案件诉讼程序的特点①

(1)案件情况比较复杂,带有较强的技术性。在实践中,船舶碰撞事故的发生可能受到机械故障、天气情况等很多因素的影响,因此案情较为复杂,需要具有一定航海经验和驾驶技术的审判人员的参与。

(2)证据材料比较缺乏。在海上发生的船舶碰撞,很难留下明显的痕迹,因此取证难度较大,证据易于灭失。

(3)审理船舶碰撞案件需要运用事实推理的方法。实践中,船舶碰撞事故的发生要经历三个过程:碰撞前的船舶对遇状态、碰撞时的船舶相撞情况和碰撞后的船舶运动状况。随着发生时间的先后,各过程之间具有内在的逻辑因果顺序,不同环节构成事故经过的原因链。由于证据缺乏,所以在审理案件时,常常需要通过原因链进行推理来认定碰撞事故的责任。

(4)多数情况的船舶碰撞各方互有过错和责任。这是船舶碰撞案件与一般民事侵权案件的区别之一。

(5)当事人为减轻责任而篡改证据材料的情况较多。这样无疑增加了案件审理的难度。

(6)海事行政机关对碰撞事故有调查处理权。这是我国海事案件审理的一个特色。根据《海上交通安全法》的规定,我国海事局对船舶碰撞事故具有调查权,并可根据调查情况对责任人、责任船舶所有人行使行政处罚权。另外,我国法律还赋予海事局对船舶碰撞纠纷进行民事调解的权利。

3. 审理船舶碰撞案件的特别规定

(1)填写《海事事故调查表》。《海事诉讼特别程序法》第 82 条规定:“原告在起诉时、被告在答辩时,应当如实填写《海事事故调查表》。”《最高院关于适用 <海事诉讼特别程序法> 若干问题的解释》第 57 条规定:“《海事事故调查表》属于当事人对发生船舶碰撞基本事实的陈述。经对方当事人认可或者经法院查证属实,可以作为认定事实的依据。”

(2)起诉状、答辩状的送达。《海事诉讼特别程序法》第 83 条规定:“海事法院向当事人送达起诉状或者答辩状时,不附送有关证据材料。”这样规定主要是为了避免司法实践中经常出现的一方当事人为逃避责任,根据对方提交的证据材料修改己方证据材料的情况,保证法院迅速准确地查明案件事实,作出公正判决。

(3)举证规则。《海事诉讼特别程序法》第 84 条规定:“当事人应当在开庭审理前完成举证。当事人完成举证并向海事法院出具完成举证说明书后,可以申请查阅有关船舶碰撞的事实证据材料。”《海事诉讼特别程序法》第 85 条规定:“当事人不能推翻其在《海事事故调查表》中的陈述和已经完成的举证,但有新的证据,并有充分的理由说明该证据不能在举证期间内提交的除外。”

(4)关于船舶检验、估价的规定。《海事诉讼特别程序法》第 86 条规定:“船舶检验、估价应当由国家授权或者其他具有专业资格的机构或者个人承担。非经国家授权或者未取得专业资格的机构或者个人所作的检验或者估价结论,海事法院不予采纳。”

(5)关于审理期限的规定。《海事诉讼特别程序法》第 87 条规定:“海事法院审理船舶碰撞案件,应当在立案后一年内审结。有特殊情况需要延长的,由本院院长批准。”

---

① 屈广清主编,《海事诉讼与海事仲裁法》,法律出版社 2007 年版,第 92 ~ 93 页。

（二）共同海损案件诉讼程序

1. 共同海损案件的特点

（1）案情复杂，专业性强，涉及共同海损理算问题。共同海损案件的诉讼当事人涉及到很多人，包括船方、货方、保险人、救助人等多方主体，案件通常涉及到理算和分摊等问题，专业性较强，需要具有专业知识的人员进行审理。

（2）案件有相对独立性。这是指共同海损的出现虽然有时伴随着非共同海损事故，但是共同海损可以作为一个独立的案件类型由海事法院审理。

（3）共同海损案件与非共同海损案件并存。共同海损多发生于单独海损之后，而且区分单独海损的损失与共同海损的损失非常困难。

（4）案件的审理期限较长。由于共同海损案件的专业性和复杂性使得案件的审理相对较为困难，审理期限相对较长。

2. 审理共同海损案件的特别规定

（1）理算和起诉。发生共同海损事故后，通常情况下利害关系人会在事故发生后或者船舶到达港口后宣布共同海损，并将损失提交共同海损理算机构进行理算，然而这一过程并不是所有共同海损案件的必经程序。在共同海损金额不大的情况下，也可以不进行理算。《海事诉讼特别程序法》第 88 条规定："当事人就共同海损的纠纷，可以协议委托理算机构理算，也可以直接向海事法院起诉。海事法院受理未经理算的共同海损纠纷，可以委托理算机构理算。"

（2）共同海损理算报告的法律地位。《海事诉讼特别程序法》第 89 条规定："理算机构作出的共同海损理算报告，当事人没有提出异议的，可以作为分摊责任的依据；当事人提出异议的，由海事法院决定是否采纳。"可见，共同海损理算报告能否作为分摊责任的依据，取决于诉讼当事人对理算报告是否有异议。如果没有异议，理算报告可以作为分摊责任的证据，海事法院无需对理算报告的合法性及合理性进行分析或定性；如果存在异议，则由海事法院决定是否采纳。因此，理算报告的法律地位相当于一份证据材料，其效力并不是绝对的，需要经过质证才能够予以确定。①

（3）共同海损案件与同一事故其他相关案件的合并审理。《海事诉讼特别程序法》第 91 条规定："当事人就同一海损事故向受理共同海损案件的海事法院提起非共同海损的诉讼，以及对共同海损分摊向责任人提起追偿诉讼的，海事法院可以合并审理。"因为共同海损案件与其他民商事案件比较，具有相对的独立性，即使与在同一事故中发生的其他相关纠纷也具有独立性，可以以共同海损独立起诉。但是，法律规定，共同海损案件的独立性不影响当事人可以将与共同海损在同一事故中产生的其他海事海商纠纷，与共同海损案件由同一法院合并审理。当然，合并审理的前提是，法院要查明这些非共同海损案件确实与该共同海损案件来源于同一事故，案件事实之间具有同源性或因果联系，法院认为有必要合并审理。

（4）共同海损案件的审理期限。《海事诉讼特别程序法》第 92 条规定："海事法院审理共同海损案件，应当在立案后一年内审结。有特殊情况需要延长的，由本院院长批准。"

---

① 屈广清主编，《海事诉讼与海事仲裁法》，法律出版社 2007 年版，第 98 页。

（三）海上保险人行使代位求偿权的程序

1. 海上保险人行使代位求偿权程序的适用范围

海上保险人行使代位求偿权程序可以分别适用于下述两种情况：

（1）由海上保险事故引起的海上保险人行使代位求偿权向第三人提起的索赔诉讼。

（2）船舶油污损害受害人向船舶油污损害责任人提起的索赔诉讼。

2. 海上保险人行使代位求偿权的程序

（1）海上保险人行使代位求偿权的条件

《海事诉讼特别程序法》第93条规定："因第三人造成保险事故，保险人向被保险人支付保险赔偿后，在保险赔偿范围内可以代位行使被保险人对第三人请求赔偿的权利。"根据这一规定及我国海商法和保险法的规定，海上保险人行使代位求偿权的条件包括：

①被保险人因海上保险事故对第三人有损害赔偿请求权。该海上保险事故必须是合同约定的保险事故，而且必须是由第三人的行为所引起的，被保险人享有对第三人的损害赔偿请求权。

②海上保险人已经向被保险人实际支付了保险赔偿。这是海上保险人行使代位求偿权的前提，即在保险事故发生后，海上保险人实际向被保险人支付了保险金。

③海上保险人行使代位求偿权以保险赔偿范围为限。也就是说，保险人只能在保险赔偿范围内行使代位求偿权，海上保险人不能因行使代位求偿权而获得额外利益，其代位权利仅限于他实际支付给被保险人的数额。

（2）海上保险人行使代位求偿权的方式

我国《海商法》并未明确规定海上保险人代位求偿权如何行使，《海事诉讼特别程序法》在94条和95条规定了海上保险人行使代位求偿权的三种方式：

①海上保险人得以自己的名义提起代位求偿诉讼。《海事诉讼特别程序法》第94条规定，保险人行使代位请求赔偿权利时，被保险人未向造成保险事故的第三人提起诉讼的，保险人应当以自己的名义向该第三人提起诉讼。

②海上保险人得以向法院提出变更当事人的请求，以自己的名义行使代位求偿权。《海事诉讼特别程序法》第95条第1款规定，保险人行使代位请求赔偿权利时，被保险人已经向造成保险事故的第三人提起诉讼的，保险人可以向受理该案的法院提出变更当事人的请求，代位行使被保险人对第三人请求赔偿的权利。

③海上保险人得以作为共同原告向第三人请求赔偿。《海事诉讼特别程序法》第95条第2款规定，被保险人取得的保险赔偿不能弥补第三人造成的全部损失的，保险人和被保险人可以作为共同原告向第三人请求赔偿。

（3）海上保险人提起代位求偿权的要求

海上保险人提起代位求偿权诉讼时，应当向法院提交必要的文件及权利转让书。

①海上保险人提起代位求偿权诉讼的文件。《海事诉讼特别程序法》第96条规定："保险人依照本法第94、95条的规定提起诉讼或者申请参加诉讼的，应当向受理该案的海事法院提交保险人支付保险赔偿的凭证，以及参加诉讼应当提交的其他文件。"《最高院关于适用<海事诉讼特别程序法>若干问题的解释》第68条规定："海诉法第96条规定的支付保险赔偿的凭证指赔偿金收据、银行支付单据或者其他支付凭证。仅有被保险人出具的权利转让书但不能出具实际支付证明的，不能作为保险人取得代位请求赔偿权利的实施依据。"可见，能作为海上保险人主张代位求偿权的证据的文件主要包括银行转账单据、现金收据、

权利转让书、诉讼文书、诉讼证据材料等文件。这些规定主要目的是明确海上保险人提交这些文件表明其符合行使代位求偿权所要求的初步证据，另外还明确了海上保险人代位求偿权的索赔范围。

②权益转让书。《海事诉讼特别程序法》并未规定要求向第三人提起代位求偿诉讼的保险人必须向法院提交被保险人出具的权益转让书，因为代位求偿权的取得是以保险人赔偿保险金为条件的，保险人赔付保险金后已经取得了保险金支付的证据，如银行支付单据或现金收据等，理论上这些证据足以证明保险人已经履行了获得代位求偿权的条件的赔偿。但是虽然如此，在实践中，保险人为了确保自己代位求偿权的实现，通常赔付保险金后会要求被保险人向其出具一份权益转让书，并将其作为重要的证据材料提交给法院，以充分证明自已取得了代位求偿权。因此，权益转让书在海事司法实践中还是具有很重要的作用的。

(4)船舶油污损害受害人请求赔偿权利的规定

《海事诉讼特别程序法》第 97 条规定："对船舶造成油污损害的赔偿请求，受损害人可以向造成油污损害的船舶所有人提出，也可以直接向承担船舶所有人油污损害责任的保险人或者提供财务保证的其他人提出。油污损害责任的保险人或者提供财务保证的其他人被起诉的，有权要求造成油污损害的船舶所有人参加诉讼。"《最高院关于适用 <海事诉讼特别程序法> 若干问题的解释》第 69 条规定："海事法院根据油污损害的保险人或者提供财务保证的其他人的请求，可以通知船舶所有人作为无独立请求权的第三人参加诉讼。"

(四)简易程序、督促程序和公示催告程序的特别规定

1. 简易程序

简易程序是指海事法院审理事实清楚、权利义务关系明确、争议不大的简单民事案件所适用的审判程序。《海事诉讼特别程序法》第 98 条规定，简易程序仅适用于审理事实清楚、权利义务关系明确、争议不大的简单的海事案件。在我国民事审判程序中，简易程序与普通程序并列，独立存在，在审级上属于第一审程序，是我国民事诉讼程序的重要组成部分。

2. 督促程序

根据《海事诉讼特别程序法》第 99 条的规定，督促程序是指海事法院根据债权人要求债务人给付一定金钱或者有价证券的海事请求，以支付令的形式催促债务人限期履行义务的特殊程序。

3. 公示催告程序

公示催告程序是指海事法院根据提单等提货凭证的持有人因提货凭证失控或者灭失而提出的申请，以公式的方式催告利害关系人在一定期限内申报权利，否则海事法院可以根据申请人的申请作出除权判决的一种特殊诉讼程序。《海事诉讼特别程序法》第 100 条规定，提单等提货凭证持有人，因提货凭证失控或者灭失，可以向货物所在地海事法院申请公示催告。

五、海事诉讼中的强制措施

(一)海事请求保全

1. 海事请求保全的概念和特点

根据《海事诉讼特别程序法》第 12 条的规定，海事请求保全是指海事法院根据海事请求人的申请，为保障其海事请求的实现，对被请求人的财产所采取的强制措施。

根据该定义，海事请求保全具有如下特点：

(1)海事请求保全是海事法院依法采取的一种司法强制措施。

(2)适用海事请求保全的目的,在于保障申请人的海事请求权得以实现。申请人申请海事请求保全的主要目的是要获得被请求人履行义务的担保,保证将来通过司法判决能实现债权。

(3)海事请求保全的适用对象是被请求人的财产,包括船舶、船载货物、船用燃油与船用物料,以及被请求人的其他动产、房地产、银行存款、知识产权等。

(4)海事请求保全是一种临时性强制措施。海事请求保全的目的是为了获得被请求人提供的担保,保证将来的诉讼或仲裁能顺利执行,所以,时间不宜太长,应有法定的期限。《海事诉讼特别程序法》中规定的扣押船舶的期限为 30 日,扣押船载货物的期限为 15 日,而且,在实施保全期间,一旦被请求人提供其他担保的,海事法院应当立即解除海事请求保全措施。

2. 海事请求保全的程序

(1)海事请求人提出海事请求保全的申请

《海事诉讼特别程序法》第 15 条规定,海事请求人申请海事请求保全,应当向海事法院提交书面申请。申请书应当载明海事请求事项、申请理由、保全的标的物以及要求提供担保的数额,并附有关证据。

(2)海事请求人提供海事请求保全的担保

《海事诉讼特别程序法》第 16 条规定,海事法院受理海事请求保全申请,可以责令海事请求人提供担保。海事请求人不提供的,驳回其申请。

(3)对海事请求保全申请的审查和裁定

《海事诉讼特别程序法》第 17 条规定,海事法院接受申请后,应当在 48 小时内作出裁定。裁定采取海事请求保全措施的,应当立即执行;对不符合海事请求保全条件的,裁定驳回其申请。当事人对裁定不服的,可以在收到裁定书之日起五日内申请复议一次,海事法院应当在收到复议申请之日起五日内作出复议决定。复议期间不停止裁定的执行。利害关系人对海事请求保全提出异议,海事法院经审查,认为理由成立的,应当解除对其财产的保全。

(4)海事请求保全的执行

海事请求保全的执行方式主要是扣押船舶和船载货物等。

(5)海事请求保全措施的解除

《海事诉讼特别程序法》第 18 条规定,被请求人提供担保,或者当事人有正当理由申请解除海事请求保全的,海事法院应当及时解除保全。海事请求人在本法规定的期间内,未提起诉讼或者未按照仲裁协议申请仲裁的,海事法院应当及时解除保全或者返还担保。

(6)海事请求保全与诉讼

《海事诉讼特别程序法》第 19 条规定,海事请求保全执行后,有关海事纠纷未进入诉讼或者仲裁程序的,当事人就该海事请求,可以向采取海事请求保全的海事法院或者其他有管辖权的海事法院提起诉讼,但当事人之间订有诉讼管辖协议或者仲裁协议的除外。

(7)申请海事请求保全错误及其责任

《海事诉讼特别程序法》第 20 条规定,海事请求人申请海事请求保全错误的,应当赔偿被请求人或者利害关系人因此所遭受的损失。

(二)海事强制令

1. 海事强制令的概念和特点

根据《海事诉讼特别程序法》第 51 条的规定,海事强制令是指海事法院根据海事请求人的申请,为使其合法权益免受侵害,责令被请求人作为或不作为的强制措施。

根据该定义,海事强制令具有以下特点:

(1)海事强制令是根据请求人的申请而由海事法院作出的。海事强制令可以诉前申请,也可以诉中申请。根据《海事诉讼特别程序法》第 52 和 53 条的规定,当事人在起诉前申请海事强制令,应当向海事纠纷发生地海事法院提出。海事强制令不受当事人之间关于该海事请求的诉讼管辖协议或者仲裁协议的约束。

(2)海事强制令的对象是行为。海事强制令的性质是行为保全,法院根据海事请求人的申请,强制被请求人通过为一定行为或不为一定行为来防止请求权人的利益损害。

(3)海事强制令是一种强制措施。该强制力是通过法院责令当事人为或不为一定行为来实现的,具有司法强制力。

2. 海事强制令的条件

根据《海事诉讼特别程序法》第 56 条的规定,海事强制令的适用要具备如下条件:

(1)请求人有具体的海事请求。与该法第 21 条列举的海事请求不同,第 21 条是作为扣船依据的海事请求,单方面针对船方。而海事强制令中的海事请求针对面较广,可能是货方针对船方提起,也可能是船方针对货方提起的,还可能是其他方面的请求。

(2)需要纠正被请求人违反法律规定或者合同约定的行为。被请求人的义务主要是法定义务和约定义务,为维护对方的合法权益,需要通过法律强制力来使被请求人为或不为某行为。一般情况下,只有被请求人明显违法或违约行为才需要用海事强制令来纠正,强调违反法律或合同的严重性,一般的违反不需强制令来纠正。

(3)情况紧急,不立即作出海事强制令将造成损害或使损害扩大。实践中,采取海事强制令应非常谨慎,只能在特殊条件下予以适用。

3. 海事强制令的程序

(1)提出申请

《海事诉讼特别程序法》第 54 条规定,海事请求人申请海事强制令,应当向海事法院提交书面申请。申请书应当载明申请理由,并附有关证据。申请书包括内容:双方当事人的名称、请求保全的事项、事实和理由。提供的有关证据主要目的是证明申请符合第 56 条的三个条件。

(2)提供担保

《海事诉讼特别程序法》第 55 条规定,海事法院受理海事强制令申请,可以责令海事请求人提供担保。海事请求人不提供的,驳回其申请。法院这样做的目的是保证赔偿因申请错误可能造成的被请求人的经济损失,数额原则上应相当于因错误申请可能造成的被申请人的经济损失。

(3)审查和裁定

《海事诉讼特别程序法》第 57 条规定,海事法院接受申请后,应当在 48 小时内作出裁定。裁定作出海事强制令的,应当立即执行;对不符合海事强制令条件的,裁定驳回其申请。《最高院关于适用 <海事诉讼特别程序法> 若干问题的解释》第 42 条规定,海事法院根据《海事诉讼特别程序法》第 57 条的规定,准予申请人海事强制令申请的,应当制作民事裁定书并发布海事强制令。

(4)执行

《最高院关于适用<海事诉讼特别程序法>若干问题的解释》第43条规定,海事强制令由海事法院执行。被申请人、其他相关单位或者个人不履行海事强制令的,海事法院应当依据民事诉讼法的有关规定强制执行。《海事诉讼特别程序法》第59条规定,被请求人拒不执行海事强制令的,海事法院可以根据情节轻重处以罚款、拘留;构成犯罪的,依法追究刑事责任。对个人的罚款金额,为1 000元以上30 000元以下。对单位的罚款金额,为30 000元以上100 000元以下。拘留的期限,为15日以下。

(5)复议和异议

《海事诉讼特别程序法》第58条规定,当事人对裁定不服的,可以在收到裁定书之日起5日内申请复议一次。海事法院应当在收到复议申请之日起5日内作出复议决定。复议期间不停止裁定的执行。利害关系人对海事强制令提出异议,海事法院经审查,认为理由成立的,应当裁定撤销海事强制令。《最高院关于适用<海事诉讼特别程序法>若干问题的解释》第44条和45条规定,利害关系人对海事法院作出海事强制令的民事裁定提出异议,海事法院经审查认为理由不成立的,应当书面通知利害关系人。海事强制令发布后15日内,被请求人未提出异议,也未就相关的海事纠纷提起诉讼或者申请仲裁的,海事法院可以应申请人的请求,返还其提供的担保。

(6)申请错误要承担的责任

《海事诉讼特别程序法》第60条规定,海事请求人申请海事强制令错误的,应当赔偿被请求人或者利害关系人因此所遭受的损失。

(三)海事证据保全

1.海事证据保全的概念和特点

根据《海事诉讼特别程序法》第62条规定,海事证据保全是指海事法院根据海事请求人的申请,对有关海事请求的证据予以提取、保存或者封存的强制措施。

《民事诉讼法》第74条规定了证据保全制度,证据保全是指在证据可能灭失或以后难以取得的情况下,诉讼参加人可以向人民法院申请保全证据,人民法院也可以主动采取保全措施。

《民事诉讼法》规定的证据保全制度对于查明案件事实,保证诉讼程序的顺利进行起到了重要作用。但是也存在着缺陷,即民事诉讼法中只规定了诉讼中的证据保全,没有规定诉前保全。海事诉讼法突破了民事诉讼法的规定,将诉前或仲裁前证据保全以立法形式规定下来。

海事证据保全的特点包括以下几方面:

(1)海事证据保全因海事请求人的申请而提起,海事法院不能主动依职权采取证据保全措施。

这一规定与《民事诉讼法》第74条不同,在民事诉讼法中,证据保全既可以因诉讼当事人申请而采取,也可以由法院依职权而采取。海事诉讼法中的证据保全只能因海事请求人的申请提起,海事法院不能主动依职权采取。

(2)加以保全的证据是有关海事请求的证据。所谓有关海事请求的证据是指能够证明该海事请求存在与否或其内容真实与否的证据,即要求加以保全的证据应与海事请求有一定关联性。

(3)海事证据保全既可以发生在诉讼过程中,也可以发生在提起诉讼之前。

海事诉讼法的这一规定突破了民事诉讼法只能诉讼中保全证据的规定,有利于增强海事请求人搜集证据的能力,保护其合法权益。

(4)海事证据保全的具体措施为提取、保存或者封存。

2. 海事证据保全的条件

根据《海事诉讼特别程序法》第 67 条的规定,海事证据保全应具备如下条件:

(1)海事证据保全的请求人是海事请求的当事人。申请海事证据保全的主体必须合法,必须与海事请求具有直接的利害关系,既包括海事请求中的权利主体,也包括义务主体。

(2)请求保全的证据对该海事请求具有证明作用。海事请求人请求保全海事证据的目的是为了证明其海事请求的存在与否,要求保全的证据材料与海事请求具有关联性,证明作用可以是直接的,也可能是间接的。

(3)被请求人是与请求保全的证据有关的人。

(4)情况紧急,不立即采取证据保全就会使该海事请求的证据灭失或者难以取得。

3. 海事证据保全的程序

(1)提出申请

《海事诉讼特别程序法》第 65 条规定,海事请求人申请海事证据保全,应当向海事法院提交书面申请。申请书应当载明请求保全的证据、该证据与海事请求的联系、申请理由。

(2)担保

《海事诉讼特别程序法》第 66 条规定,海事法院受理海事证据保全申请,可以责令海事请求人提供担保。海事请求人不提供的,驳回其申请。

(3)审查和裁定

《海事诉讼特别程序法》第 68 条规定,海事法院接受申请后,应当在 48 小时内作出裁定。裁定采取海事证据保全措施的,应当立即执行;对不符合海事证据保全条件的,裁定驳回其申请。

(4)复议和异议

《海事诉讼特别程序法》第 69 条规定,当事人对裁定不服的,可以在收到裁定书之日起五日内申请复议一次。海事法院应当在收到复议申请之日起五日内作出复议决定。复议期间不停止裁定的执行。被请求人申请复议的理由成立的,应当将保全的证据返还被请求人。利害关系人对海事证据保全提出异议,海事法院经审查,认为理由成立的,应当裁定撤销海事证据保全;已经执行的,应当将与利害关系人有关的证据返还利害关系人。同时,《最高院关于适用 < 海事诉讼特别程序法 > 若干问题的解释》第 50 条规定,利害关系人对海事法院作出的海事证据保全裁定提出异议,海事法院经审查认为理由不成立的,应当书面通知利害关系人。

(5)执行及证据的使用

《海事诉讼特别程序法》第 70 条规定,海事法院进行海事证据保全,根据具体情况,可以对证据予以封存,也可以提取复制件、副本,或者进行拍照、录像,制作节录本、调查笔录等。确有必要的,也可以提取证据原件。

(6)申请错误的损失赔偿

《海事诉讼特别程序法》第 71 条规定,海事请求人申请海事证据保全错误的,应当赔偿被请求人或者利害关系人因此所遭受的损失。《最高院关于适用 < 海事诉讼特别程序法 >

若干问题的解释》第51条规定，被请求人依据《海事诉讼特别程序法》第71条的规定要求海事请求人赔偿损失的，由采取海事证据保全的海事法院受理。

第三节　海事仲裁

一、海事仲裁概述

(一)海事仲裁的概念和特点

海事仲裁是指海事仲裁机构根据当事人在合同中拟定的仲裁条款或在争议发生之前或之后达成的仲裁协议和当事人的书面仲裁申请，对其海事争议进行审理并作出裁决的制度。海事仲裁作为海事争议解决的方式，具有与海事诉讼不同的特点和审理案件的程序，当前大量的海事争议都是通过仲裁解决的，作为解决海事争议的重要途径，地位也非常重要。20世纪初海事仲裁仅以租约、海上运输合同、海上保险合同等合同纠纷为主要受案类型，现在已经发展成为以租约为主，同时涉及船舶碰撞、海上油污损害等非合同争议，而且数量逐年呈上升趋势。

海事仲裁可分为临时仲裁和机构仲裁。临时仲裁是指根据当事人的仲裁条款和仲裁协议，在争议发生后由双方当事人指定的仲裁员组成仲裁庭，负责裁断当事人的争议，在作出裁决后仲裁庭即行解散。机构仲裁是指由常设性仲裁机构参与的仲裁活动。常设性仲裁机构不是国家的司法机关，这种解决民商事争议的专门性组织通常设立在某一国家商会的内部，或者附设在一些非政府间的国际组织或者专业团体之下，大多属于民间组织。我国《仲裁法》不承认临时仲裁，1959年成立的中国海事仲裁委员会是我国专门的海事仲裁机构。

海事仲裁具有不同于海事诉讼和其他仲裁的特点：

(1)海事仲裁的管辖权依据是争议双方当事人之间有效的仲裁条款或仲裁协议。海事仲裁的仲裁地点、仲裁机构、仲裁程序和仲裁员都由争议双方当事人相对自由地协议选择，被有效选择的仲裁机构或仲裁员，就具有审理该项争议的管辖权。它不同于海事诉讼中海事法院只能根据法律规定或根据当事人在法律允许范围内的“合意”才拥有管辖权。因此，仲裁协议是海事仲裁的依据。另一方面，由于海事仲裁以这种双方当事人的自愿为基础，仲裁裁决能够更多地被双方当事人自觉地执行。①

(2)海事仲裁是一种民间的海事争议解决方式。世界上几乎所有的处理商事仲裁(海事仲裁其实包括在广义的商事仲裁中)纠纷的仲裁机构都属于民间组织，它们所指定的仲裁规则主要规定仲裁的程序细节，属于工作规范，不属于严格意义上的法律规范，从而使其适用也随具体问题的不同而有较大变动。这种程序上的灵活性，使仲裁具有省时、省钱的优势。而海事诉讼是由国家法院依法对海事争议案件行使管辖权，对案件进行审理和裁决的职能活动。法院属于国家司法机关，其审理案件及作出裁决的程序、方法、时效期限等都要严格遵循法律规定，不具有海事仲裁程序的灵活性。

(3)海事仲裁经常与调解相结合。仲裁和调解相结合是中国海事仲裁的一个重要特点。仲裁庭在仲裁程序进行过程中，可以对其审理的案件进行调解。调解在当事人完全自愿、案件事实和责任基本清楚的基础上进行，仲裁庭可以通过灵活的方式促使双方当事人自

---

① 韦经建编著，《海商法》，吉林人民出版社1996年版，第164页。

愿达成和解协议,然后根据和解协议的内容作出裁决书。如果调解不成功,任何一方当事人均不得在其后的仲裁程序、司法程序和其他任何程序中援引对方当事人或仲裁庭在调解过程中发生过的、提出过的、建议过的、承认过的或否定过的任何陈述、意见、观点或建议作为其请求、答辩及/或反请求的依据。

(4)海事仲裁实行"一裁终局"制度,没有二审或再审程序,为当事人节省了时间和费用。海事仲裁裁决一旦作出,即具有终局的效力,当事人不得向法院起诉,而且在一方当事人不按裁决履行义务时,另一方当事人可以向有关法院申请强制执行,只有在法院裁定仲裁裁决不予执行时,当事人双方才可向有管辖权的法院提起诉讼。海事诉讼作为一种特殊的民事诉讼,依然实行"两审终审制",当事人对海事法院的一审判决或裁定不服,还可以向海事法院所在地的高级人民法院申请二审。因此,与仲裁相比,增加了当事人的时间和费用。

(二)海事仲裁机构

海事仲裁机构是指通过仲裁方式独立公正地解决双方当事人在海事关系中发生的争议的民间机构。海事仲裁机构对案件行使管辖权是由于获得了双方当事人的授权,即根据双方当事人在合同中拟定的仲裁条款或在争议发生之前或之后达成的仲裁协议以及当事人的书面仲裁申请,某仲裁机构或仲裁员即获得了仲裁该海事争议的权利。世界上比较有影响的海事仲裁机构主要有:伦敦海事仲裁委员会、美国海事仲裁员协会、巴黎海事仲裁员协会、东京海事仲裁委员会、国际商会国际海事仲裁委员会、中国香港国际仲裁中心、瑞典斯德哥尔摩海事仲裁委员会、摩洛哥海事仲裁院、中国的海事仲裁委员会等。这些海事仲裁机构都有自己单独的仲裁规则,并备有仲裁员名册供当事人选用。这些仲裁机构既受理其所在国的各种海事海商案件,也受理国际海事海商案件,在解决各类国际海事争议方面有着较高的信誉和影响。

(三)海事仲裁的法律渊源

1. 各国有关海事仲裁的法律

虽然海事仲裁属于民间解决争议的方式,但海事仲裁当前在解决海事争议中适用普遍,许多国家都制定了国内的仲裁立法。从仲裁产生以来,各国的仲裁立法大多出现法典化的发展趋势,从民商法中分离出来,形成了专门的、系统的仲裁法典,普遍适用于海事仲裁,或者对海事仲裁进行专章的规定。如我国的《仲裁法》,明确规定了仲裁适用的一些具体规则。

2. 各国海事仲裁机构的仲裁规则

前述的一些世界范围内较有影响的海事仲裁机构都制定了自己的仲裁规则,作为自己的仲裁工作规范。如中国海事仲裁委员会制定了自己的仲裁规则。

3. 国际公约

由于各国的仲裁立法和仲裁规则,包括仲裁程序、仲裁协议和仲裁裁决的效力以及对外国仲裁裁决的承认和执行等方面存在着较大的差异,20 世纪以来,国际社会通过了许多国际公约,试图统一国际商事仲裁的有关立法和仲裁规则。较有影响的国际公约包括:1958 年 6 月 10 日,联合国国际商事仲裁会议通过《承认及执行外国仲裁裁决公约》(纽约公约),是当前参加国家最多、适用范围最广、影响最大的公约。我国于 1987 年加入该公约。后来还有 1961 年《关于国际商事仲裁的欧洲公约》、1966 年《统一仲裁的欧洲公约》、1965 年《关于解决各国和其他国家的国民之间的投资争议公约》、1975 年《美洲国家间关于国际商事仲裁的公约》、1976 年联合国贸易法委员会制定《联合国国际贸易法委员会仲裁规则》以及

1985 年联合国贸易法委员会制定《联合国国际商事仲裁示范法》等。

二、海事仲裁协议

（一）海事仲裁协议的含义

海事仲裁协议是指双方当事人将他们之间已经发生或者将来可能发生的海事争议交付仲裁解决的一种协议。我国《仲裁法》第 16 条规定，仲裁协议包括合同中订立的仲裁条款和以其他书面方式在纠纷发生前或者纠纷发生后达成的请求仲裁的协议。第 18 条规定，仲裁协议对仲裁事项或者仲裁委员会没有约定或者约定不明确的，当事人可以补充协议；达不成补充协议的，仲裁协议无效。

（二）海事仲裁协议的类型

根据海事仲裁协议存在的方式不同，可将其分为仲裁条款和仲裁协议。

1. 仲裁条款

仲裁条款是指双方当事人在争议发生之前，将有关仲裁的协议以合同条款的形式订立在合同中，以备将来发生争议时，作为提交仲裁机构解决的依据。由于仲裁条款是在争议发生之前当事人在合同订立时作为一项合同条款约定的，因此，仲裁条款只能适用于合同争议或与合同有关的侵权争议。

2. 仲裁协议

仲裁协议是指在争议发生之前或之后，由双方当事人专门订立的将争议交付仲裁的一种协议。仲裁协议不仅适用于合同争议，也适用于非合同争议。

（三）海事仲裁协议的内容

1. 对仲裁地点或仲裁机构进行选择

因为仲裁地点关系到仲裁程序的适用，一般情况下，仲裁在哪里进行，就适用哪里的程序法和程序规则。

2. 明确交付仲裁的事项

只有明确约定可提交仲裁的争议事项，仲裁机构的管辖权才得以实施。

3. 对仲裁裁决效力的确认

大多数仲裁机构的仲裁规则都规定，仲裁裁决具有终局效力。

三、我国海事仲裁委员会的受案范围

中国海事仲裁委员会的宗旨是以仲裁的方式，独立、公正地解决海事、海商、物流争议以及其他契约性或非契约性争议，以保护当事人的合法权益，促进国际国内经济贸易和物流的发展。其受案范围包括：

（1）租船合同、多式联运合同或者提单、运单等运输单证所涉及的海上货物运输、水上货物运输、旅客运输争议；

（2）船舶、其他海上移动式装置的买卖、建造、修理、租赁、融资、拖带、碰撞、救助、打捞，或集装箱的买卖、建造、租赁、融资等业务所发生的争议；

（3）海上保险、共同海损及船舶保赔业务所发生的争议；

（4）船上物料及燃油供应、担保争议，船舶代理、船员劳务、港口作业所发生的争议；

（5）海洋资源开发利用、海洋环境污染所发生的争议；

（6）货运代理，无船承运，公路、铁路、航空运输，集装箱的运输、拼箱和拆箱，快递，仓储,加工,配送,仓储分拨,物流信息管理,运输工具,搬运装卸工具、仓储设施、物流中心、配送中心的建造、买卖或租赁,物流方案设计与咨询,与物流有关的保险,与物流有关的侵权争议,以及其他与物流有关的争议;

(7)渔业生产、捕捞等所发生的争议;

(8)双方当事人协议仲裁的其他争议。

四、我国海事仲裁委员会海事仲裁的程序

(一)提起仲裁申请

申请人应向中国海事仲裁委员会提交仲裁申请书,仲裁申请书应写明:

(1)申请人和被申请人的名称和地址;

(2)申请人所依据的仲裁协议,可以是当事人在合同中订立的仲裁条款,也可以是以其他方式在争议发生之后达成的提交仲裁的书面协议;

(3)案情和争议要点;

(4)申请人的请求及所依据的事实和依据。

仲裁申请书应由申请人及/或申请人授权的代理人签名及/或盖章。申请人提交仲裁申请书时,有关的证明文件应一式五份提交仲裁委员会,简易程序中申请人应提交一式三份前述文件。申请人应按照仲裁委员会的仲裁费用表的规定预缴仲裁费。

(二)决定受理与否

海事仲裁委员会秘书处收到仲裁申请后应审查下列事项:

(1)申请书是否附具仲裁协议,该仲裁协议是否有效、合法;

(2)提请仲裁的事项是否在仲裁协议规定的范围之内;

(3)争议是否未做过其他仲裁或诉讼处理,时效期间是否届满。

如果上述审查得到的结果符合仲裁法或仲裁规则的要求,则可决定受理;否则,可拒绝受理。

(三)选定仲裁员

双方当事人应当各自在收到仲裁通知之日起 15 天内在中国海事仲裁委员会仲裁员名册中选定一名仲裁员或者委托仲裁委员会主任指定。首席仲裁员由双方当事人共同选定。如果双方当事人在被申请人收到仲裁通知之日起 15 天内未能共同选定或者共同委托仲裁委员会主任指定首席仲裁员,则由仲裁委员会主任指定。

在简易程序中,双方当事人应在被申请人收到仲裁通知之日起 10 天内共同选定或者共同委托仲裁委员会主任指定一名独任仲裁员。逾期未指定的,由仲裁委员会主任代为指定一名独任仲裁员成立仲裁庭。

(四)审理

仲裁庭应当开庭审理案件,但经双方当事人申请或经征得双方当事人同意,仲裁庭也认为不必开庭审理的,仲裁庭可以只依据书面文件进行审理并作出裁决。简易程序由仲裁庭根据案情决定是否开庭审理。仲裁庭开庭审理时,当事人应当对其申请、答辩和反请求所依据的事实做进一步的陈述,出示有关证据,回答仲裁庭的提问,并可对有关法律问题进行辩论。

开庭审理后,当事人应在仲裁庭规定的期限内补交证明材料。

仲裁庭应当在组庭之日起 6 个月内制做出裁决书。简易程序的裁决书应当在最后一次开庭审理之日起 30 天内作出;书面审理的,应当在仲裁庭成立之日起 90 天内作出。

参 考 文 献

[1] 司玉琢. 海商法[M]. 2版. 北京:法律出版社,2007.
[2] 司玉琢. 海商法[M]. 北京:中国人民大学出版社,2008.
[3] 胡正良. 海事法[M]. 北京:北京大学出版社,2006.
[4] 司玉琢. 海商法专论[M]. 北京:中国人民大学出版社,2007.
[5] 司玉琢,李志文. 中国海商法基本理论专题研究[M]. 北京:北京大学出版社,2009.
[6] 韦经建. 海商法[M]. 长春:吉林人民出版社,1996.
[7] 贾林青. 海商法[M]. 3版. 北京:中国人民大学出版社,2008.
[8] 沈木珠. 海商法比较研究[M]. 北京:中国政法大学出版社,1998.
[9] 司玉琢,胡正良,傅廷中,等. 新编海商法学[M]. 大连:大连海事大学出版社,1999.
[10] 於世成,杨召南,汪淮江. 海商法[M]. 北京:法律出版社,1997.
[11] [加]威廉·泰特雷. 国际海商法[M]. 张永坚,等,译. 北京:法律出版社,2005.
[12] 莫世健. 中国海商法[M]. 北京:法律出版社,1999.
[13] 吴焕宁. 海商法学[M]. 北京:法律出版社,1989.
[14] 王玫黎,倪学伟,禹华英. 海商法学[M]. 武汉:武汉大学出版社,2010.
[15] 金涛. 海商法[M]. 北京:人民法院出版社,1999.
[16] 屈广清. 海商法[M]. 大连:东北财经大学出版社,2009.
[17] 张相兰,邓瑞平,姚天冲. 海商法论[M]. 武汉:武汉大学出版社,2001.
[18] 杨良宜. 海事法[M]. 大连:大连海事大学出版社,1999.
[19] 屈广清. 海事诉讼与仲裁法[M]. 北京:法律出版社,2006.
[20] 陈宪民. 海商法理论与司法实践[M]. 北京:北京大学出版社,2006.